GAODENG ZHIYE JIAOYU FANGDICHAN
JINGYING YU GUJIA ZHUANYE XILIE

高等职业教育房地产经营与估价

U0670534

房地产经纪实务

FANGDICHAN
JINGJI SHIWU

主　编　何霞

副主编　罗纪红

参　编　王　莉　江　柯　丁想荣

重庆大学出版社

内 容 简 介

　　本书是按照"工学结合"人才培养模式的要求,采用"基于工作过程导向的工作过程系统化课程"设计方法,以项目和工作任务为载体,进行设计和编写的。主要内容包括房地产经纪人员从业准备、房地产交易流程与合同业务处理、房地产税费业务处理、个人住房抵押贷款业务处理、房地产居间业务基本职业能力训练、房地产代理业务基本职业能力训练、房地产经纪人员基本管理能力训练、房地产经纪信息系统的应用等。

　　本书可作为高职高专、成人教育等房地产专业及房地产相关专业的教材,也可以作为从事房地产业务人员的学习读物,同时还可作为房地产经纪专业培训、资格考试参考用书。

图书在版编目(CIP)数据

房地产经纪实务/何霞主编.—重庆:重庆大学
出版社,2010.9(2018.8 重印)
(高等职业教育房地产经营与估价专业系列教材)
ISBN 978-7-5624-5500-4

Ⅰ.①房… Ⅱ.①何… Ⅲ.①房地产业—经纪人—高
等学校:技术学校—教材 Ⅳ.①F299.233

中国版本图书馆 CIP 数据核字(2010)第 116432 号

高等职业教育房地产经营与估价专业系列教材
房地产经纪实务
主 编 何 霞
副主编 罗纪红
策划编辑:林青山
责任编辑:刘颖果 李文杰 版式设计:林青山
责任校对:贾 梅 责任印制:张 策

*

重庆大学出版社出版发行
出版人:易树平
社址:重庆市沙坪坝区大学城西路 21 号
邮编:401331
电话:(023)88617190 88617185(中小学)
传真:(023)88617186 88617166
网址:http://www.cqup.com.cn
邮箱:fxk@cqup.com.cn(营销中心)
全国新华书店经销
重庆紫石东南印务有限公司印刷

*

开本:787mm×1092mm 1/16 印张:16.75 字数:418千
2010 年 9 月第 1 版 2018 年 8 月第 5 次印刷
印数:8 001—9 000
ISBN 978-7-5624-5500-4 定价:37.00元

本书如有印刷、装订等质量问题,本社负责调换
版权所有,请勿擅自翻印和用本书
制作各类出版物及配套用书,违者必究

编委会

主　任　刘洪玉

副主任　黄正军　王林生

委　员　（按姓氏音序排列）

窦坤芳　范秀兰　郭艳桃　韩国波　胡晓鹃

刘永胜　阮　可　时　思　宋子柱　谭善勇

王德起　邢继德　徐　琳　徐圣泉　杨　晶

尹卫红　余　相　钟光敏　章鸿雁　卓坚红

张一品　周中元

特别鸣谢（排名不分先后）

清华大学建设管理系
重庆大学建设管理与房地产学院
黑龙江建筑职业技术学院
深圳职业技术学院
昆明冶金高等专科学校
洛阳大学
华北科技学院
四川建筑职业技术学院
广东建设职业技术学院
黄冈职业技术学院
浙江建设职业技术学院
东营职业技术学院
首都经贸大学
山东潍坊教育学院
浙江广厦建筑职业技术学院
甘肃建筑职业技术学院
沈阳建筑职业技术学院
北京联合大学
成都九鼎房地产交易评估有限公司
杭州万向职业技术学院
广东白云学院
大连职业技术学院
海口经济职业技术学院
重庆科技学院
温州职业技术学院
重庆鼎新房地产学校
重庆鼎力房地产咨询有限公司

　　房地产业是从事房地产开发、投资、经营、管理与服务的行业,包括:房地产开发经营活动、房地产买卖及租赁活动、房地产经纪与代理活动和房地产管理活动。中国房地产业从 20 世纪 80 年代末开始兴起,经过 20 多年的发展取得了令人瞩目的成就,已经发展成为国民经济的支柱产业。2006 年,全国房地产开发投资 19 382 亿元,商品房销售额 20 510 亿元,就业人数超过了 450 万人。随着中国经济持续增长和城市化进程的进一步加快,以及人们对居住质量要求的进一步提高,中国房地产行业仍然有着巨大的发展潜力。

　　房地产业的迅猛发展迫切需要大量房地产专业人才。然而,我国高等教育本科院校缺乏房地产专业的设置,使房地产专业人才仍然供不应求。以培养应用型专业人才为己任的高等职业院校,用极大的热情关注着房地产行业的发展。自 2004 年教育部将高等职业教育房地产专业调整为"房地产经营与估价专业"以来,已经有约 60 所高等职业教育院校开设这一专业,争先为房地产行业培养和输送各种应用型专业人才,这在一定程度上缓解了行业发展对人才的需求。许多教育工作者和专业人士,也编辑出版了一系列房地产专业教材和著作,在一定程度上满足了房地产专业职业教育发展的需要。

　　由于房地产经营与估价专业开设时间不长,至今仍然存在着专业定位不明确、培养目标与实际脱节、课程设置不合理等问题。学科体系和专业课的教学大纲始终处于不断修订、完善的过程中。房地产业的迅速发展,也不断催生了新的投资方式、服务产品和服务模式,出台和完善了各种法律、政策和规章。在这种新的形势下,编写出版一套《高等职业教育房地产经营与估价专业系列教材》,以适应房地产职业教育迅速发展和不断提高的需要,就变得十分必要和迫切。重庆大学出版社在广泛调研的基础上,邀请了来自全国 20 多家高等院校和单位的学者和专家,经过反复研究,决定在 2007 年秋季陆续推出一套定位准确、理论够用、突出应用、体例新颖、可操作性强的《高等职业教育房地产经营与估价专业系列教材》,以适应新形势下高等职业教育房地产经营与估价专业教学的需要。

本套系列教材的开发采用"校企结合"的方式进行。来自教育界、企业界的编委、主编、参编、主审，按照教育部《关于以就业为导向深化职业教育改革若干意见》提出的"高等职业教育应以服务为宗旨，以就业为导向，走产学研结合的发展道路"的精神，结合各自熟悉的领域，优势互补，大胆尝试，严把质量关，共同探究确定系列教材的框架体系、教材间的衔接、编写大纲和知识要点等，并由经验丰富的"双师型教师"和业界专家负责大纲和书稿的审定。旨在使学生通过本系列教材的学习，掌握房地产经营与估价专业的基本理论和专业知识，熟悉房地产经营与估价业务的实际操作方法与技能，真正成为应用型、技能型的专业人才。

本系列教材可以供高等职业教育应用型本科和专科学生使用，也可以作为房地产相关从业人员的参考用书。

中国房地产业方兴未艾，高等职业教育紧密结合经济发展需求不断向行业输送专业应用型人才，任重道远。我们有理由相信，在高等院校与房地产业的紧密合作和共同努力下，房地产专业的学科建设将取得丰硕成果和不断进步。高等职业教育将通过为房地产业不断输送优质专业人才，为我国房地产业的持续健康发展做出自己的贡献。

刘洪玉
清华大学房地产研究所所长、教授
中国房地产估价师与房地产经纪人学会副会长
2007 年 7 月于清华

前言

QIAN YAN

由于长期从事房地产经纪教学、研究及实践活动,一直希望能有一本适合于房地产经纪课程教学及房地产经纪公司销售、管理人员业务培训的教材。市面上相关书籍虽多,但适合做教材并满足高职高专层次学生需求的书籍却不多。有些书籍是纯法律条文的罗列或理论阐述过多,内容枯燥、不适合学生的阅读习惯,而且实操性不强、不适宜作为教材。有些书籍只是面向购房者,内容较为单一、浅白,介绍说明的内容较多,而理论分析的内容偏少。为此,编者决定尝试编写一本体现高职教育要求、具有专业特色的新教材。

本着教育部关于高职高专人才培养的"理论够用、注重实践技能和应用能力培养"的原则,本教材在编写过程中注意把握以下两点:第一,充分体现以房地产经纪岗位工作任务作引领、以工作过程为导向的设计思想。按照房地产经纪的工作过程或工作任务的逻辑顺序,把房地产经纪的业务工作分解为8个典型工作项目,根据完成工作项目的需要和现行岗位操作规程,组织并设计教学内容。第二,充分体现了职业教育职业性、实践性和开放性的特点。将现行房地产经纪工作岗位涉及的新要求、新规范、新政策及时融入教材,做到了教材对接岗位需求、贴近房地产市场和行业发展。教材中的实操设计内容具体,较好地模拟了房地产经纪业务活动,具有很强的实操性、通俗性及专业性。另外,在重庆大学出版社教学资源网(http://www.cqupen/edusrc)上,提供电子课件和各种常用的合同范本,供读者免费下载,以方便教学使用。

本书由广州番禺职业技术学院何霞老师担任主编,并负责设计编写大纲以及全书的统稿工作。具体编写分工如下:项目一、三、四由何霞编写,项目二由重庆城市管理职业学院罗纪红及何霞共同编写,项目五由重庆城市管理职业学院王莉编写,项目六由何霞以及重庆城市管理职业学院江柯共同编写,项目七、八由广东建设职业技术学院丁想荣编写。

本教材在编写过程中,参考了同类教材、有关论著、报刊和网络资料,并引用了其中的一些观点。教材中引用的地方没有完全进行标注，而是采用了书后列出参考文献的方式，在此谨向涉及的作者、编者以及出版社、媒体表示衷心感谢。同时，由于编者未能与作者取得联系，冒昧地将资料收录，敬请谅解。

本教材在讨论过程中，学院有关领导、同事以及其他兄弟院校老师、企业同仁提出了宝贵意见，重庆大学出版社对本书的出版给予了积极支持，编者在此一并表示诚挚的谢意！由于时间的限制以及理论知识和实践能力的局限，书中难免存在不妥和不完备之处，欢迎读者朋友、专家学者和企业人士批评指正。

编　者

Hexia_0001@163.com

2010 年 5 月

目 录
MU　LU

项目一
房地产经纪人员从业准备

教学目标

最终目标:掌握房地产经纪活动的基本内涵和业务类型,了解房地产经纪业的行业性质、现状以及房地产经纪人的职业发展方向,培养良好的职业能力和职业素养。

促成目标:

■ 了解经纪活动的基本内涵及主要类型。

■ 掌握房地产经纪活动的基本内涵,能够区分房地产经纪活动的类型,能够为房地产经纪活动进行功能定位,具备进一步学习房地产经纪专业知识和操作流程的能力。

■ 了解房地产经纪业的行业性质,具备对当地房地产经纪业发展现状等进行调查和分析的能力。

■ 了解房地产经纪人及其职业发展方向。

■ 逐渐形成从事房地产经纪的职业能力和职业素养。

工作任务

■ 初识房地产经纪。

■ 了解房地产经纪人及其职业发展。

■ 形成良好的职业素养。

工作任务一　初识房地产经纪

任务场景

小李是一名刚入学的大学生,所学专业是房地产经营与估价。在做职业规划时,他对房地产经纪这个职业感到很陌生,不了解什么是房地产经纪人? 它和常见的"房屋中介"有什么不同,是否就是房屋销售的业务员?

任务描述

学生在初次接触房地产经纪职业时,常常会产生上述困惑。因此,本模块要求学生完成以下学习任务:a. 了解经纪活动的基本内涵及主要类型;b. 掌握房地产经纪活动的基本内涵,能够区分房地产经纪活动的类型,并能够为房地产经纪活动进行功能定位;c. 了解房地产经纪业的行业性质,具备对当地房地产经纪业发展现状等进行调查分析的能力。

相关知识

一、经纪的内涵

(一)经纪的概念

经纪作为一种社会经济活动,即经纪活动,是社会经济活动中的一种中介服务行为,具体是指为促成各种市场交易而从事的居间、代理及行纪等的有偿服务活动。

在现实生活中,无论何种经纪活动,均包括下列两层基本含义:

其一,经纪活动是一种中介活动,主要是提供信息和专业服务来进行牵线说合,促成交易。

其二,经纪机构提供中介服务,是以赢利为目的,通过佣金方式取得其服务的报酬。

经纪业的活动范围较广,涉及各行各业、各个区域,但政府对有些控制专营的特殊行业经纪活动进行专业经营限制,如期货经纪、证券经纪、外汇经纪、房地产经纪等。

(二)经纪的类型

我国现阶段经纪活动最主要的方式为居间、代理及行纪。

1. 居间

根据《中华人民共和国合同法》第424条的规定:"居间合同是居间人向委托人报告订立合同的机会或者提供订立合同的媒介服务,委托人支付报酬的合同。"因此,居间是指居间人向委托人报告订立合同的机会或者提供订立合同的媒介服务,并向委托人收取佣金的行为。居间活动的目的是撮合双方交易成功。居间是经纪行为中广泛采用的一种基本形式,其特点是服务对象广泛,经纪人员与委托人之间无长期固定的合作关系。

2. 行纪

行纪是指经纪机构在受托权限内,以委托人的名义与第三方进行交易,并由委托人直接承担相应法律责任的商业行为。经纪活动中的代理属于一种狭义的商业代理活动,其特点是经纪机构与委托人之间有较长期稳定的合作关系,经纪人员只能以委托人的名义开展活动,活动中产生的权利和责任归委托人,经纪人员只收取委托人的佣金。

3.代理

代理是指经纪机构接受委托人的委托,以自己的名义与第三方进行交易,并承担规定的法律责任的商业行为。

行纪与代理的区别有两点:一是经委托人同意或双方事先约定,经纪机构可以以低于(高于)委托人指定的价格买进(卖出),并因此而增加报酬;二是除非委托人不同意,对具有市场定价的商品,经纪机构自己可以作为买受人或出卖人。从形式上看,行纪与自营很相似。但是除经纪机构自己买受委托物的情况外,大多数情况下经纪机构都并未取得交易商品的所有权,他是依据委托人的委托而进行活动。从事行纪活动的经纪人员拥有的权力较大,承担的责任也较重。在通常情况下,经纪机构与委托人之间有长期固定的合作关系。

代理与居间的区别在于:代理是以代理权为基础代理委托人进行民事法律行为,要进行独立的意思表示,而居间并不代委托人进行民事法律行为,仅为委托人报告订约机会或为订约媒介,并不参与委托人与第三人之间的关系。居间也没有将处理事务的后果移交给委托人的义务。简言之,居间不得代委托人进行法律行为,而代理则代被代理人进行法律行为。另外,居间通常为有偿性质的行为,而代理则还包含有无偿代理。

(三)我国经纪业的发展历程

经纪是商品经济发展到一定阶段的产物,是随着社会分工促成市场交换的发展而逐步建立起来的,我国早在两千多年前就有经纪行业的存在,一直延续至今。两汉时期,中国旧时城乡市场中就出现了为买卖双方说合交易并抽收佣金的从事马匹交易的居间商人,被称为"驵侩"。

唐代以后,又被称作"牙人"、"牙郎"。

宋、元时期,出现了外贸经纪人,宋代称"牙侩",元代称为"舶牙"。

1949—1979年,是经纪活动销声匿迹的阶段。解放初期,我国对经纪活动采取限制、取缔政策,同时规定经纪人在指定的场所设立全民和集体所有制的信托、经纪机构,兼营购销双方的居间业务。1958年,国家取缔经纪活动,但在农村的集市贸易中,允许公民个人为促成农副产品交易而进行居间业务。

1980—1985年,经纪活动慢慢复苏,但仅为不公开的"地下"居间活动。

1985年后,经纪活动有了公开、合法的身份,逐渐由"地下"转为"地上"。

1992年,上海市成立的第一家经纪机构——新民经纪人机构。1992年以来,经纪活动在国家"支持、管理、引导"的方针下,逐步走向规范。

2004年,国家工商行政管理局颁布《经纪人管理办法》,说明中国的经纪业已经进入了快速、规范化的发展阶段。

二、房地产经纪的内涵

房地产经纪是全社会经纪活动的一个重要部分,在房地产业的发展和房地产市场的繁荣过程中起着十分重要的作用。

(一)房地产经纪的概念

房地产经纪(Real Estate registration)是指以收取佣金为目的,为促成他人房地产交易而从事居间、代理等经纪业务的经济活动。在中国,房地产经纪活动必须以房地产经纪机构为载体。房地产经纪业务,不仅包括代理新房的买卖,还包括代理旧房的买卖;不仅代理房地产的买卖,还代理房地产的租赁业务。

(二)房地经纪活动的类型

1.房地产居间

房地产居间,是指向委托人报告订立房地产交易合同的机会或提供订立房地产交易合同的媒介服务,并收取委托人佣金的行为。包括:房地产买卖居间、房地产租赁居间、房地产抵押居间、房地产投资居间等。

2.房地产代理

房地产代理,是指以委托人的名义,在授权范围内,为促成委托人与第三方进行房地产交易而提供服务,并收取委托人佣金的行为。

其中,商品房销售代理是中国目前房地产代理活动中的主要形式,一般由房地产经纪机构接受房地产开发商委托,负责商品房的市场推广和具体销售工作。在这一代理活动中,常常又滋生出一些其他代理活动,如代理购房者申请个人住房抵押贷款等。此外,随着房地产业的发展和房地产市场的拓展和成熟,房地产代理业务也会随之扩大。一些经纪机构开始全程参与房地产开发过程,代理筛选及聘请从设计师到物业管理公司等各类专业机构的活动。

必须注意的是,房地产居间与房地产代理这两类不同的经纪活动,在法律性质上有明显差异:在房地产居间业务中,房地产经纪机构可以同时接受一方或相对两方委托人的委托,向一方或相对两方委托人提供居间服务;而在房地产代理业务中,房地产经纪机构只能接受一方委托人的委托代理事务,因为国家法律没有有代理人可以同时接受相对两方委托人的委托代理义务的解释。

3.房地产行纪

房地产行纪是指地产经纪机构受委托人的委托,以自己的名义与第三方进行交易,并承担规定的法律责任的商业行为。目前,对房地产行纪尚有争议,没有形成一个统一、明确的定义。现实的房地产市场活动中,类似于房地产行纪的活动也已出现。如房地产经纪机构收购开发商的空置商品房,在未将产权过户到自己名下的情况下,以自己的名义向市场销售。

房地产行纪的主要特点是房地产经纪机构与出售房地产的业主自愿达成了一个

协议,房地产经纪机构按双方约定的价格向业主支付房款,房地产经纪机构可以自行决定标的房地产的市场出售价格。业内将这种行为称为"包销"。包销具有类似行纪的特点,但与行纪不同的是,有时房地产经纪机构并不以自己的名义向市场出售。目前,对此行为是否真正属于经纪行为以及其合法性问题,尚有很多争议。但是可以肯定的是,这种行为与房地产居间、代理有本质区别。

房地产拍卖有时也被视为房地产经纪活动的一种特殊形式,房地产拍卖实质上也是一种房地产代理。

技能训练

1. 根据上述学习内容,请简要阐述你对房地产居间、代理、行纪的理解。

2. 请根据下述拓展案例,总结房地产经纪人员的主要工作内容。

拓展案例

经纪活动在西方国家非常普遍,分布于各种商业和文体活动中。经纪活动的业务范围十分广泛,涉足的领域包括商品和证券买卖、劳动雇佣、房地产交易、融资借款、保险等一般的商业活动,以及体育比赛、文艺演出、图书出版发行等文体活动。同时,经纪活动形成了庞大的经纪人群体,例如证券经纪人、房地产经纪人、体育经纪人、文艺经纪人、文化经纪人等。

据调查,在美国的二手房交易中,约82%的买主利用了经纪人提供的服务,85%的卖方通过经纪人帮助他们实现销售,只有15%的卖方没有雇佣经纪人。实际上,即使没有雇用经纪人,也有人在扮演着类似于经纪人的角色。经纪人成为美国人居家理财不可缺少的好帮手。举例来说,如果委托人希望出售其房产,他的单方经纪人就会凭借丰富的房地产专业知识、从业经验和市场信息,详细地为委托人规划一下,欲出售的房产有多少价值?有多少的投资回报?怎样操作最划算?需要交哪些费用?有什么具体手续?如果委托人下一步需要购置新房,应该选哪儿的房子?多大的户型适合?什么房屋适合委托人需要?怎样从大量的供应体系中选中最理想的房屋?选中的房屋合理价位是多少?需要考虑哪些实际问题?要交多少钱?怎样办理等。所有这些繁琐又专业的环节都由经纪人全权负责落实打理,委托人可以节省大量的时间和精力,并且避免了相当大的房产投资风险。从某种角度上来看,经纪人的定位实际上是类似于私人律师性质的房地产私人顾问,担负着真正的代理责任。经纪人由于其高水平的执业能力和专业水准,赢得了广泛的社会尊重与信赖。

课后实践

1. 对当地房地产经纪业的发展状况进行调查和分析。

2. 到当地的房地产经纪企业门店走访调查,了解其开展的经纪业务种类及业务操作流程。

3. 对当地房地产经纪行业管理的基本模式、行业管理内容进行调查和分析。

4. 通过网络,调查、了解、分析美国、英国、法国、新加坡、日本以及中国香港、台湾地区的房地产经纪业的发展现状。

工作任务二　了解房地产经纪人及其职业发展

任务场景

王欣为房地产经营与估价专业大专毕业生,从事房地产经纪工作已5年。现在,她想参加全国房地产经纪人执业资格考试,但不知道自己是否符合报考条件? 如果符合报考条件的话,应当提交什么资料? 拿到房地产经纪人证书后该如何进行职业资格注册?

任务描述

房地产经纪人员职业资格包括房地产经纪人执业资格和房地产经纪人协理从业资格。取得房地产经纪人执业资格是进入房地产经纪活动关键岗位和发起设立房地产经纪机构的必备条件。取得房地产经纪人协理从业资格,是从事房地产经纪活动的基本条件。房地产经纪人执业资格考试为房地产经纪人员的职业发展提供了重要通道。为此,本模块要求学生完成以下学习任务:a. 掌握房地产经纪人的基本概念;b. 了解房地产经纪人的职业现状和职业发展;c. 了解房地产经纪人的职业资格考试的相关要求。

相关知识

一、房地产经纪人的概念

在经纪活动中,经纪人是实施经纪行为的主体。国家工商行政管理局颁布的《经纪人管理办法》第二条指出,本办法所称经纪人,是指在经济活动中,以收取佣金为目的,为促成他人交易而从事居间、行纪或者代理等经纪业务的公民、法人和其他经济组织。

房地产经纪人(House Agent)是指在房地产交易中从事居间、代理等经纪业务的人员,是指沟通房地产卖方与买方之间联系,促进达成交易并从中取得佣金的代理人、联系人、中间人、经理人或介绍人。在日常生活中,通常将房地产经纪人称为"置业顾问"、"房屋中介"或"二手房中介"。

二、房地产经纪人的职业现状

自20世纪80年代后期以来,随着房地产交易量日益扩大,房地产经纪从业人员队伍迅速发展成为一支数以十万计的职业大军,在房地产开发、销售、租赁、购买、投资、转让、抵押、置换及典当等各类经济活动过程中,以第三者的独立身份,从事顾问代理、信息处理、售后服务、前期准备和咨询策划等工作,而且其从事的职业活动也随着社会经济的发展而进一步拓展,从规划设计、建造运筹、经营促销到物业管理的咨询策划,全方位地融入房地产经营开发的全过程,对促进房地产业的正常发展发挥着不可替代的巨大作用。

由于国内房地产业中新建房势头正猛,二手房市场日见广阔,加上社会上二次置业潮流方兴未艾,房地产经纪的职业前景十分好,预计在未来的 20～30 年内,从业人员总数将呈几何级数增长。整个行业从业人员将大幅增加,属于快速发展的朝阳型职业之一。但由于本职业从业人员所从事的工作内容还没有一个完整、准确的界定,加之从业人员素质参差不齐,尤其是一些从业者见利忘义,化经纪为经营,化售房为炒房,做出很多先垄断房源然后再抬价出售等不规范行为。因此,标准化、制度化地建立起规范完整的职业体系和与国际惯例接轨的行业自律体系,制定统一的工作规范,对本职业从业人员素质的提高,整个职业稳定和健康地持续发展,具有十分重要的现实意义。

三、房地产经纪人的职业资格制度

(一)房地产经纪人员的职业资格种类

国家对房地产经纪人员实行职业资格制度,纳入全国专业技术人员职业资格制度统一规划。凡从事房地产经纪活动的人员,必须取得房地产经纪人员相应职业资格证书并经注册生效。未取得职业资格证书的人员,一律不得从事房地产经纪活动。

《房地产经纪人员职业资格制度暂行规定》中规定,国内房地产经纪人员的职业资格包括房地产经纪人执业资格和房地产经纪人协理从业资格两类。

1.房地产经纪人执业资格

(1)执业条件。房地产经纪人是指依法取得《中华人民共和国房地产经纪人执业资格证书》,并经申请执业,由有关主管部门注册登记后取得《房地产经纪人注册证》,在房地产经纪机构中能以房地产经纪机构的名义独立执行房地产经纪业务,或可以自行开业设立房地产经纪机构或经从业的房地产经纪机构的授权,独立开展经纪业务,并承担责任的自然人。

(2)承担的工作:

①房地产经纪人有权依法发起设立房地产经纪机构。

②房地产经纪人可以加入某一房地产经纪机构,承担房地产经纪机构关键岗位的工作。

③房地产经纪人应指导房地产经纪人协理进行各种经纪业务。

④经所在执业的房地产经纪机构授权,独立开展房地产经纪业务,并承担责任。

⑤经所在机构授权,与客户订立房地产经纪合同等重要业务文件,并在合同等重要业务文件上签字。

（3）执业范围。房地产经纪人可以在全国范围内注册执业。

2. 房地产经纪人协理执业资格

（1）执业条件。房地产经纪人协理是指依法取得《中华人民共和国房地产经纪人协理从业资格证书》，并在省级地产管理部门注册登记后，在房地产经纪机构中协助房地产经纪人从事非独立性房地产经纪工作的自然人。

（2）承担的工作：

①协助房地产经纪人从事房地产经纪工作。

②在房地产经纪人的组织和指导下从事房地产经纪工作，即非独立性房地产经纪工作。

几个只取得房地产经纪人协理资格的人员在没有房地产经纪人指导下联合进行经纪活动属于超越执业范围的违规行为，房地产经纪人协理无权依法发起设立房地产经纪机构，无权与客户订立房地产经纪合同等重要业务文件，无权在合同等重要业务文件上签字。

（3）执业范围。房地产经纪人协理的有效执业区域比房地产经纪人要小，只能在注册的省、直辖市和自治区内从业。

综上所述，取得房地产经纪人执业资格是进入房地产经纪活动关键岗位和发起设立房地产经纪机构的必备条件。取得房地产经纪人协理从业资格，是从事房地产经纪活动的基本条件。《中华人民共和国房地产经纪人执业资格证书》和《中华人民共和国房地产经纪人协理从业资格证书》是房地产经纪人职业资格的证明文件，未经合法取得上述职业资格证书的人员，一律不得从事房地产经纪活动。

（二）房地产经纪人员职业资格考试

2001年12月18日，人事部、住房和城乡建设部（原建设部）的《房地产经纪人员职业资格制度暂行规定》（人发〔2001〕128号）对房地产经纪人员职业资格考试做了具体规定。

1. 房地产经纪人执业资格考试

房地产经纪人执业资格实行全国统一大纲、统一命题、统一组织的考试制度，由人事部、住房和城乡建设部共同组织实施，原则上每年举行一次。

住房和城乡建设部负责编制房地产经纪人执业资格考试大纲、编写考试教材和组织命题工作，统一规划、组织或授权组织房地产经纪人执业资格的考前培训等有关工作。考前培训工作按照培训与考试分开、自愿参加的原则进行。

人事部负责审定房地产经纪人执业资格考试科目、考试大纲和考试试题，组织实施考务工作。会同建设部对房地产经纪人执业资格考试进行检查、监督、指导和确定合格标准。

经房地产经纪人执业资格考试合格的，由各省、自治区、直辖市人事部门颁发人事部统一印制，人事部、住房和城乡建设部用印的《中华人民共和国房地产经纪人执业资格证书》。该证书全国范围有效。

根据《房地产经纪人员职业资格制度暂行规定》第9条规定,凡中华人民共和国公民,遵守国家法律、法规,已取得房地产经纪人协理资格并具备以下条件之一者,可以申请参加房地产经纪人执业资格考试。

(1)取得大专学历,工作满6年,其中从事房地产经纪业务工作满3年。

(2)取得大学本科学历,工作满4年,其中从事房地产经纪业务工作满2年。

(3)取得双学士学位或研究生班毕业,工作满3年,其中从事房地产经纪业务工作满1年。

(4)取得硕士学位,工作满2年,从事房地产经纪业务工作满1年。

(5)取得博士学位,从事房地产经纪业务工作满1年。

2. 房地产经纪人协理从业资格考试

房地产经纪人协理从业资格考试实行全国统一大纲,各省、自治区、直辖市命题并组织考试。

住房和城乡建设部负责拟订房地产经纪人协理从业资格考试大纲,人事部负责审定考试大纲。各省、自治区、直辖市人事厅(局)、房地产行政主管部门,按照国家规定的考试大纲和有关规定,在本地区组织实施房地产经纪人协理从业资格考试。

经房地产经纪人协理从业资格考试合格的,由各省、自治区、直辖市人事部门颁发人事部、住房和城乡建设部统一格式的《中华人民共和国房地产经纪人协理从业资格证书》。该证书在所在行政区域内有效,即持证人员只能在该区域内从事非独立性的房地产经纪工作。

根据《房地产经纪人员职业资格制度暂行规定》第13条规定:"凡中华人民共和国公民,遵守国家法律、法规,具有高中以上学历,愿意从事房地产经纪活动的人员,均可申请参加房地产经纪人协理从业资格考试。"

3. 房地产经纪人员职业资格证书的补发与使用

遗失《中华人民共和国房地产经纪人执业资格证书》或《中华人民共和国房地产经纪人协理从业资格证书》的,应当向原发证机构申请补发。

《中华人民共和国房地产经纪人执业资格证书》和《中华人民共和国房地产经纪人协理从业资格证书》是房地产经纪人员职业身份的法律凭证,严禁伪造、变造、涂改、租用、出借、转让资格证书。

(三)房地产经纪人员职业资格注册

国家对房地产经纪人员实行准入制度,凡取得《中华人民共和国房地产经纪人执业资格证书》或《中华人民共和国房地产经纪人协理从业资格证书》的人员,必须经过注册才能以房地产经纪人员的名义从事房地产经纪活动。

2004年6月29日,住房和城乡建设部印发了《关于改变房地产经纪人执业资格注册管理方式有关问题的通知》(建办住房[2004]43号),决定将房地产经纪人执业资格注册工作转交中国房地产估价师学会(2004年7月,中国房地产估价师学会更名为中国房地产估价师与房地产经纪人学会),并以此为契机,将房地产经纪人执业资格注册与房地产经纪行为自律管理结合起来,大力推动房地产经纪行业诚信建设,建立房地产经纪人和房地产经纪机构信用档案,开展房地产经纪机构资信评价,建立房地产交易信息共享系统,制定房地产经纪执业规则,促使房地产经纪人和房地产经纪机构为居民提供行为规范、诚信、准确、高效、便捷的服务。

1. 房地产经纪人执业资格注册

取得《中华人民共和国房地产经纪人执业资格证书》的人员,应经所在房地产经纪机构同意后,向所在地的省、自治区、直辖市房地产管理部门或其他授权部门(下称省级注册管理机构)递交注册申请,经省级注册管理机构初审合格后,上报中国房地产估价师与房地产经纪人学会审批。准予注册的人员,由中国房地产估价师与房地产经纪人学会颁发《中华人民共和国房地产经纪人注册证书》。房地产经纪人可以在全国范围内申请执业。申请注册的房地产经纪人员必须同时具备以下条件:

(1)取得房地产经纪人执业资格证书。

(2)无犯罪记录。

(3)身体健康,能坚持在注册房地产经纪人岗位上工作。

(4)经所在经纪机构考核合格。

房地产经纪人执业资格注册的有效期一般为3年,自核准注册之日起计算。注册有效期期满后,需要继续执业的,应于期满前3个月,按照规定的程序换发新的注册证书。

房地产经纪人注册须在下列条件下达到规定的继续教育标准:

(1)房地产经纪人执业资格证书自签发之日起3年内未初始注册的,每3年至少应当参加一次由中国房地产估价师与房地产经纪人学会或者其指定机构组织的房地产经纪业务培训,达到继续教育标准,取得中国房地产估价师与房地产经纪人学会颁发的房地产经纪人继续教育合格证书,方可申请初始注册。

(2)房地产经纪人在注册有效期内参加了中国房地产估价师与房地产经纪人学会或者其指定机构组织的房地产经纪业务培训,达到继续教育标准,方可申请换发新的注册证书。

在注册有效期内,房地产经纪人变更执业机构或者执业机构名称等注册事项发生变更的,应当办理变更注册手续。

房地产经纪人有下列情形之一的,由中国房地产估价师与房地产经纪人学会注销注册,收回或者公告收回房地产经纪人注册证书。

(1)死亡或者被宣告失踪的。

(2)完全丧失民事行为能力的。

(3)受刑事处罚的。

(4)在房地产经纪或者相关业务中犯有严重错误受行政处罚或者撤职以上行政处分的。

(5)连续2年以上(含2年)脱离房地产经纪工作岗位的。

（6）同时在两个或者两个以上房地产经纪机构执业的。

（7）严重违反房地产经纪职业道德的。

（8）以欺骗、贿赂等不正当手段取得房地产经纪人注册证书的。

被注销注册的人员，在具备注册条件后，可以重新申请注册。

2. **房地产经纪人协理从业资格注册**

取得《中华人民共和国房地产经纪人协理从业资格证书》的人员，可以通过所在房地产经纪机构申请房地产经纪人员职业资格注册。

申请注册必须明确从业所在的房地产经纪机构，每个房地产经纪人协理只能在一个房地产经纪机构从业，不得同时在两个或两个以上房地产经纪机构从业。

申请房地产经纪人协理职业资格注册的人员，必须同时具备下列条件：

（1）遵纪守法。

（2）自愿遵守注册房地产经纪人员职业道德。

（3）取得《中华人民共和国房地产经纪人协理从业资格证书》后，证书自核发之日起超过 3 年的，应附达到继续教育标准的证明材料。

（4）经所在房地产经纪机构同意。

（5）无不予注册情形。

房地产经纪人协理从业资格注册由各省级注册管理机构负责。各省的房地产经纪人协理从业资格注册情况应报中国房地产估价师与房地产经纪人学会备案。中国房地产估价师与房地产经纪人学会及各地注册管理机构应及时将注册人员的姓名、注册号、注册所在的房地产经纪机构等注册信息向社会公布，为公众提供便捷的查询渠道。

（四）房地产经纪人员的权利与义务

1. **房地产经纪人享有的权利**

（1）依法发起设立房地产经纪机构。

（2）加入房地产经纪机构，任职于房地产经纪机构的关键岗位。

（3）依法开展房地产经纪业务活动的权利。

（4）指导房地产经纪人协理进行各种经纪业务。

（5）经所在机构授权订立房地产经纪合同等重要文件。

（6）要求委托人提供与交易有关的资料。

（7）有权拒绝执行委托人发出的违法指令。

（8）执行房地产经纪业务并获得合理佣金。

（9）请求支付成本费用的权利。

（10）双方约定的其他权利。

2. **房地产经纪人协理享有的权利**

（1）有权加入房地产经纪机构。

（2）协助房地产经纪人处理有关事务并获得合理的报酬。

(3)依法开展房地产经纪业务活动的权利。

(4)要求委托人提供与交易有关的资料。

(5)有权拒绝执行委托人发出的违法指令。

(6)请求支付成本费用的权利。

3.房地产经纪人、房地产经纪人协理应履行的义务

(1)遵守法律法规和行业管理规定。

(2)遵守职业道德。

(3)不得同时受聘于两个或两个以上房地产经纪机构执行业务。

(4)尽忠职守,公平中介。

(5)向委托人披露相关信息,充分保障委托人的权益,完成委托业务。

(6)为委托人保守商业秘密。

(7)接受国务院建设行政主管部门和当地地方政府房地产行政主管部门的监督检查。

(8)接受职业继续教育,不断提高业务水平。

技能训练

1.根据上述任务场景的背景资料,分析王欣是否符合房地产经纪人执业资格考试或房地产经纪人协理从业资格考试的报考条件?

2.符合房地产经纪人执业资格考试或房地产经纪人协理从业资格考试报考条件的人员,报考时应提交什么资料?

3.拿到房地产经纪人执业资格证书或房地产经纪人协理从业资格证书后,房地产经纪人员该如何进行职业资格注册?

拓展案例

房产经纪应持证上岗

日前,广东省政协委员、卓越置业集团总裁李晓平向广东省政协提交提案,建议房产经纪要严格持证上岗,同时加强培训管理,将培训合格证也同时视为其从业考核的重要指标,这样能够有效提升行业自律;同时还可以将其他行业引入房地产交易,特别是律师、担保和保险行业,这样也有利于提升楼市的服务品质。

对此,广东省政协委员、法制盛邦律师事务所高级律师刘涛也认为,连续的事件的确造成了中介行业的信任危机,这应该引起足够的重视。而将律师、担保等引入中介行业,确实值得尝试,律师等作为一个中立方,一来可以有效保障交易双方的权益,发生纠纷时也可以认清各自责任,二来也有利于中介行业的健康发展。

(资料来源:南都网,2008年1月22日)

课后实践

1.实地参观本地两家以上知名的房地产经纪机构,通过与其经纪人员的接触,了解房地产经纪人及房地产经纪人协理的主要岗位要求和工作内容。

2. 请房地产经纪机构的培训师来校做专题讲座,介绍有关房地产经纪行业面临信任危机的现状,以及在房地产经纪活动中如何与客户建立信任等问题。

工作任务三　形成良好的职业素养

任务场景

小李是一名刚入学的大学生,希望毕业后从事房地产经纪工作,他想知道成为一名优秀的房地产经纪人需要具备哪些知识和技能? 如何培养优秀的职业能力和良好的职业素养?

任务描述

房地产经纪服务工作涉及面广,具有综合性、广泛性的特点,是多学科知识及能力的综合体现。因此,从事房地产经纪工作的人员不仅需要精通房地产业务、房地产法律等方面知识,而且还要掌握现代化信息设备的操作技巧,同时,还要具备公关能力和敬业精神,这些都将内化于房地产经纪人的职业素养。因此,本模块要求学生完成以下学习任务:a.了解房地产经纪人应具备的知识结构、职业技能、综合素质和职业道德;b.能正确、巧妙地和客户进行沟通;c.培养良好的心态,能正确对待房地产经纪人所面临的压力。

相关知识

一名合格的房地产经纪人不能止于达到现有资格考试的要求,而应该积极主动地对房地产经济、金融、法律、城市历史等各方面知识进行学习,从各个方面提高自己的职业素养,以便在执业过程中能游刃有余地开展工作。房地产经纪人的职业素养可分为知识结构、职业技能、综合素质和职业道德4个方面。

一、房地产经纪人的知识结构

若想做一名合格的房地产经纪人,不仅要了解房地产市场信息和动态,通晓房地产专业知识,而且还要熟练掌握法律知识、金融知识等,才能在房地产开发商和消费者、买家和卖家中间搭起桥梁,才能在房地产经纪行业中立于不败之地。

1. 房地产市场信息和专业知识

房地产经纪是为委托人提供房地产信息和居间代理业务。居间,通俗地说就是作中间人。居间是一手牵两家——上家和下家,并在两者之间起沟通、促进和平稳的作用。对一个房地产经纪人来说,掌握大量的市场信息是从事好工作的先决条件。

这些信息应该包括:房地产有关的法律、法规及相关的政策信息、购买对象变化信息、市场行情或价格走势、城市规划或市政设施建设信息等。在很大程度上,房地产经纪人就是利用这些信息来制造利润的,信息就是他们最主要的资本。

如果说居间侧重的是信息的话,那么代理就必须具备专业知识才行。代理是代表某一方去寻找另一方,是买卖和租赁的全过程代理,贯穿于房地产生产各个环节,因此要求房地产经纪人在熟悉有关房地产法律、法规、条例的基础上,通晓房地产开发与经营、建筑学、房地产交易、房地产价格评估等专业知识。具体地说,一是要掌握房地产开发投资,以及与之相关的市场研究、开发程序、项目可行性研究、工程建设与竣工验收、资金融通、市场推广等相关知识;二是要熟悉建筑基础知识,了解建设工程全过程;三要熟悉转让、抵押和租赁的条件、程序及具体规定,以及产权产籍的一些基本知识;四要掌握房地产价格评估的理论和实务等专业知识。

2. 市场营销知识

房地产开发发展到今天,已不是几年前的单一产品竞争了。对于房地产商来说,他们所需要的也不是单纯的中介服务,而是能够提供开拓市场的完善营销计划和高超的市场策划方案的经纪服务。房地产市场生产与消费的分离特征,决定了房地产营销的重要性。房地产在时间、数量、类型、房型、楼层所有权、信息、估价的分离,非得靠市场营销来弥补。房地产市场营销组合理论、市场预测和调研方法,乃至产品策略、定价策略、分销和促销策略都是房地产市场营销中必不可少的东西。要掌握市场营销知识,就必须掌握市场调研、选择目标市场、产品开发、产品定价、渠道选择、产品促销、售后服务等相关知识。

3. 法律知识

房地产经纪人虽然不是律师,也不一定要达到专业水平,但与房地产有关的法律法规是非掌握不可的。我国的房地产业发展得益于房地产法律法规的调整和完善,也就是说房地产的每一项业务都离不开法律和具体的法规。房地产的三部法律《城市房地产管理法》、《土地管理法》和《城市规划法》以及据此制定的部门规章和地方性法规,几乎涵盖了整个房地产事务。作为房地产经纪人,不但要掌握房地产方面的法律法规及各级政府部门关于房地产的政策、方针和精神,还要熟悉民法、经济法、行政法及行政诉讼法、民事诉讼法的知识。举个最简单的例子,签合同就要牵涉到经济合同法、民法通则等法律知识;代理租赁要熟悉《城市房屋租赁管理办法》、《城市私有房屋管理条件》等,懂得什么房可以租、什么房不能出租、租赁合同以什么方式生效等;代理买卖,就得熟悉《城市房屋转让管理规定》、《城市房屋权属登记管理办法》中转让的条件、交易程序、产权产籍知识及办证程序;如果代理发展商,要掌握的法律知识就更多了。近年来时兴的房地产律师见证业务足以说明法律知识的重要。房地产经纪人要学法、懂法、用法,依法办事,用法律来维护委托人的合法权益。

4. 金融知识

房地产金融作为金融业的一个重要组成部分,与房地产开发、经营与管理有着密切联系,房地产金融是房地产与金融联姻的产物。房地产业的发展,要金融业作为后盾,金融业要拓展,房地产业是首选。特别是房改新制度实施、取消实物分房后居民到市场购买住房,房地产经纪人的金融知识就显得尤为重要。不论是作开发商的全过程代理还是抵押贷款,甚至房地产咨询业务,都少不了金融知识。一般来说,房地产经纪人应该熟悉国际金融惯例、现行国家金融政策、融资形式、银行利率、利息计算、贷款种类及手续、还款方法以及住房公积金等知识。

二、房地产经纪人的职业技能

房地产经纪人在实际操作中,要特别注意成本的投入,这个成本包括时间成本、金钱成本和信息成本,而时间成本又是最宝贵的。所以,房地产经纪人除具备专业知识外,还要具备人际沟通能力、推销谈判技巧、市场分析能力、自我学习能力等,从中不断总结、学习、反思,找到高效率工作的途径和方法。

1. 人际沟通能力

一个成功的房地产经纪人,一定有良好的沟通能力。如何和客户、房主、同事实现良好的沟通,这是成功的关键。把自己的观念、信念、方案、方法推销给上级、下级和客户、房主是房地产经纪人最重要的能力之一。而良好的沟通能力是赢得他人支持的最好方法。实践告诉人们,销售中的许多问题都是由沟通不畅造成的。沟通,主要是把自己的想法告诉别人,同时聆听别人的想法,每个人都有被尊重的愿望,你要重视别人,仔细倾听别人的每句话,自己的意思要表达得非常清楚,能明晰地知道别人的真实想法和内心感受,同时要微笑、热情、真诚,让别人有倾诉的愿望。

2. 推销谈判技巧

推销谈判是一门技术,更是一门艺术和科学。它通过推销自己的产品、谈判各方观点、沟通彼此感情,达成一个双方都能基本满意的协议。房地产经纪人的推销谈判也不例外,通过推销谈判完成委托方交给的任务,本身获得佣金的同时也使市场需求得到了满足。推销谈判中常见的策略如时机运用策略、利益让步策略、以诚取胜策略都是房地产经纪人必须借鉴的。具体到居间或代理业务上至少要提出上策、中策、下策3种甚至更多方案。对房地产经纪人来说,还有一个最现实的问题,就是如何使双方成交,这就要求房地产经纪人"该出手时就出手",还可以运用一些智谋、技巧和方法,促使对方早下决心成交,但不能使用欺骗手段。

3. 市场分析能力

房地产经纪面对的是一个具有开放性、区域性和特殊性的市场,处处都有商机,但并非唾手可得。房地产经纪人必须不断拓展市场,随时捕捉商机,并具备对市场机会的敏锐分析能力,学会发现市场机会。收集、整理、筛选、传播和利用有效信息,是房地产经纪人的一项重要工作。房地产经纪人如果能够很好地管理运用信息,就能不断找到市场的空白或者新的业绩增长点,使自己的经纪工作事半功倍。

4. 自我学习能力

房地产经纪人不能满足于已经取得的成就,应该不断地学习新的知识,汲取营养,向经纪行业中的业绩高手学习,学习他们成功的要素并应用到实际工作中去,才能确保自己持续地获得成功。对于房地产经纪人来说,销售生涯就像一场战争,是一场不间断的、让人无喘息余地的角逐。在胜利中夹杂着失败,在喜悦、期待、得意与兴奋中夹杂着恐惧、拒绝和失望。虽然总是面临诸多障碍与压力,但是优秀的房地产经纪人总能凭着出色的学习能力,最大程度地把握住社会与客户的发展变化,以知识为后盾,充分地作好前进准备,步步为营,百折不挠,最终登上成功的巅峰。

另外,还需要策略思考、个案的研究和判断能力、专业的服务作业能力、电脑应用能力、敏锐的掌握整个房地产经纪市场走向的判断能力、分析协调处理问题的能力等。

三、房地产经纪人的综合素质

要想成为一个成功的房地产经纪人,就必须具备良好的职业形象和公关意识,过硬的心理承受能力,具备自信、勤奋、不断学习、积极主动、自我激励、坚韧不拔等良好职业思想和观念,不断地培养良好的职业素养和习惯,提高自身的综合素质。

1.职业形象与公关意识

房地产经纪人应当注意包装自己,具有良好的社会公众形象,不断宣传自己,表现自己。一方面随时注意自己的职业形象,在仪表、举止、礼仪、服务态度和社交艺术等方面给顾客以视觉上和感观上的好感;另一方面要具有较强的公关意识,以真诚互惠、优质服务、精湛的专业水准,良好的信誉去展示自己的优势,取得客户的信任,是房地产经纪人走向成功的第一步。

2.心理承受能力

作为一名房地产经纪人,肩上扛着巨大的销售指标,新手经常面对开不了单的窘境。房地产经纪人前有生活的压力,后有主管或经理一次又一次的催促,实际面临的却往往是客户的冷漠与拒绝。面对困难,相当一部分经纪人感到迷惘和沮丧,或放弃,或消极工作,结果离成功的目标越来越远。因此,摆正自己的位置,端正自己的心态,面对压力、承受挑战是每一名房地产经纪人,尤其是刚走出校门迈上工作岗位的年轻人应具备的能力。房地产经纪人可以通过心理暗示的方式,找到心理上的平衡点,并逐步建立起自己的信心。

3.自信心

在房地产经纪活动中,房地产经纪人不仅是在销售房子,也是在销售自己,客户接收了你,才会接受你的商品。因此,只有自信的人才能更好与人进行沟通,才能让客户相信,并能不断突破自我,提升销售额。房地产经纪人的这种自信心主要来自于对房地产专业知识的把握、对客户需求的把握、对所销售房源情况的了解、对市场的认识等。

自信心是一种力量。在开展经纪业务过程中,会经常遇到客户拒绝以及其他挫折,房地产经纪人必须学会正确看待,学会不断地自我激励,要对自己有信心。面对拒绝,房地产经纪人要鼓励自己:"没有关系,他今天拒绝我,不等于明天拒绝我,我一定要想办法说服他",要从不可能中找到可能的希望,从失败中找到成功的途径,从困境中找到出路。遇到拒绝,最重要的是要改变看问题的角度。作为房地产经纪人,我们要看到每被拒绝一次,我们就离成功近了一步。因此,房地产经纪人要充满自信,以坚强的毅力,不断地重复工作,"拒绝再努力,再拒绝再努力",直至最后的成功,决不能轻言放弃。

4. 良好的职业习惯

成功不是偶然的,一定是不断重复努力的结果,这就要求房地产经纪人在工作中建立良好的职业习惯。

(1)善于总结、勤于思考。坚持写工作日志,对自己的工作进行总结,哪些工作完成了,哪些未完成,哪些做得好,哪些做得不好,为什么? 这样才能发现自己工作中的不足,促使自己不断地改进工作方法。

(2)建立计划和目标。在房地产经纪业务工作中,设立合适的计划和目标是重要的。专业的房地产经纪工作,就像培育果树一样,无法一开始就可以达到目的,要针对不同果树的特点,精心浇灌,才能结出丰硕的果实。房地产经纪人在开始工作时,也要选对正确的目标市场,要知己知彼,才能百战百胜。

(3)随时随地保持职业形象。形象是一个人的脸面,一个衣冠不整、举止粗俗得人,是不会赢得他人好感的。房地产经纪人只有保持良好的职业形象,才能让客户接受你,才能有机会向客户推荐你的房源,业主也才放心把房源委托给你出售。

(4)积累人脉资源。作为房地产经纪人,要善于结交朋友,需要充分地利用自己现有的朋友资源,开发新的潜在客户,打造人脉资源网络。

(5)注意细节,耐心周到。细心温暖的关怀、耐心周到的服务,折射出房地产经纪人关爱他人的优良品质,这常常是突破人际关系障碍的法宝。小小的细节,很可能会在无形中拉近你和客户的距离。房地产经纪人要好好把握这个秘诀。

四、房地产经纪人的职业道德

在房地产经纪行业中,良好的职业道德是房地产经纪人员的无形资产,它反映着房地产经纪人员的职业操守,是房地产经纪行业对房地产经纪人员的重要要求,同时也是房地产经纪人员在房地产经纪行业中立足的基础。它主要体现在以下4个方面:

1. 诚实守信

具体表现在提供给客户的信息要真实,公平透明,不欺诈误导客户,不在业务过程中舞弊或做一些不合实际的承诺。房地产经纪人员要保持自己的职业道德水准,加强自律,自觉遵纪守法,遵守行规及公司管理规定,维护职业形象,不损害客户利益,同行之间不相互倾轧。

2. 有事业心

切莫太短视,要将眼光放远,看到行业的前景和发展方向。要热爱本职工作,敬业乐业,不断提高个人素质与理论水平,完善自己的知识结构,对业务精益求精,这是职业道德的基本要求,否则谈职业道德只是一句空话。

3.有责任感

房地产经纪人员应该站在业主、客户及公司利益的立场上销售房屋,只有这样,才能取得更多的信任。房地产经纪人员应忠于自己的客户,认真、负责地为客户办好委托的业务,认真地履行合同,善始善终。同时,房地产经纪人有为当事人保守商业秘密的义务。

4.竞争协作意识

房地产市场竞争日趋激烈,房地产经纪人必须正视行业的竞争,勇于拼搏,才能生存和发展,否则将被市场淘汰。与此同时,房地产经纪业务也需要相互协作,包括同事之间、同行之间、经纪人与客户之间的协作。房地产经纪人在充分发挥个人潜能、积极竞争的同时,也应当发扬团结协作的精神,这样才能促进自己的事业发展壮大。

技能训练

1.请简要谈谈怎样培养和提高房地产经纪人员的职业技能。

2.谈谈你对房地产经纪人员职业道德的认识。

3.沟通训练。

(1)客户落单之后开始后悔,并强烈要求退单怎么办?

(2)如何提升你留给客户的第一印象?

(3)如何设计有创意的开场白?

拓展案例

房地产经纪行业呼唤诚信

二手房交易由于涉及买方、卖方以及房地产经纪人三方利益,因此显得特别复杂。作为经营者一方,房地产经纪公司的诚信尤为重要。而消费者也要理性消费,切勿盲目轻信,要在签订合同前掌握相关法规,不能受骗之后以"不懂"、"不知道"为由推卸自己的责任。以下就是"黑中介"们在二手房交易过程中惯用的招数,希望大家引以为戒。

招数1:谎称为公司规定、行业惯例

姜小姐于2008年3月份通过某房地产经纪公司在海珠区新港西路买了一套52 m²的房改房,议定价格是30万元实收,姜小姐要全额支付买卖双方共计5%的中介费。她觉得很难接受,但房地产经纪人跟她强调那个是独家盘源,必须收5%,这是行业规矩。姜小姐买房心切,于是便与房地产经纪人、卖家签订了三方合同,合同里将卖家中介费一栏划去,姜小姐独力承担了5%的中介费。直到最近看了新闻,姜小姐才知道自己多支付了6 000多元的费用。她表示中介费涉及的金额虽然不大,但由于此后还在按揭费等问题上和房地产经纪人有过一些分歧,因此让她对房地产经纪人产生严重的不信任。

点评:实收价盛行一时,许多买家在不知道新规定的情况下掉入陷阱,买家最高支付中介费有可能达到6%。利用信息不对称,谎称对单方收取3%的中介费是公司规定、行业惯例,这是"黑中介"最常用的手法,也是现在投诉最多的问题。

招数2:名为"看楼纸",实则真合同

几乎所有看过二手房的消费者都会被房地产经纪人要求签"看楼纸",房地产经纪人称这也是行规。但看楼纸的版本却千奇百怪,有印着"看楼纸"字样的,有以"委托协议"命名的,甚至还有直接拿"买卖/租赁合同"当看楼纸的,里面对于房屋交易中房地产经纪人的职责规定得很模糊,但无一例外都有"成交当天需支付成交价的3%作为中介咨询费"的条款。

消费者刘小姐告诉记者,每次签这样的看楼纸都觉得不太安全,但也无可奈何,楼市高峰期甚至有不签就不给看楼的情况。她觉得所谓的看楼纸,其实就是一个陷阱。消费者在看楼的时候根本就不可能很理性地去斟酌其中的条款,而签名时其他栏目也都是空白的。在了解到真实的中介佣金收费标准后,刘小姐曾跟房地产经纪人争论过,但对方总是以实际成交中可以议价进行搪塞。

点评:只要消费者在各式各样打着"看楼纸"名义的"协议"、"合同"上签了名,就具备了相应的法律效力,消费者的权益便存在风险。因此消费者应看清楚"看楼纸"中的协议或合同条款,将其中不合理的部分划去,并且应要求房地产经纪人签名。

招数3:讲价换奖佣不可取

2008年7月,李先生看中了天河区龙洞板块乐意居的一套房。当时该房标价为45万元,李先生觉得太贵,便随口问能不能和业主谈谈,将房价降到40万元,房地产经纪人表示有些难度,但如果李先生愿意上浮原有中介费3%的标准,给更多的佣金,他就愿意去尝试跟业主谈,要求业主降低价钱,能否降5万元不一定,但是降个二三万元是有可能的。李先生觉得这个办法也还是划算的,于是就同意了房地产经纪人的提议,并签了委托书。

谁知没过两天,该房地产经纪人就给李先生打电话说,已经将房价讲到了40万元,让李先生来门店签约。由于事先已经约定好了提高中介佣金,李先生便在房地产交易合同上签了字,并最终支付了相当于成交额5%的佣金。然而李先生过后才发现,该套物业的业主在放盘时的价格原本就是40万元,是房地产经纪人自己提高房价,而且自己还签了奖佣的协议,真是"哑巴吃黄连,有苦说不出"。

点评:奖佣是房地产经纪人吃差价的一种新的表现形式。房地产经纪人在提出奖佣时,往往都包含了房价陷阱,消费者对此要高度警惕。

招数4:签阴阳协议有风险

2008年3月,香港人容先生看中了凤凰城的一套物业,当时房地产经纪人向容先生表示,业主不需要缴付中介服务费,因此买家须缴付全部的中介服务费,即房价的3%。而到签订房屋买卖合同时,房地产经纪人却取出另一张协议纸,要求买家签名

确认中介费,称签两边都是一样的。当时容先生并没有意识到这是个陷阱,便在合同中确认中介费的两栏上都签了名。随后,房地产经纪人也对业主采取了同种的手法。

直到2008年7月交易过户时,买家与业主一碰头,才发现双方都被收取了中介服务费,而且金额已经远远超过了3%的上限,他们这时才明白为什么房地产经纪人在房屋买卖合同上不填写中介服务费金额的用意,他是不想交易双方知道中介服务费的真实金额。买卖双方当场质疑房地产经纪人的诚信,房地产经纪人也同意减至双方合计为3%。于是,买卖双方按房价3%的标准给付了中介服务费。

孰料,该房地产经纪人却在2009年初给买卖双方发去律师函,要求给清当初承诺的单方给房价3%的中介服务费。买卖双方与该房地产经纪人协商未果,便闹上法庭,目前案件正在审理当中。

点评:有些房地产经纪人常常以各种理由或原因要求变动二手房交易的事项或费用,但不管口头怎么说,一切皆按照规定程序走,一切都诉诸合同,也许是最笨、但最稳妥的办法。

(资料来源:南都网,2009年3月13日)

课后实践

1.实地参观本地两家以上大品牌的房地产经纪机构,调查了解房地产经纪行业对房地产经纪人员的职业能力和职业道德的要求主要有哪些? 并通过与其经纪人员的接触,了解房地产经纪人员如何与客户进行沟通、洽谈。

2.请房地产经纪机构的培训师来校做关于房地产经纪人员职业能力和职业道德的专题讲座,同时介绍和客户巧妙沟通的经验和技巧。

项目二
房地产交易流程与合同业务处理

教学目标

最终目标:能回答客户关于房地产交易流程和合同方面的咨询,并能按照相关政策,协助客户处理各种房地产交易业务。

促成目标:

■ 熟悉现行房地产交易的流程,并能够正确理解和运用。

■ 能够回答客户有关房地产交易流程方面的咨询,并进行具体解释。

■ 逐渐形成处理房地产转让、租赁、抵押、业务的能力。

■ 能够正确、快速地和客户签订房地产交易合同。

工作任务

■ 房地产转让业务的操作流程。

■ 房地产租赁业务的操作流程。

■ 房地产抵押业务的操作流程。

■ 房地产交易合同的签订。

工作任务一　房地产转让业务的操作流程

任务场景

张先生和妻子两人都是从事 IT 行业的白领,收入稳定,打算购买一套120 m² 左右的商品房,经过多次看盘并了解情况后,决定购买江岸花苑的一套129.7 m² 的房屋。江岸花苑是××房地产开发有限公司开发的一个临江商品住宅楼盘,2007 年 6 月动工,2007 年 12 月开始预售。张先生和妻子对房地产买卖的相关知识知之甚少,而且听说房屋买卖中经常出现很多纠纷,交易手续也比较繁杂,所以比较担心。由上述资料可知,此笔房地产买卖交易属于商品房预售,请你告诉张先生有关商品房预售的相关信息和流程。

任务描述

房地产转让的主要形式包括房地产买卖、房地产交换、房地产赠与等,房地产买卖是房地产转让最基本的形式,而商品房预售只是房地产买卖多种形式中的一种。因此,除了商品房预售外,本模块要求学生完成以下学习任务:a. 熟练掌握房地产转让的概念和相关的法律规定;b. 熟悉房地产转让流程;c. 能为客户提供房地产转让相关咨询服务;d. 能够根据客户的具体情况,向其介绍相应的房地产转让业务的流程和信息。

相关知识

一、房地产转让概述

(一)房地产转让的概念

《中华人民共和国城市房地产管理法》规定,房地产转让是指房地产权利人通过买卖、赠与或其他合法方式将其房地产转移给他人的行为。住宅与城乡建设部于1995年8月7日发布,2001年8月15日修正的《城市房地产转让管理规定》对房地产转让中的其他合法方式进行了细化,主要包括下列行为:

（1）以房地产作价入股、与他人成立企业法人,房地产权属发生变更的。

（2）一方提供土地使用权,另一方或者多方提供资金,合资、合作开发经营房地产,而使房地产权属发生变更的。

（3）因企业被收购、兼并或合并,房地产权属随之转移的。

（4）以房地产抵债的。

（5）法律、法规规定的其他情形。

(二)房地产转让的程序

房地产转让应当按照一定的程序,经房地产管理部门办理有关手续后,方可成交。《城市房地产转让管理规定》对房地产转让程序作了如下规定:

（1）房地产转让当事人签订书面转让合同。

（2）房地产转让当事人在房地产转让合同签订后90日内持房地产权属证书、当事人的合法证明、转让合同等有关文件向房地产所在地的房地产管理部门提出申请,并申报成交价格。

（3）房地产管理部门对提供的有关文件进行审查,并在7日内作出是否受理申请的书面答复,7日内未作书面答复的,视为同意受理。

（4）房地产管理部门核实申报的成交价格,并根据需要对转让的房地产进行现场查勘和评估。

（5）房地产转让当事人按照规定缴纳有关税费。

（6）房地产管理部门办理房屋权属登记手续，核发房地产权属证书。

二、房地产转让流程

（一）房地产买卖基本流程

房地产买卖是房地产转让的基本形式。目前房地产市场上房地产买卖的主要形式有商品房预售、商品房销售、二手房买卖、商品房预售合同转让、房屋在建工程转让等。

1. 商品房预售基本流程

商品房预售是指房地产开发企业将已兴建但尚未竣工的商品住宅，与购房者约定，由购房者交付定金或预付款，而在未来某一时期拥有所购房屋的一种房产交易行为。

《城市房地产管理法》第44条对预售商品房的条件作了如下规定：

（1）已交付全部土地使用权出让金，取得土地使用权证书。

（2）持有建设工程规划许可证。

（3）按提供预售的商品房计算，投入开发建设的资金达到工程建设总投资的25％以上，并已经确定施工进度和竣工交付日期。

（4）向县级以上人民政府房产管理部门办理预售登记，取得商品房预售许可证明。

商品房预售人应当按照国家有关规定将预售合同报县级以上人民政府房产管理部门和土地管理部门登记备案。未取得《商品房预售许可证》的，不得进行商品房预售。

商品房预售的一般流程为：

第1步：预购人通过中介、媒体等渠道寻找中意楼盘。

第2步：预购人查询该楼盘的基本情况。

第3步：预购人与开发商签订商品房预售合同。

第4步：办理预售合同文本登记备案，商品房预售人应当在预售合同签订之日起30日内持商品房预售合同到县级以上人民政府房产管理部门和土地管理部门办理登记备案手续。

第5步：商品房竣工后，开发商办理初始登记，交付房屋。

第6步：与开发商签订房屋交接书。

第7步：办理交易过户、登记领取房地产证书手续。

2. 商品房销售基本流程

商品房销售是指房地产开发企业将竣工验收合格的商品房出售给买受人，买受人支付房价款的行为。买受人支付房价款通常在已办理房屋所有权初始登记后。

商品房销售的一般流程为：

第1步：购房人通过中介、媒体等渠道寻找中意楼盘。

第2步:购房人查询该楼盘的基本情况。

第3步:购房人与商品房开发商订立商品房买卖合同。

第4步:交易过户登记。

3.二手房买卖基本流程

二手房是指业主已经在房地产市场上购买后又欲出售的自用房,包括二手商品房、允许上市交易的二手公房、经济适用房。二手房指在房地产交易中心已经备案过、做过初始登记和总登记的、再次上市交易(如出租、出售等)的房产。"二手房"是相对开发商开发销售的商品房而言,它是房地产产权交易二级市场的俗称。凡产权明晰、经过一手买卖之后再行上市的房屋均可称之为二手房。

二手房买卖的一般流程为:

第1步:购房人或卖房人通过中介、媒体等渠道寻找交易对象。

第2步:交易双方签订房屋买卖合同。

第3步:交易过户登记。

4.房屋在建工程转让基本流程

在建工程,一般是指已经批准立项,取得完备的土地使用权证,并在土地上作了一定投资,完成了土地上的"三通一平"和勘探、设计等基础工作,经过报建批准,取得施工许可证,具备开工条件的建设工程项目。在建工程转让,是指权利人将其拥有的建设工程项目出卖给受让人,双方就转受让该建设项目确立权利、义务关系的民事行为。

在建工程转让的一般流程为:

第1步,房屋在建工程权利人向房地产管理部门提出在建工程转让申请。

第2步,房地产管理部门对申请进行审核、批复。

第3步,转让双方签订在建工程转让合同。

5.已购公房上市交易基本流程

公房,即公有住房,是指由政府和国有企、事业单位投资兴建、销售的住宅。在住宅未出售之前,住宅的产权归国家所有。公有住宅主要由本地政府建设,主要向城市居民出租、出售,由企业建设的住宅,向本企业职工出租、出售。公房的大量存在是由于我国长期以来实行住房福利化的结果。在住房货币化改革过程中,公房出售,租金提升已成趋势,但今后国家仍将兴建廉价公房以供城市居民中低收入者租住。公房出售后,产权即归私人所有,即成为所谓"房改房"。

已购公房上市交易基本流程:

第1步,卖方先取得所购公房上市交易的资格。

第2步,买卖双方达成交易协议,签订买卖合同。

第3步,买方办理房屋所有权证。

6.已购经济适用住房上市交易基本流程

(1)经济适用住房上市交易的条件

条件1：购买经济适用住房满5年。

条件2：按照届时同地段普通商品住房与经济适用住房差价的一定比例向政府交纳土地收益，或者按照政府所定标准向政府交纳土地收益，然后取得完全产权。

（2）经济适用住房上市交易的基本程序

第1步，卖方先取得所购经济适用住房上市交易的资格。

注意事项：

◇　房屋所有权人须持房屋所有权证、身份证或其他有效身份证明等资料，到房屋所在地的房地产管理机构申领《已购公有住房和经济适用住房上市出售申请表》和《已购公有住房和经济适用住房上市出售征询意见表》。

◇　房屋所有权人按照规定标准向政府交纳土地收益。

◇　房地产管理机构根据审查并做出批准或不予批准的书面决定。

第2步，买卖双方达成交易协议，签订买卖合同。

第3步，买方办理房屋所有权证。

（二）房地产交换基本流程

房地产交换的主要含义是房地产产权的互换。目前，房地产交换还包括公房与私房的交换、公房与公房的交换。不同的交换形式，流程也不尽相同，但总体上都要经过以下几个基本步骤：

第1步，换房人通过房地产经纪机构等渠道寻找房源。

第2步，交换双方签订公（私）有住房差价换房合同。

第3步，到房地产登记机构进行换房合同登记备案和审核。

第4步，交换双方支付差价款和相关税费。

第5步，产权交易过户或办理公房租赁变更手续，领取房地产权证或公房租赁证。

（三）房地产赠与基本流程

1. 生前赠与基本流程

第1步，赠与人与受赠人签署赠与书、受赠书，赠与书与受赠书经公证机关公证后有效。

第2步，赠与双方持经公证的赠与书与受赠书、房地产权证等资料到房地产登记机构办理赠予登记领证手续。

2. 遗赠基本流程

第1步，房地产权利人生前订立遗嘱，承诺将其自有的房地产在其死后全部或部分赠送给受赠人，此遗赠书必须经公证机关公证后才有效。

第2步，房地产权利人死亡，遗嘱生效，受赠人表示接受赠与。

第3步，受赠人持有关合法文件到房地产登记机关申请办理过户登记领证手续。

技能训练

1. 房地产转让流程业务处理的模拟训练。

学生通过分组、角色扮演、情境设计等活动,演示任务场景中描述的商品房预售业务流程。

[训练目的]

(1)锻炼学生为客户或业主提供房地产转让业务流程的咨询服务能力。

(2)锻炼学生的表达能力、沟通能力和社交能力。

(3)锻炼学生对房地产转让业务的处理能力、分析及解决问题的能力。

[训练要求]

(1)向业主或客户介绍房地产转让过程中应注意的问题,并进行问题总结。

(2)设计买卖双方进行交易的情节,并将房地产转让业务流程的要点表现出来。

2. 请根据拓展案例,分析并总结房地产转让业务流程中的重要环节和注意事项。

拓展案例

[案例1]赵先生年岁已大,欲卖房后再买房屋与子女共同居住,经中介公司介绍,赵先生与宋先生签订了《房屋买卖合同》,中介公司与双方签订《居间中保合同》及补充协议。合同签订后,宋先生向中介公司支付了定金2万元、信息服务费、代办产权过户费、房屋评估费等。

由于三方合同中约定了必须办理公证,赵先生及其家人两次持有效证件到公证处办理公证。中介公司人员第一次持他人的身份证,欲以未到场人的名义办理委托公证,因手续不完全,不能证明系中介公司委托,未办成公证。第二次,中介公司人员因不能提供有效手续,未完成公证。

此后,赵先生家人继续与中介公司及宋先生面谈卖房一事,但中介公司仍未明确公证的委托内容。赵先生与中介公司就公证内容和事项无法达成一致,当事人之间产生争议。三方因上述事项无法继续进行,长时间不能完成交易,不但赵先生无法及时以当时的价格购买房屋,也使宋先生无法获得欲购买的房屋,买卖双方都有损失。

法院认为,中介公司违反合同约定,应当承担违约责任。因为合同长时间无法得到履行,已经给买卖双方造成了损失,在无法继续履行的情况下,应当解除合同。而合同无法继续履行的原因,系由中介公司的违约行为造成的,其应承担因违约行为给当事人造成的损失。判定解除合同,由中介公司承担相应责任。

[案例2]张先生、李先生、中介公司三方签订房屋买卖合同,张先生将房屋(包括一个车位)以270万元的价格卖给李先生。合同签订后,张先生拒绝履行合同,其妻子主张买卖合同未经其同意,属于无效买卖。李先生无奈,向法院起诉要求履行合同,赔偿违约金。张先生主张三方签订的房屋买卖合同违反法律强制性规定,属无效合同。

法院认为,三方签订的房屋买卖合同系双方真实意思表示,且未违反法律、行政法规强制性规定,应认定为有效,违约方应承担相应的法律责任。李先生主张要求张先生继续履行房屋买卖合同、交付房屋(包括一个车位)、中介公司协助办理相关房屋过户手续,法院予以支持。根据房屋买卖合同的约定,张先生如果违约,则必须向李先生双倍返还定金,同时中介公司根据合同约定负有直接向李先生双倍返还定金的义务。法院判张先生、中介公司共同双倍返还定金。

课后实践

课后到本地房地产经纪机构进行房地产转让流程业务处理的相关实习。主要先了解公司如何进行房地产转让流程业务处理,然后在公司员工的指导下进行相关的实际操作。

工作任务二　房地产租赁业务的操作流程

任务场景

李小姐大学毕业两年,在一家通讯公司工作,职位是客户代表,月收入2 000元,她想在工作所在地租一套房屋,请你为她介绍房屋租赁的流程,并促成此项业务。

任务描述

房地产租赁业务在房地产经纪工作中比较常见。因此,本模块要求学生完成以下学习任务:a.熟练掌握房屋租售技巧,通过询问客户的基本情况,如家庭年收入、工作领域、职位、工作地区、房屋需求等,为客户介绍符合其意向的房源;b.为客户提供房地产租赁流程咨询服务;c.帮助客户找到合适的房子,并完善房地产租赁的相关手续。

相关知识

房屋租赁是房地产市场中一种重要的交易形式。《城市房地产管理法》规定:"房屋租赁,是指房屋所有权人作为出租人将其房屋出租给承租人使用,由承租人向出租人支付租金的行为。"《城市房屋租赁管理办法》(建设部令第42号)还对此概念作了进一步细化,并规定:"房屋所有权人将房屋出租给承租人居住或提供给他人从事经营活动或以合作方式与他人从事经营活动的,均应遵守本办法",即以上行为也应视为房屋租赁活动,并按照有关规定进行管理。

房屋租赁主要包括房屋出租和房屋转租两种方式。

一、房屋出租的基本流程

房屋出租是指房屋所有权人将房屋出租给承租人居住或提供给他人从事经营活

动或以合作方式与他人从事经营活动的行为。其一般流程如下：

第1步，出租方或承租方通过中介等渠道寻找合适的承租人或出租房源。

经纪人在从事房屋租赁经纪活动时，首先要确认出租人和承租人是否具备合法条件，并出具相应的证明文件。

对出租方而言，其出租的房屋必须是其所有的房地产，一般以房地产管理部门颁发的房屋产权证为凭。对于出租房屋，如果设有抵押的，应有抵押权人的书面同意材料；如果属于共有房屋的，应有共有人的书面同意材料。如果出租房屋为售后公房，则必须经过购房时同住成年人的同意。

对承租方而言，如果是个人，则必须提供合法、有效的身份证件；如果是单位，则须提供工商注册登记证明。

第2步，签订房屋租赁合同。签订房屋租赁合同时，可参照示范文本，也可由租赁双方自行拟订合同。合同中，特别应明确出租房屋的用途，不得擅自改变原使用用途。

第3步，将房屋租赁合同及相关材料到租赁房屋所在地的房地产登记机关申请办理房屋租赁合同登记备案。

第4步，领取房屋租赁证，缴纳相关税费。

二、房屋转租的基本流程

房屋转租，是指承租人在租赁期间将其承租房屋的部分或者全部再出租的行为。其基本流程如下：

第1步，原承租人取得原出租人的书面同意，将其原出租的房屋部分或全部再出租。

第2步，原承租人与承租人签订房屋转租合同。

第3步，将转租合同和原房屋租赁证到房地产登记机关办理房屋转租合同登记备案。

第4步，领取经注册登记盖章的原房屋租赁证，缴纳有关税费。

此外，房屋转租还必须符合以下几点：

(1)转租必须取得原出租人的书面同意。

(2)转租合同的终止日期不得超过原租赁合同的终止日期。

(3)转租合同生效后，承租人必须履行原租赁合同的权利和义务。

(4)转租期间，原租赁合同变更、解除或终止的，转租合同随之变更、解除或终止。

技能训练

1.房地产租赁流程业务处理的模拟训练。

实训内容:学生通过分组、角色扮演、情境设计等活动,将任务场景中房地产租赁的业务流程演示出来。

训练目的:

(1)锻炼学生为客户或业主提供房地产租赁业务流程的咨询服务能力。

(2)锻炼学生的表达能力、沟通能力和社交能力。

(3)锻炼学生对房地产租赁业务的处理能力、分析及解决问题的能力。

实习要求:

(1)向业主或客户介绍房地产租赁过程中应注意的问题,并进行问题总结。

(2)设计买卖双方进行交易的情节,并将房地产租赁业务流程的要点表现出来。

2.请根据拓展案例,分析并总结房地产租赁业务流程中的重要环节和注意事项。

拓展案例

刘某在北京路租了一个商铺,当时与业主约定租赁期为2007年4月至2008年4月。合同期满后,刘某未与业主重新签订租赁合同,又继续使用该商铺近4个月,并交了租金。现在刘某决定不再租此商铺了,但业主却要求刘某找人转租,否则不退回5万元押金。请问:法律是否有自动续约的规定?如果刘某找不到人租这个店铺,业主是否有权扣留刘某的押金?

按照《合同法》第232条的规定,"当事人对租赁期限没有约定或者约定不明确,依照本法第六十一条的规定仍不能确定的,视为不定期租赁。当事人可以随时解除合同,但出租人解除合同应当在合理期限之前通知承租人。"

可以看出,刘某与业主的租赁合同期满之后,又继续交租并使用该商铺的,该租赁合同已自动转为不定期合同,依法律规定,业主有权随时终止租赁合同,要求刘某搬出该铺,但要给刘某必要的准备时间;刘某也有权随时终止租赁合同,但要及时通知业主。终止租赁合同后,刘某没有义务为业主再找新的承租人。至于业主扣刘某押金,是既没有合同依据,又没有法律支持的,业主应全额退还押金给刘某,否则刘某有权向法院起诉要求取回押金。

课后实践

课后到本地房地产经纪机构进行房地产租赁业务流程处理的相关实习。主要先了解公司如何进行房地产租赁业务流程处理,然后在公司员工的指导下进行相关的实际操作。

工作任务三　房地产抵押业务的操作流程

任务场景

齐君是一个体经营户,长期从事大宗商品贸易,前不久因没摸准市场行情,导致血本无归。为重振旗鼓齐君找到他在某电脑公司当老板的同学张君借钱。张见齐亏损太多,风险太大,不敢借给他。齐说,他可以以自己的三室二厅的房屋作担保,在他的强烈要求下,张同意借给齐56万元,并与他签订了房屋抵押合同。签字画押后,张君还是感到不踏实,想了解法律上对房地产抵押还有哪些特殊要求?

任务描述

房地产抵押在我国房地产市场发展和建设中发挥着越来越重要的作用,但由于房地产抵押是一项较新的工作,涉及面较大,也容易产生法律问题,因此无论是抵押当事人还是登记机关,如果缺乏法律观念和对抵押登记缺乏了解,就会在是否存在借款、是否约定利息、是否还款、起诉是否超过法律所保护的诉讼时效、抵押登记是否有效等方面产生诸多争议。因此,本模块要求学生完成以下学习任务:a.熟练掌握房地产抵押的概念和相关的法律规定;b.熟悉房地产抵押的流程,能够协助客户办理相应的书面手续;c.能为客户提供房地产抵押相关咨询服务;d.能够对各类抵押案例进行分析。

相关知识

房地产抵押是指债务人或第三人以不转移占有的方式向债权人提供土地使用权、房屋和房屋期权作为债权担保的法律行为。在债务人不履行债务时,债权人有权依法处分该抵押物并就处分所得的价款优先得到偿还。

房地产抵押按抵押标的物——房地产的现状不同,可以分为土地使用权抵押、建设工程抵押、预购商品房期权抵押和现房抵押4种类型。不同类型的抵押,有不同的操作流程。

一、土地使用权抵押流程

土地使用权抵押是指以政府有偿出让方式取得的土地,且土地上尚未建造房屋的土地使用权设定抵押。在我国,土地所有权不能抵押,以行政划拨方式取得的土地使用权不能单独抵押。

土地使用权抵押的一般流程如下:

第1步,债务合同(主合同)依法成立,为履行债务合同,抵押人提供其依法拥有的土地使用权作担保。

值得注意的是,以出让或转让方式取得的土地使用权设定抵押,还应符合以下条件:

(1)该土地使用权的出让金必须全部付清,并经登记取得土地使用权证。

(2)该土地使用权所担保的主债权限于开发建设该出让或转让地块的贷款。

(3)所担保的债权不得超出国有土地使用权出让金的款额。

(4)土地使用权设定抵押不得违反国家关于土地使用权出让、转让的规定和出让合同的约定。

第2步,抵押人与抵押权人签订土地使用权抵押合同(从合同),将依法取得的土地使用权设定抵押。当抵押人不能履行到期债务时,抵押权人有权依法处分抵押物。

第3步,抵押双方将抵押合同、债务合同及房地产权属证书等有关资料到房地产登记机关办理抵押登记。

第4步,领取房地产他项权利证书及经注册登记的房地产权属证书。

第5步,债务履行完毕,抵押双方向房地产登记机关申请办理抵押注销手续。

按国家有关规定,房地产他项权利证书交抵押权人保管,而房地产权利证书经注册登记后应归还给产权人,抵押权人不能擅自扣押房地产权利证书。

二、建设工程抵押

建设工程抵押是指,权利人在房屋建设期间将在建的房屋及土地使用权全部或部分设定抵押。建设工程抵押,其一般流程为:

第1步,债务合同成立,抵押人提供其合法拥有的在建房屋及土地使用权作担保。这一行为需要抵押人符合以下条件:

(1)取得土地使用权证,并应有建设用地规划许可证、建设工程规划许可证和施工许可证。

(2)投入开发建设的资金达到工程建设总投资的25%以上。

(3)建设工程抵押所担保的债权不得超出该建设工程总承包合同或者建设工程总承包合同约定的建设工程造价。

(4)该建设工程承包合同是能形成独立使用功能的房屋。

(5)建设工程范围内的商品房尚未预售。

(6)已签有资金监管协议。

(7)符合国家关于建设工程承发包管理的规定。

(8)已确定施工进度和竣工交付日期。

第2步,抵押人与抵押权人签订抵押合同,将在建房屋及相应的土地使用权抵押,当债务不能履行时,抵押权人有权依法处分抵押物。

在签订抵押合同时,应注意的事项有:

(1)要着重查验抵押房地产的合法有效证件。

(2)到房地产登记机构查阅抵押物是否已预售、转让、已设定抵押,或被司法机关查封等。

（3）建设工程抵押实质是一种期权抵押，明确抵押物的部分、面积及规划用途就显得十分重要。当债务人不能及时清偿债务时，可以及时处分抵押物以清偿贷款。

第3步，抵押双方持债务合同（主合同）、抵押合同及房地产权利证书、建设工程规划许可证等有关资料到房地产登记机关办理抵押登记。

第4步，抵押权人保管房地产其他权利证明，房地产权利人领取经注册登记的建设工程规划许可证。

第5步，债务履行完毕，抵押双方持注销抵押申请书、经注册登记的土地使用权证、建设工程规划许可证到房地产登记机构办理注销抵押手续。

经纪人在从事建设工程抵押经纪活动中应特别把握以下几点：

（1）建设工程所担保的主债权仅限于建造该建设工程的贷款。

（2）建设工程抵押必须服从专门机构的监督。

（3）不得设定最高额抵押。

三、预购商品房期权抵押

预购商品房期权抵押是指预购人将已经付清房款或已付部分房款的预购商品房期权设定抵押。

1. 预购商品房期权设定抵押应符合的条件

（1）抵押所担保的主债权仅限于购买该商品房的贷款。

（2）不得设定最高额抵押。

（3）符合国家关于商品房预售管理的规定。

2. 预购商品房期权抵押的基本流程

第1步，商品房预购人与商品房开发经营企业签订商品房预购合同，并交付部分房价款。

第2步，持商品房预售合同到房地产登记机关登记备案。

第3步，抵押权人与抵押人签订抵押合同。

签订抵押合同时，应查验抵押人所提供的商品房预售合同是否经房地产登记机关登记备案，该预购房屋是否已转让、已设定抵押或已被司法机关查封等。

第4步，抵押双方持抵押合同及经房地产登记机构登记备案的商品房预售合同，到房地产登记机关办理抵押登记。

第5步，抵押权人保管他项权利证书，房地产权利人领取已经注册登记的商品房预售合同。

债务履行期间或贷款清偿期间，如该预购商品房已经初始登记，买受人持商品房出售合同、房屋交接书和他项权利证书等材料到房地产登记机关办理交易过户登记。抵押人领取经注册登记的房地产权证及缴纳有关税费，并继续履行债务和清偿贷款。

第6步，债务履行完毕或贷款已经清偿，抵押双方持注销抵押申请书、他项权利证书及已经注册登记的商品房预售合同到房地产登记机关办理注销抵押登记手续。

四、现房抵押

现房抵押是指获得所有权的房屋及其占用范围内的土地使用权设定抵押。现房抵押的一般流程为：

第1步，债务合同成立。债务人或者第三人将自己依法拥有的房地产作担保。如商品房购买人未支付全部房价的，可向银行申请贷款，并将该商品房设定抵押作为清偿贷款担保。

第2步，抵押双方签订抵押合同。这时，抵押权人必定是债权人，而抵押人是债务人或第三人。债务不能履行时，抵押权人有权依法处分抵押物。用抵押贷款购买商品房的，购买人先与出售方签订商品房买卖合同，然后再与银行签订贷款合同和抵押合同。

第3步，抵押双方持抵押合同、房地产权利证书到房地产登记机构办理抵押登记手续。如用贷款购买商品房的，可在申请办理交易登记的同时申请办理抵押登记手续。

第4步，抵押权人保管房地产他项权利证书，抵押人保管已经注册登记的房地产权利证书。

第5步，债务履行完毕，抵押双方持注销抵押申请书、他项权利证书及已注册登记的房地产权利证书到房地产登记机关办理注销抵押手续。

技能训练

1.房地产抵押流程业务处理的模拟训练。

学生通过分组、角色扮演、情境设计等活动，进行房地产抵押业务流程演示。

【训练目的】

(1)锻炼学生为客户或业主提供房地产抵押业务流程的咨询服务能力。

(2)锻炼学生的表达能力、沟通能力和社交能力。

(3)锻炼学生对房地产抵押业务的处理能力、分析及解决问题的能力。

【训练要求】

(1)向业主或客户介绍房地产抵押过程中应注意的问题，并进行问题总结。

(2)设计买卖双方进行交易的情节，并将房地产抵押业务流程的要点表现出来。

2.请根据拓展案例，分析并总结房地产抵押业务流程中的重要环节和注意事项。

拓展案例

吴某与李某是多年的朋友，双方较为信任，互有经济往来。200×年，吴某因做生意资金周转不开，便向李某借款20万元，并承诺一年后连本带息归还，双方约定利息为3万元，李某考虑到借款数额太大，两人签订了借款抵押合同，由吴某提供自住的一套三室两厅的房屋做抵押，合同约定，吴某到期未归还借款本息，李某有权变卖房屋优先受偿,因妨于朋友情面,双方未办理抵押登记手续。

借款到期后,吴某未按期还款,并避而不见,李某诉至法院,要求法院变卖抵押房屋以实现抵押权,后法院在审理中查明,吴某用于抵押的房屋系按揭商品房,吴某无权设置抵押。

在吴某购买预售商品房时与银行签订了按揭商品房买卖合同,银行、开发商、吴某三者之间形成了按揭关系。在吴某还清银行贷款之前,该商品房所有权名义上由银行享有,吴某处置房屋的权利(包括抵押)受到限制,因此吴某在签订借款抵押合同时,并无处分房地产的权利,其处分房地产未得到房屋所有权人银行的授权和追认,其处分行为应属无效。

根据我国《担保法》和《城市房地产抵押管理办法》规定,房地产抵押合同自签订之日起30日内,抵押当事人应到房地产所在地的房地产管理部门办理房地产抵押登记,房地产抵押合同自抵押登记之日起生效。由此可以看出,即使房地产属于吴某,也因未办理房地产抵押登记手续而导致双方所签的抵押合同不能有效成立。

权利人在签订抵押合同时,应要求抵押人提供证明自己对抵押物拥有所有权的相关材料,以便查清抵押人是否具有处分作为抵押物的房地产的权利。同时,在签订抵押合同后,应尽快到房地产所在地的房地产管理部门办理房地产抵押登记手续,这样抵押合同才能生效,抵押权人的权益才能得到法律的保护。

(资料来源:http://wh.house.sina.com.cn/buyer/gfzd/p/2005-02-02/09304423.html,新浪武汉房产)

课后实践

课后到本地房地产经纪机构进行房地产抵押业务流程处理的相关实习。主要先了解公司如何进行房地产抵押业务流程处理,然后在公司员工的指导下进行相关的实际操作。

工作任务四 房地产交易合同的处理

任务场景

陈先生今年6月买了一套二手房,中介列出税费17 314元,他立马签了购房合同。可交完定金、按揭费、中介费及首期贷款后,却被中介公司通知再去国土局交纳2.1万元费用。原来他购买的那套房属于政府解困房,"要交纳2.1万元当时政府补贴给业主的钱",陈先生非常气愤,多次和业主及中介公司协商,但双方无法达成一致意见。

任务描述

在房屋交易过程中,像任务场景中由于房地产交易合同约定不清而产生纠纷的案例有很多。房地产经纪人应充分了解房地产交易的重要信息,并及时告知客户,以避免产生不必要的纠纷和冲突。因此,本模块要求学生完成以下学习任务:a. 熟悉房地产交易合同的种类;b. 熟悉各种房地产交易合同的主要条款及注意事项;c. 能为客户提供房地产交易合同处理的相关咨询服务;d. 能对各类涉及房地产交易合同纠纷的案例进行分析。

相关知识

一、房地产转让合同

按照《城市房地产管理法》的有关规定,房地产转让应当签订书面转让合同。房地产转让合同是指房地产的转让人与受让人为明确双方在房地产转让过程中各自的权利和义务而达成的书面一致意见。房地产转让合同的主体须是房产所有人,客体是土地使用权和房屋所有权。在房地产转让合同中转让的房地产交付给受让方,并将土地使用权或房屋所有权经以合法形式转给受让方,受让方的主要义务是接受房地产并向转让方支付有关费用。

(一)合同条款

在日常实践中,房地产转让合同中应具备下列条款:

(1)双方当事人的姓名或名称、住所。如果订立房地产转让合同的当事人是公民,则应写明姓名,如果是单位,则应写单位的全称。但同时注意,单位应当是能独立承担民事责任的法人,有时为了联系上方便,写明地址、邮编、电话号码等。

(2)房地产权属证书名称及编号。房地产转让时,转让人对其拟转让的房地产应拥有一定权利,也应当有相应的权属证书,如国有土地使用证、产权证等。为了避免将来产生纠纷和记录房地产权属的现状,就应当在合同中标明权属证书的名称及编号。

(3)房地产的坐落位置、面积、四至界限。合同中应具体标明房地产的位置,同时还要标明面积的大小及四至界限,标得越细越好,以免纠纷发生。

(4)土地使用权的取得方式、时间及年限。在合同中,应明确转让方土地使用权的取得方式,是通过出让而取得还是通过划拨而取得的,什么时候取得的,政府准允使用年限为多长等。

(5)房地产的用途或使用性质。我国对于土地或房屋采用的是规划许可使用制度。一块土地,政府在进行规划时,便对其用途作了规定,使用者不得随意变更。因此为了避免纠纷的发生,在转让合同中要明确规定房地产的用途。

(6)成交价格及支付方式。这是房地产转让合同的核心条款。成交价格就是转让房地产的价格,一般采用大写的方式,并应明确是以现金支付还是以支票支付,是一次性支付还是分期支付,支付的时间等。

(7)房地产交付使用的时间及过户时间。在房地产转让合同中,应写明转让方何时将房地产交付受让方。由于房地产是以产权过户形式来体现所有权的转移,所以在合同中应约定双方办理权属过户的时间。

(8)双方的权利和义务。如转让方的主要义务是交付房地产,而受让方的主要义务是支付有关费用等。

(9)违约责任。合同中应写明如果一方不履行合同,应承担什么样的责任,如支付违约金、赔偿损失、中止、解除合同等。约定违约金的应写明违约金的具体数额或计算方式。

(10)双方约定的其他事宜。

由于房地产转让比较复杂,涉及的法律、法规、政策比较多,所以房地产转让合同也较复杂,上面只是大概地介绍一下房地产转让合同的主要条款。房地产经纪人在从事经纪活动时,必须对以上合同条款逐条逐句分析,认真协助交易双方订立合同,不能忽视任何一个条款的作用,尤其要提醒交易双方在有关违约责任和争议处理办法的合同条款上仔细斟酌,妥善填写。

(二)注意事项

(1)当事人的名称或姓名、住所。合同中应当明确当事人的具体情况、地址、联系办法等,以免出现欺诈情况;双方应向对方作详细清楚的介绍或调查;应写明是否是共有财产、是否是夫妻共同财产或家庭共同财产。

(2)标的。在房屋买卖合同中标的就是房屋。合同中应明确房屋的地点(方位、朝向、门牌号等)、面积、类型(公房或私房)、设施设备结构(木制、砖制等建筑使用的材料)、质量(新旧程度、使用状况等)、格局、装修及附属设施等内容。

(3)价款。价款是合同中最重要的条款,它的主要内容涉及总价款、付款方式、付款条件、如何申请按揭贷款、定金、尾款等。在签订合同时,应当依据有关法律的规定,以房屋的不同类型,确定不同的定价原则,明确房屋售价是多少,每平方米建筑面积售价是多少。双方还要明确按国家规定交纳各自应当交的税费和杂费;如果双方另有约定,则应当在合同中明确这一约定。

(4)履行期限、地点、方式。合同中应主要写明交房时间,条件,办理相关手续的过程,配合与协调问题,双方应如何寻求中介公司、律师、评估机构等服务,各种税费、其他费用如何分摊,遇有价格上涨、下跌时如何处理。

(5)交付方式。合同中应包括出卖方交付房屋及受买方支付价款的方式。交付房屋,应明确要对房屋进行验收,并按规定办理房屋产权过户手续,交纳税金及费用,领取新的房屋产权证明等。支付价款的方式,应明确以现金还是支票支付,付款是一次性付清或分期交付以及缴纳定金的时间、数额,分期付款的步骤、时间和数额等。

(6)违约责任。合同中要说明哪些系违约情形,如何承担违约责任,违约金、定金、赔偿金的计算与给付,在什么情况下可以免责,担保的形式,对违约金或定金的选择适用问题等。

(7)解决争议的方式。合同中应约定解决争议是采用仲裁方式还是诉讼方式。需要注意的是,如果双方同意采用仲裁的形式解决纠纷,应按照我国《仲裁法》的规定写清明确的条款。

(8)合同生效条款。合同中应约定合同生效时间,生效或失效条件,当事人不能为自己的利益不正当地阻挠条件生效或不生效,生效或失效期限,致使合同无效的情形,几种无效的免责条款,当事人要求变更或撤消合同的条件,合同无效或被撤消后财产如何进行返还等。

(9)合同中止、终止或解除条款。按照《合同法》第六十八条、第九十一条、第九十四条之规定,合同当事人可以中止、终止或解除房屋买卖合同。有必要在合同中明确约定合同中止、终止或解除的条件,上述情形中合同应履行的通知、协助、保密等义务,解除权的行使期限,合同中止、终止或解除的补救措施,合同中止、终止或解除后财产如何进行返还等。

(10)合同的变更与转让。合同中应约定合同的变更与转让的条件或不能进行变更、转让的禁止条款。

(11)附件。合同中应说明本合同有哪些附件以及附件的效力等。必要的时候,还需签订有关的补充协议,特别是有关房屋面积、房屋质量以及付款等关键条款,一定要有细节性的明确约定。

(三)合同示范文本

按照房屋的种类可以分为商品房买卖合同和二手房买卖合同两种。具体合同示范文本,如《商品房买卖合同(预售)示范文本》、《商品房买卖合同(一手房现售)示范文本》、《二手房买卖合同》,可登录重庆大学出版社资源网站(http://www.cqup.net/edusrc)下载,也可在相关网站查询。

二、房屋租赁合同

房屋租赁合同是指出租人在一定期限内将房屋转移给承租人占有、使用、收益的协议。房屋租赁合同与房屋买卖合同有很大差异,房屋买卖合同是将房屋的占有、使用、收益、处分等权利转移给买受人,而房屋租赁合同是将房屋转移给承租人占有、使用并取得收益,而房屋仍属出租人所有,承租人不能对房屋行使处分权,租赁期满承租人就必须将承租房屋归还出租人。

(一)房屋租赁合同的主要条款

(1)当事人姓名或者名称及住所。

(2)房屋的坐落、面积、结构、附属设施及设备状况。这一条一方面说明出租房屋的结构、附属设施及设备状况,反映了出租房屋的质量;同时也使承租人明确在房屋租赁期间不得擅自破坏房屋结构,更改房屋的装修及设施,如有必要进行装修或更改原有设施的,应征得出租人的书面同意,并按有关物业管理规定予以实施。而且,租赁合同还应该明确租赁期满后承租人在返还房屋时是否要恢复原状。

(3)租赁用途。房屋的租赁用途指房屋的使用用途,一般要求按房地产权证上载明的用途使用,未经有关部门批准,承租人不得擅自更改租赁房屋规定的使用用途。

(4)房屋交付日期。指房屋由出租人交付给承租人使用的具体时间。

(5)租赁日期。房屋租赁一般应设定租赁期限。同时,在合同中还应注明,如续租的应该在期满前一个月提出,并重新签订租赁合同。

(6)租金及支付方式和期限。租金的支付可以按月、季度或半年等支付,由双方协商订立。在订立该条款时注意不要遗漏租金交付的期限及逾期支付时的违约处理方法。

(7)房屋的使用要求和修缮责任。房屋的修缮责任一般由出租人承担,但双方另有约定的除外。

(8)房屋返还时的状态。

(9)违约责任。

(10)当事人约定的其他条款。

以上是房屋租赁合同的一般内容,若租赁双方采取转租、商品房预租、先租后售、售后包租等方式,除具备以上条款外,还应具备法律规定的其他内容。

(二)注意事项

在实际操作中,房屋租赁合同还应根据使用的实际情况,特别约定租赁期间有关水、电、气、通讯、闭路电视、物业管理费等其他费用的支付。目前民间流行的预收押金或保证金等做法也应在合同中一一明确约定。

房地产经纪人在从事房屋租赁代理和居间活动时,应尽量引导交易双方使用由政府制定的示范文本,如确有必要自拟合同文本的,也应参照示范文本的主要条款规定,不得擅自更换法律、法规所规定的合同内容,以确保合同双方当事人的权利和义务。

(三)合同示范文本

房屋租赁合同的具体示范文本,如《房屋租赁合同》,可登录网站或重庆大学出版社资源网站下载。

三、房地产抵押合同

房地产抵押合同,是抵押人与抵押权人签订的、约定以特定的房地产担保债务但不移转房地产的占有,在债务人不履行债务时,抵押权人享有就该房地产的变价优先受偿权利的书面文件。房地产抵押是担保债权债务履行的手段。房地产抵押合同是抵押人与抵押权人为了保证债权债务的履行,明确双方权利与义务的协议,是债权债务合同的从合同。债权债务的主合同无效,抵押这一从合同也就自然无效。房地产抵押是一种标的物价值很大的担保行为,法律规定房地产抵押人与抵押权人必须签订书面抵押合同。

(一)房屋抵押合同的主要条款

房地产抵押合同一般应载明下列内容:

(1)抵押人和抵押权人姓名(或者名称)、住所。

(2)抵押物的坐落、用途、结构、面积、价值、四至范围。

(3)被担保的主债权的种类、数额。

(4)债务人履行债务的期限。

(5)抵押担保的债权范围。

(6)抵押当事人约定的其他事项。

建设工程期权设定抵押的,还应增加:

(1)《建设工程规划许可证》编号。

(2)国有土地使用权出让金的款额。

(3)总承包合同或者施工总承包合同约定的建设工程造价。

(4)已投入工程的款额,但不包括获得土地使用权人的费用。

(5)建设工程竣工日期。

(二)房地产抵押合同的生效

房地产抵押合同的生效,是指房地产抵押合同发生法律上的效力,产生创设抵押权的法律效果。房地产抵押合同的生效,要把握以下几点:

(1)房地产抵押合同是从合同,房地产抵押合同生效的前提是所担保的主债合同生效。

(2)房地产抵押合同是民事法律行为,它发生效力的前提是它不违背相关的法律规定,是有效的民事法律行为。

(3)房地产抵押合同签订后,应当向房地产登记机关办理抵押登记,抵押合同自登记之日起生效,而不是自抵押合同签订之日起生效。因此,实践中仅移交房地产权利证书的,一般不会使房地产抵押合同生效。但值得注意的是,如果当事人办理抵押物登记手续时,因登记部门的原因致使其无法办理抵押登记的,抵押人向债权人交付权利凭证的,可以认定债权人对该财产有优先受偿权。也即可以认定房地产抵押合同有效,只是不能对抗第三人。

(4)抵押人和抵押权人协商一致,可以变更抵押合同,抵押双方应当签订书面抵押变更合同。一宗抵押物存在两个以上抵押权人的,需要变更抵押合同的抵押权人,必须征得所有权后顺位抵押权人的同意。

(5)房地产抵押合同发生变更的,应当依法变更抵押登记。抵押变更合同自变更抵押登记之日起生效。

(三)注意事项

在房地产交易中,房地产抵押合同的订立应着重把握抵押物的部位、面积、价值、担保债务的数额,以及抵押权人有权处分抵押物的前提条件和处分方式等。

如以已出租的房地产设定抵押的,应将已出租情况明示抵押权人,原租赁合同继续有效。如果有营业期限的,企业以其所有的房地产设定抵押,其抵押期限不得超过企业的营业期限。而抵押房地产有土地使用年限的,抵押期限不得超过土地使用年限。

当已设立抵押权的房地产再次抵押时,应将第一次抵押的情况告知第二抵押权人,处分抵押物,应以登记顺序为优先受偿的顺序。

抵押物须保险的,当事人应在合同中约定,并在保险合同中将抵押权人作为保险赔偿金的优先受偿人。抵押权人在债务履行期届满前,不得与抵押人约定债务人不履行到期债务时抵押的房地产归债权人所有。抵押权人需在房地产抵押后限制抵押人出租、出借或者改变抵押物用途的,应在合同中约定。

(四)合同示范文本

房地产抵押合同的具体示范文本,如《房地产抵押合同》,可登录网站或重庆大学出版社资源网下载。

技能训练

学生分为 3 人一组,分别扮演买方、卖方和房地产经纪人,模拟签订以上合同的示范文本。并分别从政府相关部门、购房者、售房者和房地产经纪人的角度,分析所签订合同的合理性。

拓展案例

[案例1]折腾三个多月,户籍终于迁进新家

林先生去年 3 月买了一套二手普通住宅,取得产权证后支付了全部房款,可原业主迟迟不肯迁出户口,派出所也表示无法强制要求迁移户籍。林先生唯有要求经纪公司出面协商。该宗个案的经纪人员说,当时自己低声下气请求旧业主迁移户籍,3个多月后终于得以解决。

产生原因:未在合同中约定户籍迁移的时间及追究方式。

小贴士:户籍管理属于公安部门进行的行政管理,法院无权干涉,且法院也不受理二手房交易中以户籍迁移为诉讼标的的案件,因此这个问题目前解决乏术。房地产经纪公司应提醒交易双方就户籍迁移问题作书面约定,并在合同中以户籍迁移作为支付部分房款的条件。

[案例2]乌龙买家轻信中介,使用权缩水 30 年

张先生今年 7 月在石岐区城市花园买了一套二手房,在购买过程中听信经纪人介绍,以为该套房屋的使用年限是到 2068 年,于是向业主支付了 2 万元定金。直到办理贷款按揭的那天,张先生查看了该套房子的《土地使用权证书》后才得知使用年限只到 2038 年,足足缩水了 30 年。张先生提出终止购买,要求业主退回定金。但业主认为自己没有过错,是张先生没有仔细查看权属证书上写明的使用年限。

产生原因：由于房地产经纪人的误导，使得购房人在签约合同时没有对房屋的使用年限一项作出说明。

小贴士：张先生没有仔细查看土地使用权证上注明的信息，经纪公司明显有误导倾向。假若张先生保留的证据不足，亦无法以此为理由终止购买行为，恐怕败诉的可能很高。

[案例3]赠送原屋家具，沙发却遭"扒皮"

王先生年初购买了一套二手商品房，带家具、电器转让。签约时房地产经纪人提醒王先生把该套房原屋家具、电器及装修情况以附件形式注明在合同背后。但他在清单中仅注明了数量而没有描述现状，签约时也没去现场清点。如期收房时，他发现布艺沙发套和房子里的窗帘均被"扒皮"，客厅只剩光溜溜的沙发垫子和光秃秃的门窗。王先生向旧业主追究，旧业主表示该行为是原来的租客所为，责任不在自己。

产生原因：没有在合同附件中注明家具、电器的详细清单。

小贴士：建议带家具、电器转让的二手房交易中，买家要在附件后列明家具和电器的数量，并在清点后作出现状说明，如这件家具的原状是完整的还是破损的，是什么牌子、什么型号的等。

（资料来源：南都网）

课后实践

1.上网搜索房地产交易合同纠纷的相关案例，并分组讨论、分析产生纠纷的主要原因，以及如何处理才能避免纠纷的再次发生。

2.查阅最新版的房地产交易示范文本。

项目三
房地产税费业务处理

教学目标

最终目标：能回答客户关于房地产税费政策的咨询，并能根据客户要求，按照房地产税费政策进行各种房地产税费业务的处理。

促成目标：

- 了解各种房地产税费的基本含义、构成要素和相关政策规定。
- 逐步形成房地产税费解释、咨询能力。
- 能熟练计算各项房地产税费的数额，帮助交易双方降低税负、节约交易成本。

工作任务

- 初识房地产税费。
- 房地产税费的主要税种。
- 房地产交易的相关收费。

工作任务一　初识房地产税费

任务场景

小张是一名刚入职的房地产经纪人，由于大学期间参加过许多社会实践活动，因此在客户接待、人际沟通等方面得心应手。但关于客户提出的有关房地产税费的各种问题，却令他手忙脚乱、一头雾水。

任务描述

房地产经纪人在实际工作中，不可避免地要涉及房地产交易税费问题，如果认识不足或处理不当就会导致客户对房屋甚至对房地产经纪人产生误会或怀疑，最终导致交易失败。因此，详细了解和熟练运用房地产税费的相关政策，特别是二手房交易的税费政策,是房地产经纪人的重要工作内容之一。本模块要求学生完成以下学习任务:a.了解房地产税收以及房地产收费的基本概念,并能够区别二者之间的不同;b.能够熟练列出我国在土地使用权出让和房地产开发、转让、保有等诸环节中涉及的税种以及房地产交易过程中涉及的收费;c.能够通过分析房地产税收的构成要素,了解房地产税收制度的政策含义。

相关知识

一、房地产税费的基本概念

(一)房地产税收

房地产税收是我国税收体制的重要组成部分,随着我国房地产行业的快速发展,房地产税收已成为地方财政收入的重要来源之一。房地产税收有效地促进房地产行业持续、健康的发展,在完善税制、发挥税收经济杠杆作用、保护和合理使用土地资源等方面起到了积极作用。同时,房地产税收对房地产市场也起到了显著的宏观调控作用,并已成为当前政府对房地产市场的常用调控手段。

房地产税收是指以房地产或与房地产相关的经济行为作为征收对象的税收总称,其贯穿于房地产开发、经营、销售及消费的全过程。

(二)房地产收费

房地产收费是房地产经纪活动中必须涉及的内容,它与房地产税收有根本性的差别。税收与收费最明显、最直接的区别在于:税收属于国民收入的再分配,是国家依法取得的收入,既不需要返还给纳税人,也不需要对纳税人直接付出任何代价,具有无偿性;收费则属于价格范畴,是劳务或特定服务的受益者所付出的一种代价,具有明显的有偿性。

现行《价格法》把国家机关各部门的各种收费划分为国家行政机关收费、中介服务收费、公益性服务价格、公用事业价格和其他经营性收费5种类型。与房地产经纪活动直接相关的主要是国家行政机关收费和中介服务收费。

国家行政机关收费是指国家行政机关在行使国家管理职能过程中,向特定对象实施特定管理或提供特定服务收取的费用。房地产经纪活动中,国家行政机关收费主要包括:证照类收费、登记(注册)费或手续费、管理费等。房地产国家行政机关收费具有强制性、特定性、补偿性等特点,并由法律、法规、政府立项规定,收费标准由政府定价,如交易手续费、产权登记费等。

房地产经纪活动中,中介服务收费是指中华人民共和国境内独立执业、依法纳税、承担相应法律责任的中介服务机构,接受委托,并依法提供有偿的专业知识和技术服务时,按规定标准向委托人收取的合理费用。房地产中介服务收费是房地产交易市场重要的经营性服务收费,具有协商、自愿、有偿等特点,如中介服务费(佣金)、房地产估价费、公证费等。

二、房地产税费种类

目前,我国在土地使用权出让和房地产开发、转让、保有等诸环节中涉及的税种主要包括:契税、印花税、营业税、城市维护建设税、教育费附加、企业所得税、个人所得税、土地增值税、城镇土地使用税、房产税、耕地占用税等。

房地产交易过程中涉及的收费主要包括:权证费、产权登记费、交易手续费、房地产测绘费、房地产估价费、公证费、中介服务费等。

房地产税费政策的变动性较大,各种税费的具体实施办法各个地区都存在不同程度的差异,而且国家和地方政府也不断出台新的税费政策以适应房地产市场的发展。因此,房地产经纪人应在对国家基本税费制度和政策清醒认识的基础上,结合地方的实施办法或细则来提供房地产税费方面的咨询,灵活处理相关业务。

表3.1是依照房地产经纪业务的主要内容,对房地产交易中所涉及的税费项目做一简单归纳,供大家参考。

表3.1　房地产交易中涉及税费项目一览表

房地产经纪业务	税费类别	涉及的税费项目
房地产买卖	税种	契税、印花税、营业税、城市维护建设税、教育费附加、个人所得税、土地增值税
	收费	权证费、产权登记费、交易手续费
房地产租赁	个人	营业税、城市维护建设税、房产税、个人所得税、印花税
	企业	营业税、城市维护建设税、房产税、企业所得税、印花税
房地产赠与、继承	税种	契税、印花税
	收费	公证费、权证费、产权登记费
个人持有的房地产营业	个人	房产税、城镇土地使用税

三、房地产税收的构成要素

房地产税收是由多个税种组成的一个税收体系。虽然每个税种的情况不尽相同,但其基本构成要素大致相同,主要包括:纳税人,课税对象和征税范围,课税基础,税率,纳税方式,附加、加成、减免等。

(一)纳税人

纳税人是纳税义务人的简称,是税法规定的直接负有纳税义务的单位和个人,法律术语称为课税主体。房地产税收的纳税人一般是房地产的开发者、拥有者、交易者。

与纳税人相对应的一个概念是负税人。负税人与纳税人的主要区别在于,负税人是指税款的实际承担者或负担税款的经济主体,而纳税人只是负担税款的法律主体。在房地产交易活动中,纳税人不一定就是负税人。只有当纳税人所纳的税款无法转嫁时,纳税人就同时又是负税人。例如:房地产租赁过程中的营业税有时由承租人缴纳,纳税人和负税人就属于不同的主体,营业税的纳税人是出租人,而负税人是承租人。

(二)课税对象或征税范围

课税对象又称征税对象,是税法规定的征税目的物,即对什么事物征税,法律术语称为课税客体。课税对象是一种税种区别于另一种税种的主要标志,主要包括所得、商品、财产3大类,由此税收可分为所得税、商品税、财产税。同时,根据课税对象性质的不同,税收可分为5大类:流转税、收益税、财产税、资源税和行为目的税。每一种税都必须明确规定对什么征税,体现税收范围的广度。

(三)课税基础

课税基础简称税基,是指准确确定征税额度的计算基础或课税依据。课税基础如果按照房地产物理量的大小来计算,称为从量征收的房地产税,如耕地占用税以土地面积为计税基础,无论土地质量的好坏,相同面积的土地缴纳相同的税款。如果以房地产价值大小为计税标准,则称为从价征收,如营业税、房产税等。

(四)税率

税率是指国家征税的比率,是应纳税额与课税对象之间的比值,它体现着征税的深度。税率一般分为定额税率、比例税率、累进税率3类。

定额税率,又称固定税额,是按照征税对象的计量单位规定一个固定的税额,而不规定征税比例的税率。

比例税率,是对同一征税对象,不分数额大小,规定相同的征税比例的税率。

累进税率,是指按照课税对象数额的大小,划分若干等级,每一等级由低到高规定相应的征税比例,随着课税对象数额的增大,征税比例随之提高的税率。累进税率可分为全额累进税率和超额累进税率。

(五)附加、加成、减免

附加、加成、减免是对税收的一种调节措施。税收制度具有法定性和普遍性,不加区别地统一执行一项税收,必然会违背征税的初衷,因此需要区别对待,进行适度调节。调节的措施通常以附加、加成、减免的方式被设计在税收制度中。

附加是地方政府在正税之外附加征收的一部分税款。

加成,是指对课税对象在依据税率计算应纳税额的基础上,对税额再加征一定成数的税款,如加征一成就是在原税率(税额)上加征10%,加征二成就是在原税率(税额)上加征20%,依此类推。

减免,是指国家根据一定时期的政治、经济、社会政策要求,对生产经营活动中的某些特殊情况或某些特定的纳税人给予减轻或免除税收负担的优惠。

附加、加成、减免使税收制度能够因地制宜,并使法律的严肃性和实际操作的灵活性紧密结合,更好地发挥税收的调节作用。

工作任务二　房地产经营的主要税种

任务场景

孙小姐看中了一套120 m²的二手房,总价为108万元。由于是初次置业,房地产交易过程中的种种税收政策搞得她头昏脑胀。不得已之下,她只好到中介公司进行咨询。作为一名房地产经纪人员,该如何回答客户孙小姐的咨询?

任务描述

房产流通环节需要缴纳的税很多,而且每一税种相对应的政策、规定也不相同,买房消费者多数都不太清楚,业内人士也需要专门的学习才能掌握。因此,本模块要求学生完成以下学习任务:a. 熟悉国家和所在地的房地产税收制度和政策,并能回答客户有关税收政策的咨询;b. 熟记各税收要素和计税办法;c. 能够解决现实的房地产交易活动中各种房地产税收问题;d. 能快速、准确地测算房地产经济活动中委托人所需交纳的税收数额。

根据国家税法有关政策规定,房地产经营中涉及的税种主要包括契税、印花税、营业税、个人所得税、土地增值税,下面就其具体的业务操作内容逐一进行介绍。

业务操作一　契税业务处理

业务描述

请根据客户孙小姐的要求,并按照当地现行的房地产税费政策的有关规定,为孙小姐提供契税的咨询、测算等帮助。

业务知识

一、税种介绍

契税是以土地或房屋所有权属发生转移变动的不动产为征税对象,向产权承受人征收的一种财产税。1997年4月23日,国务院第55次常务会议通过了《中华人民共和国契税暂行条例》,并于同年10月1日起施行。

二、纳税人

在我国境内,土地及房屋权属转移的承受人为契税的纳税人,包括土地使用权出让、转让的受让人,房屋的购买人、受赠人。以交换的形式转移土地使用权或房屋所有权,交换价格不等时,多支付货币、实物、无形资产或者其他经济利益的一方为契税的纳税人。以划拨方式取得土地所有权的,批准转让房地产时,应由房地产转让者补交契税。

三、征税范围

在中华人民共和国境内转移土地、房屋权属,应当依照规定缴纳契税。转移土地、房屋权属是指下列行为:

(1)国有土地使用权出让,是指土地使用者向国家交付土地使用权出让费用,国家将国有土地使用权在一定年限内让予土地使用者的行为。

(2)土地使用权转让,包括出售、赠与和交换,是指土地使用者以出售、赠与、交换等方式将土地使用权转移给其他单位和个人的行为。其中,赠与是指土地使用者将其土地使用权无偿转让给受赠者的行为;土地使用权交换是指土地使用者之间相互交换土地使用权的行为。

(3)房屋买卖,指房屋所有者将其房屋出售,由承受方交付货币、实物、无形资产或者其他经济利益的行为。

(4)房屋赠与,是指房屋所有者将其房屋无偿转让给受赠者的行为。

(5)房屋交换,是指房屋所有者之间相互交换房屋的行为。

(6)特殊情况。土地、房屋权属以下列方式转移的,视同土地使用权转让、房屋买卖或者房屋赠与,例如:

①以土地、房屋权属作价投资、入股;

②以土地、房屋权属抵债;

③以获奖方式承受土地、房屋权属;

④以预购方式或者预付集资建房款方式承受土地、房屋权属。

四、计税依据

契税以土地、房屋权属转移当事人签订的合同成交价格或者核定的市场价格作为计税依据。具体有:

(1)国有土地使用权出让、土地使用权出售、房屋买卖的计税依据为房地产的成交价格。对于成交价格明显低于市场价格且无正当理由的,由征收机关参照市场价格进行核定,以核定价作为计税依据。

(2)土地使用权赠与、房屋赠与,由征收机关参照土地使用权出售、房屋买卖的市场价格进行核定,以核定价作为计税依据。

(3)土地使用权交换、房屋交换的计税依据为所交换的土地使用权、房屋价格的差额。所交换土地使用权、房屋价格的差额明显不合理且无正当理由的,由征收机关参照市场价格进行核定,以核定价作为计税依据。

(4)以划拨方式取得土地使用权的,经批准转让房地产时,应由房地产转让者补缴契税。其计税依据为补缴的土地使用权出让费用或者土地收益。

五、契税的缴纳

(一)税率及计税方法

按照《中华人民共和国契税暂行条例》的规定,契税实行比例税率,税率幅度为3%~5%。各省、自治区、直辖市根据当地实际情况在上述范围内确定,并报财政部和国家税务总局备案。契税应纳税额的计算公式为:应纳税额 = 计税金额 × 适用税率。

(二)纳税时间及期限

契税的纳税义务发生时间,为纳税人签订土地、房屋权属转移合同的当天,或者纳税人取得其他具有土地、房屋权属转移合同性质凭证的当天。纳税人应当自纳税义务发生之日起10日内,向土地、房屋所在地的契税征收机关办理纳税申报,并在契税征收机关核定的期限内缴纳税款。纳税人办理纳税事宜后,契税征收机关应当向纳税人开具契税完税凭证。

(三)征收机关

契税征收机关为土地、房屋所在地的财政机关或者地方税务机关,具体征收机关由省、自治区、直辖市人民政府确定。

六、减免税规定

(1)1997年4月23日,国务院第55次常务会议通过了《中华人民共和国契税暂行条例》,并于1997年10月1日起施行。根据《中华人民共和国契税暂行条例》规定,有下列情形之一的,减征或者免征契税:

①国家机关、事业单位、社会团体、军事单位承受土地、房屋用于办公、教学、医疗、科研和军事设施的,免征契税。

②城镇职工经县以上人民政府批准,在国家规定标准面积以内第一次购买的公有住房,免征契税。超过国家规定标准面积的部分,仍应按照规定缴纳契税。

③因不可抗力灭失住房而重新购买住房的,酌情准予减征或者免征。

④土地、房屋被县级以上人民政府征用、占用后,重新承受土地、房屋权属的,是否减征或者免征契税,由各省、自治区、直辖市人民政府确定。

⑤纳税人承受荒山、荒沟、荒丘、荒滩土地使用权,用于农、林、牧、渔业生产的,免征契税。

⑥依照我国有关法律规定以及我国缔结或参加的双边和多边条约或协定的规定应当予以免税的外国驻华使馆、领事馆、联合国驻华机构及其外交代表、领事官员和其他外交人员承受土地、房屋权属的,经外交部确认,可以免征契税。

⑦土地使用权交换、房屋交换,交换价格不相等的,由多交付货币、实物、无形资产或者其他经济利益的一方缴纳税款。交换价格相等的,免征契税。

经批准减征、免征契税的纳税人改变有关土地、房屋的用途,不再属于《条例》规定的减征、免征契税范围的,应当补缴已经减征、免征的税款。

(2)1999年7月29日,财政部、国家税务总局《关于调整房地产市场若干税收政策的通知》(财税[1999]210号)规定,对个人购买自用普通住宅,减半征收契税,本通知自1999年8月1日起执行。

(3)2005年5月9日,《国务院办公厅转发建设部等部门关于做好稳定住房价格工作意见的通知》(国办发[2005]26号)规定,为了合理引导住房建设与消费,大力发展省地型住房,对中小套型、中低价位普通住房给予优惠政策支持。享受优惠政策的住房原则上应同时满足以下3个条件:

①住宅小区建筑容积率在1.0以上;

②单套建筑面积在120 m² 以下;

③实际成交价格低于同级别土地上住房平均交易价格1.2倍以下。

各省、自治区、直辖市要根据实际情况,制定本地区享受优惠政策普通住房的具体标准。允许单套建筑面积和价格标准适当浮动,但向上浮动的比例不得超过上述标准的20%。各直辖市和省会城市的具体标准要报建设部、财政部、税务总局备案后,在2005年5月31日前公布。

(4)2005年3月22日,财政部、国家税务总局《关于城镇房屋拆迁有关税收政策的通知》(财税[2005]45号)规定,对拆迁居民因拆迁重新购置住房的,对购房成交价中相当于拆迁补偿款的部分免征契税,成交价超过拆迁补偿款的,对超过部分征收契税。上述规定自文发之日起开始执行。

(5)2004年10月18日,国家税务总局《关于继承土地、房屋权属有关契税问题的批复》(国税发[2004]137号)。《批复》内容如下:

①对于《中华人民共和国继承法》规定的法定继承人(包括配偶、子女、父母、兄弟姐妹、祖父母、外祖父母)继承土地、房屋权属的,不征契税。

②按照《中华人民共和国继承法》规定,非法定继承人根据遗嘱承受死者生前的土地、房屋权属,属于赠与行为,应征收契税。

(6)2006年9月14日,国家税务总局《关于加强房地产交易个人无偿赠与不动产税收管理有关问题的通知》(国税法[2006]144号)规定,通过无偿赠与方式取得房产的,受赠人需全额缴纳契税。

(7)2004年8月3日,财政部、国家税务总局《关于国有土地使用权出让等有关契税问题的通知》(财税[2004]13号)规定,已购公有住房经补缴土地出让金和其他出让费用成为完全产权住房的,免征土地权属转移的契税。

(8)2007年6月1日,国家税务总局《关于装修房屋契税计税价格问题的批复》(国税函[2007]606号)。根据《批复》内容,房屋买卖的契税计税价格为房屋买卖合同的总价款,买卖装修的房屋,装修费用应包括在内。

(9)2008年10月22日,财政部、国家税务总局下发的《关于调整房地产交易环节税收政策的通知》(财税〔2008〕137号)规定,自2008年11月1日起,对个人首次购买90 m² 及以下普通住房的,契税税率暂统一下调到1%。

(10)1999年6月3日,国家税务总局《关于离婚后房屋权属变化是否征收契税的批复》(国税函〔1999〕391号)规定,因夫妻财产分割而将原共有房屋产权归属一方,是房产共有权的变动而不是现行契税政策规定征税的房屋产权转移行为。因此,对离婚后原共有房屋产权的归属人不征收契税。

(11)2008年3月3日,《财政部 国家税务总局关于廉租住房经济适用住房和住房租赁有关税收政策的通知》(财税〔2008〕24号)规定:

①对廉租住房经营管理单位购买住房作为廉租住房、经济适用住房经营管理单位回购经济适用住房继续作为经济适用住房房源的,免征契税。

②对个人购买经济适用住房,在法定税率基础上减半征收契税。

与廉租住房、经济适用住房相关的新的优惠政策自2007年8月1日起执行,文到之日前已征税款在以后应缴税款中抵减。

业务咨询

1. 离婚判决给予一方的房子,在办理过户时,是否要交契税?

2. 对于精装修房的装修部分,需要缴纳契税吗?

3. 对个人无偿赠与住房的受赠人,契税如何征收?

技能训练

1. 甲有两套住房,将一套出售给乙,成交价格为20万元,将另一套与丙交换,并支付换房差价款6万元,请你计算甲、乙、丙的相关行为应缴纳的契税,假定契税的适用税率为3%。

2. 张先生购买了一套二手房,交易价为100万元,则需要缴纳的契税额为多少?(注:需根据当地契税政策以及客户的不同情况进行分析。)

业务操作二 印花税业务处理

业务描述

请根据客户孙小姐的要求,并按照当地现行的房地产税费政策的有关规定,为孙小姐提供印花税的咨询、测算等帮助。

业务知识

一、税种介绍

印花税是在中华人民共和国境内对经济活动和经济交往中书立、领受具有法律效力的凭证时所征收的一种税,是一种兼有行为税性质的凭证税。1988 年 6 月 24 日,国务院第九次常务会议通过《中华人民共和国印花税暂行条例》,并于 1988 年 10 月 1 日起施行。

二、纳税人

中华人民共和国境内书立、领受《中华人民共和国印花税暂行条例》所列举凭证的单位和个人,都是印花税的纳税义务人。具体有:立合同人,立账簿人,立据人,领受人。在房地产交易中,印花税的纳税人为产权转移书据的立据人,以及权利、许可证照的领受人。如果立据人未缴或少缴印花税的,应由书据的持有人负责补缴。

三、征税对象

现行印花税只对《中华人民共和国印花税暂行条例》所列举的凭证征税,具体有5 类:各类经济合同,产权转移书据,营业账簿,权利、许可证照和经财政部确定征税的其他凭证。

在房地产经济活动中,印花税的课税对象为房地产交易中的各种凭证,即房屋因买卖、继承、赠与、交换、分割等发生产权转移时所书立的产权转移书据以及权利、许可证照。

四、计税依据

印花税根据不同征税项目,分别实行从价计征和从量计征两种征收方式。

1. 从价计税情况下计税依据的确定

①各类经济合同,以合同上记载的金额、收入或费用为计税依据。

②产权转移书据以书据中所载的金额为计税依据。

③记载资金的营业账簿,以实收资本和资本公积两项合计的金额为计税依据。

2. 从量计税情况下计税依据的确定

实行从量计税的其他营业账簿和权利、许可证照,以计税数量为计税依据。

五、印花税的缴纳

(一)税目及税率

现行印花税采用比例税率和定额税率两种税率。

（1）比例税率有五档，即1‰,4‰,0.5‰,0.3‰和0.05‰。应纳税额的计算公式为：应纳税额＝计税金额×适用税率。

（2）适用定额税率的是权利许可证照和营业账簿税目中的其他账簿，单位税额均为每件5元，应纳税额的计算公式为：应纳税额＝凭证数量×单位税额。

（3）在房地产经济活动中，印花税的税率及计算方法。

①房屋产权转移书据，其应纳税额的计算公式为：应纳税额＝所载金额×0.5‰。

②权利、许可证照，其应纳税额的计算公式为：应纳税额＝凭证数量×5元/件。

具体见《中华人民共和国印花税暂行条例》中的印花税税目、税率表，如表3.2所示。

表3.2　印花税税目、税率表

序号	税　目	基　数	税率（贴花）	纳税人
1	购销合同	购销金额	0.3‰	立合同人
2	加工承揽合同	加工承揽收入	0.5‰	
3	建设工程勘察设计合同	收费	0.5‰	
4	建筑安装工程承包合同	承包金额	0.3‰	
5	财产租赁合同	租赁金额	0.	
		税额不足1元	1元	
6	货物运输合同	运输收费	0.5‰	
7	仓储保管合同	保管费	0.1‰	
8	借款合同	借款金额	0.05‰	
9	财产保险合同	保险费收入	1‰	
10	技术合同	所载金额	0.3‰	
11	产权转移书据	所载金额	0.5‰	立据人
12	营业账簿	资金账簿中：实收资本＋资本公积	0.5‰	立账簿人
		其他：按件	5元	
13	权利、许可证照	按件	5元	领受人

（二）印花税的缴纳

1.印花税的纳税时间

印花税应在纳税凭证书立、领受时缴纳，各类经济合同在签订时缴纳，产权转移书据在立据时缴纳。

2.印花税的完税程序

印花税采取由纳税人自行缴纳完税的方式。整个缴纳完税的程序是：在凭证书立或领受的同时,由纳税人根据凭证上所载的计税金额自行计算应纳税额,购买相当金额的印花税票,粘贴在凭证的适当位置,然后自行注销。

3.印花税的注销方法

印花税的注销方法是:可以用钢笔、毛笔等书写工具,在印花税票与凭证的交接处画几条横线注销。不论贴多少枚印花税票,都要将税票予以注销,印花税票注销后就完成了纳税手续,纳税人对纳税凭证应按规定的期限妥善保存一个时期,以便税务人员进行纳税检查。

对有些凭证应纳税额较大,不便于在凭证上粘贴印花税票完税的,纳税人可持证到税务机关,采取开缴款书或完税证缴纳印花税的办法,由税务机关在凭证上加盖印花税收讫专用章。

六、减免税规定

(1)1988年8月,国务院公布了《中华人民共和国印花税暂行条例》,并于同年10月1日起征收。

①房屋所有人将财产赠给政府、社会福利单位、学校所书立的书据,免纳印花税。

②对房地产管理部门与个人订立的租房合同,凡用于生活居住的,暂免贴印花。

(2)2008年10月22日,财政部、国家税务总局下发的《关于调整房地产交易环节税收政策的通知》(财税[2008]137号)规定,自2008年11月1日起,对个人销售或购买住房暂免征收印花税。

(3)2008年3月3日,《财政部、国家税务总局关于廉租住房经济适用住房和住房租赁有关税收政策的通知》(财税[2008]24号)规定:

①对个人出租、承租住房签订的租赁合同,免征印花税。

②对廉租住房、经济适用住房经营管理单位与廉租住房、经济适用住房相关的印花税以及廉租住房承租人、经济适用住房购买人涉及的印花税,予以免征。

③开发商在经济适用住房、商品住房项目中配套建造廉租住房,在商品住房项目中配套建造经济适用住房,如能提供政府部门出具的相关材料,可按廉租住房、经济适用住房建筑面积占总建筑面积的比例,免征开发商应缴纳的印花税。

与廉租住房、经济适用住房相关的新的优惠政策自2007年8月1日起执行,文到之日前已征税款在以后应缴税款中抵减。与住房租赁相关的新的优惠政策自2008年3月1日起执行。

☎ 业务咨询

1.在表3.2中,哪些税目涉及房地产经纪活动?

2.在二手房交易中,印花税如何征收? 纳税方是谁? 需要缴纳的印花税税率为多少?

技能训练

1. 甲乙双方签订了一份二手房买卖合同,合同金额为 100 万元,则需要缴纳的印花税额为多少?

2. 由学生或教师扮演客户,来到模拟的房地产经纪机构咨询印花税税收政策的相关问题,由学生扮演的店员负责解答客户的咨询,学生应细致、耐心地回答客户问题。此项任务主要锻炼学生对于印花税的测算能力以及在房地产交易活动中的接待、表达能力。

业务操作三　营业税业务处理

业务描述

请根据客户孙小姐的要求,并按照当地现行的房地产税费政策的有关规定,为孙小姐提供营业税的咨询、测算等帮助。

业务知识

一、税种介绍

营业税是对在我国境内提供应税劳务、转让无形资产或销售不动产的单位和个人,就其所取得的营业额征收的一种税。营业税属于流转税制中的一个主要税种。现行的营业税税收制度于 1993 年 12 月 13 日中华人民共和国国务院令第 136 号发布,2008 年 11 月 5 日国务院第 34 次常务会议修订通过,并自 2009 年 1 月 1 日起施行。

二、纳税人

在中华人民共和国境内提供《条例》规定的劳务、转让无形资产或者销售不动产的单位和个人,为营业税的纳税人,应当依照规定缴纳营业税。

三、征税范围

营业税的征税范围包括在我国境内提供应税劳务、转让无形资产和销售不动产的经营行为,涉及国民经济中第三产业这一广泛的领域,直接关系着城乡人民群众的日常生活,因而营业税的征税范围具有广泛性和普遍性。

四、计税依据

营业税的计税依据为各种应税劳务收入的营业额、转让无形资产的转让额、销售不动产的销售额(三者统称为营业额),税收收入不受成本、费用高低影响,收入比较稳定。营业税实行比例税率,计征方法简便。

五、营业税的缴纳

(一)税率和计税方法

营业税与其他流转税税种不同,它不按商品或征税项目的种类、品种设置税目、税率,而是从应税劳务的综合性经营特点出发,按照不同经营行业设计不同的税目、税率,即行业相同,税目、税率相同;行业不同,税目、税率不同。其中销售不动产的营业税税率为5%。具体见《中华人民共和国营业税暂行条例》中的营业税税目、税率表,如表3.3所示。

表3.3　营业税税目、税率表

行　业	税　率
交通运输业	3%
建筑业	3%
金融保险业	5%
邮电通信业	3%
文化体育业	3%
娱乐业	5%~20%
服务业	5%
转让无形资产	5%
销售不动产	5%

纳税人的营业额为纳税人提供应税劳务、转让无形资产或者销售不动产向对方收取的全部价款和价外费用,例如进行房屋买卖活动时,卖出价减去买入价后的余额为营业额。

应纳税额的计算公式为:应纳税额 = 营业额 × 适用税率。

(二)营业额的纳税地点

(1)纳税人转让土地使用权,应向土地所在地主管税务机关申报纳税。纳税人转让其他无形资产,应向其机构所在地主管税务机关申报纳税。

(2)纳税人销售不动产,应向不动产所在地主管税务机关申报纳税。

(三)营业税的纳税时间

营业税的纳税时间为纳税人收讫营业收入款项,或者取得营业收入款项凭据的当天。

(四)营业税的纳税期限

营业税的纳税期限,分别为5日、10日、15日、1个月或者1个季度。纳税人的具体纳税期限,由主管税务机关根据纳税人应纳税额的大小分别核定;不能按照固定期限纳税的,可以按次纳税。纳税人以1个月或者1个季度为一个纳税期的,自期满之日起15日内申报纳税;以5日、10日或者15日为一个纳税期的,自期满之日起5日内预缴税款,于次月1日起15日内申报纳税并结清上月应纳税款。

(五)营业税的起征点

营业税起征点,是指纳税人营业额合计达到起征点。纳税人营业额未达到国务院财政、税务主管部门规定的营业税起征点的,免征营业税;达到起征点的,依照《中华人民共和国营业税暂行条例》中的规定全额计算缴纳营业税。

营业税起征点的适用范围限于个人。《中华人民共和国营业税暂行条例实施细则》中对营业税起征点的幅度规定如下:按期纳税的,起征点为月营业1 000~5 000元;按次纳税的,起征点为每次(日)营业额100元。

各省、自治区、直辖市财政厅(局)、税务局应当在规定幅度内,根据实际情况确定本地区适用的起征点,并报财政部、国家税务总局备案。

六、减免税规定

(1)1999年7月29日,财政部、国家税务总局《关于调整房地产市场若干税收政策的通知》(财税[1999]210号)规定,为了支持住房制度改革,对企业、行政事业单位按房改成本价、标准价出售住房的收入,暂免征收营业税。本通知自1999年8月1日起执行。

(2)2004年6月7日,《国家税务总局关于住房专项维修基金征免营业税问题的通知》(国税发[2004]69号)规定:住房专项维修基金是属全体业主共同所有的一项代管基金,专项用于物业保修期满后物业共用部位、共用设施设备的维修和更新、改造。鉴于住房专项维修基金资金所有权及使用的特殊性,对房地产主管部门或其指定机构、公积金管理中心、开发企业以及物业管理单位代收的住房专项维修基金,不计征营业税。

(3)2005年5月27日,《国家税务总局 财政部 建设部关于加强房地产税收管理的通知》(国税发[2005]89号)进一步明确了《国务院办公厅转发建设部等部门关于做好稳定住房价格工作意见的通知》(国办发[2005]26号)中的具体政策问题,例如:办理免税的具体程序、购买房屋的时间、开具发票、差额征税扣除凭证及其他相关税收管理规定。与营业税相关的内容如下:

①2005年6月1日后,个人将购买超过2年(含2年)的符合当地公布的普通住房标准的住房对外销售,应持该住房的坐落、容积率、房屋面积、成交价格等证明材料及地方税务部门要求的其他材料,向地方税务部门申请办理免征营业税手续。地方税务部门应根据当地公布的普通住房标准,利用房地产管理部门和规划管理部门提供的相关信息,对纳税人申请免税的有关材料进行审核,凡符合规定条件的,给予免征营业税。

②2005年6月1日后,个人将购买超过2年(含2年)的住房对外销售不能提供属于普通住房的证明材料或经审核不符合规定条件的,一律按非普通住房的有关营业税政策征收营业税。

③个人购买住房以取得的房屋产权证或契税完税证明上注明的时间作为其购买房屋的时间。

④个人对外销售住房,应持依法取得的房屋权属证书,并到地方税务部门申请开具发票。

⑤对个人购买的非普通住房超过2年(含2年)对外销售的,在向地方税务部门申请按其售房收入减去购买房屋价款后的差额缴纳营业税时,需提供购买房屋时取得的税务部门监制的发票作为差额征税的扣除凭证。

⑥各级地方税务、财政部门要严格执行税收政策,对不符合规定条件的个人对外销售住房,不得减免营业税,确保调整后的营业税政策落实到位。

(4)2005年10月20日,《国家税务总局关于房地产税收政策执行中几个具体问题的通知》(国税发〔2005〕172号)中明确了《国家税务总局 财政部 建设部关于加强房地产税收管理的通知》(国税发〔2005〕89号)(以下简称《通知》)中的几个具体政策问题,具体内容如下:

①"成交价格"是指住房持有人对外销售房屋的成交价格。

②"契税完税证明上注明的时间"是指契税完税证明上注明的填发日期。

③纳税人申报时,同时出具房屋产权证和契税完税证明且二者所注明的时间不一致的,按照"孰先"的原则确定购买房屋的时间。即房屋产权证上注明的时间早于契税完税证明上注明的时间的,以房屋产权证注明的时间为购买房屋的时间;契税完税证明上注明的时间早于房屋产权证上注明的时间的,以契税完税证明上注明的时间为购头房屋的时间。

④个人将通过受赠、继承、离婚财产分割等非购买形式取得的住房对外销售的行为,也适用《通知》的有关规定。其购房时间按发生受赠、继承、离婚财产分割行为前的购房时间确定,其购房价格按发生受赠、继承、离婚财产分割行为前的购房原价确定。个人需持其通过受赠、继承、离婚财产分割等非购买形式取得住房的合法、有效法律证明文书,到地方税务部门办理相关手续。

⑤根据国家房改政策购买的公有住房,以购房合同的生效时间、房款收据的开具日期或房屋产权证上注明的时间,按照"孰先"的原则确定购买房屋的时间。

⑥享受税收优惠政策普通住房的面积标准是指地方政府按国办发〔2005〕26号文件规定确定并公布的普通住房建筑面积标准。对于以套内面积进行计量的,应换算成建筑面积,判断该房屋是否符合普通住房标准。

(5)2006年9月14日,《国家税务总局关于加强房地产交易个人无偿赠与不动产税收管理有关问题的通知》(国税法〔2006〕144号)规定,个人将通过无偿受赠方式取得的住房对外销售征收营业税时,对通过继承、遗嘱、离婚、赡养关系、直系亲属赠与方式取得的住房,该住房的购房时间按照《国家税务总局关于房地产税收政策执行中几个具体问题的通知》(国税发〔2005〕172 号)中的规定执行;对通过其他无偿受赠方式取得的住房,该住房的购房时间按照发生受赠行为后新的房屋产权证或契税完税证明上注明的时间确定,不再执行国税发〔2005〕172 号中有关购房时间的规定。

(6)2007 年 7 月 16 日,《国家税务总局关于个人销售拆迁补偿住房征收营业税问题的批复》(国税函〔2007〕768 号)规定:

①关于拆迁补偿住房取得方式问题。房地产开发公司对被拆迁户实行房屋产权调换时,其实质是以不动产所有权为表现形式的经济利益的交换。房地产开发公司将所拥有的不动产所有权转移给了被拆迁户,并获得了相应的经济利益,根据现行营业税有关规定,应按"销售不动产"税目缴纳营业税;被拆迁户以其原拥有的不动产所有权从房地产开发公司处获得了另一处不动产所有权,该行为不属于通过受赠、继承、离婚财产分割等非购买形式取得的住房。

②关于购买时间确定问题。被拆迁户销售与房地产开发公司产权调换而取得的拆迁补偿住房时,应按《国家税务总局财政部建设部关于加强房地产税收管理的通知》(国税发〔2005〕89 号)文件的规定确定该住房的购买时间。

(7)2008 年 3 月 3 日,《财政部 国家税务总局关于廉租住房经济适用住房和住房租赁有关税收政策的通知》(财税〔2008〕24 号)规定:

①对廉租住房经营管理单位按照政府规定价格、向规定保障对象出租廉租住房的租金收入,免征营业税。

②对个人出租住房,不区分用途,在 3% 税率的基础上减半征收营业税。

与廉租住房、经济适用住房相关的新的优惠政策自 2007 年 8 月 1 日起执行,文到之日前已征税款在以后应缴税款中抵减。与住房租赁相关的新的优惠政策自 2008 年 3 月 1 日起执行。

(8)2008 年 11 月 5 日,国务院第 34 次常务会议修订通过《中华人民共和国营业税暂行条例》,并自 2009 年 1 月 1 日起施行。《条例》规定:纳税人营业额未达到国务院财政、税务主管部门规定的营业税起征点的,免征营业税。

(9)2009 年 12 月 22 日,财政部、国家税务总局《关于调整个人住房转让营业税政策的通知》(财税〔2009〕157 号)规定:

①自 2010 年 1 月 1 日起,个人将购买不足 5 年的非普通住房对外销售的,全额征收营业税;个人将购买超过 5 年(含 5 年)的非普通住房或者不足 5 年的普通住房对外销售的,按照其销售收入减去购买房屋的价款后的差额征收营业税;个人将购买超过 5 年(含 5 年)的普通住房对外销售的,免征营业税。

②上述普通住房和非普通住房的标准、办理免税的具体程序、购买房屋的时间、开具发票、差额征税扣除凭证、非购买形式取得住房行为及其他相关税收管理规定,按照《国务院办公厅转发建设部等部门关于做好稳定住房价格工作意见的通知》(国办发〔2005〕26 号)、《国家税务总局 财政部 建设部关于加强房地产税收管理的通知》

（国税发[2005]89号）和《国家税务总局关于房地产税收政策执行中几个具体问题的通知》（国税发[2005]172号）的有关规定执行。

业务操作四　城市维护建设税和教育费附加税业务处理

业务描述

请根据客户孙小姐的要求，并按照当地现行的房地产税费政策的有关规定，为孙小姐提供城市维护建设税和教育费附加税的咨询、测算等帮助。

业务知识

一、城市维护建设税

（一）税种介绍

城市维护建设税（简称城建税），是国家对从事工商经营，缴纳增值税、消费税、营业税（简称"三税"）的单位和个人征收的一种税。它属于特定目的税，是国家为加强城市的维护建设，扩大和稳定城市维护建设资金的来源而采取的一项税收措施。因此，城市维护建设税具有以下两个显著特点：

（1）具有附加税性质。它以纳税人实际缴纳的"三税"税额为计税依据，附加于"三税"税额，本身并没有特定的、独立的征税对象。

（2）具有特定目的。城市维护建设税税款专门用于城市的公用事业和公共设施的维护建设。

现行城市维护建设税的基本规范，是1985年2月8日国务院发布并于同年1月1日实施的《中华人民共和国城市维护建设税暂行条例》。

（二）纳税人

城市维护建设税的纳税人，是指负有缴纳"三税"义务的单位和个人，包括国有企业、集体企业、私营企业、股份制企业、其他企业和行政单位、事业单位、军事单位、社会团体、其他单位，以及个体工商户及其他个人。

1994年2月25日，《国家税务总局关于外商投资企业和外国企业暂不征收城市维护建设税和教育费附加的通知》规定，对外商投资企业和外国企业缴纳的"三税"暂不征收城市维护建设税。

（三）征收范围

城市维护建设税征收范围，就是征收增值税、消费税、营业税的范围，包括城市、县城、建制镇、工矿区，其划分标准以行政区域划分。

（四）计税依据

城市维护建设税，以纳税人缴纳的"三税"税额为计税依据并同时征收。如果要免征或者减征"三税",也就要同时免征或者减征城市维护建设税。

(五)城市维护建设税的缴纳

1. 税率

城市维护建设税的税率,是指纳税人应缴纳的城市维护建设税税额与纳税人实际缴纳的"三税"税额之间的比率。城市维护建设税按纳税人所在地的不同,设置了三档地区差别比例税率,即:

(1)纳税人所在地为市区的,税率为7%。

(2)纳税人所在地为县城、镇的,税率为5%。

(3)纳税人所在地不在市区、县城或者镇的,税率为1%。

2. 应纳税额的计算

应纳税额的计算公式为:应纳城市维护建设税税额=(实际缴纳的增值税+实际缴纳的消费税+实际缴纳的营业税)×适用税率。

二、教育费附加

(一)税种介绍

教育费附加是对缴纳增值税、消费税、营业税的单位和个人,就其实际缴纳的税额为计算依据征收的一种附加费。同时,也是为加快地方教育事业,扩大地方教育经费的资金而征收的一项专用基金。教育费附加分别由国家税务局和地方税务局负责征收,其收入纳入中央和地方预算固定收入。地方征收的教育费附加,按专项资金管理,由教育部门统筹安排,用于改善中小学教学设施和办学条件。

现行教育费附加的实施有4个基本规范,分别是:

(1)1986年4月28日,国务院颁布了《征收教育费附加的暂行规定》,决定从同年7月1日开始在全国范围内征收教育费附加。

(2)1990年6月7日,国务院令第60号发布的《国务院关于〈征收教育费附加的暂行规定〉修改的决定》,于1990年8月1日起施行。

(3)1994年2月7日国务院发布,并于1994年1月1日起实施的《国务院关于教育费附加征收问题的紧急通知》。

(4)2005年8月20日,《国务院关于修改〈征收教育费附加的暂行规定〉的决定》(国务院令[2005]448号),自2005年10月1日起施行。

(二)纳税人

教育费附加的纳税人,是缴纳增值税、消费税、营业税的单位和个人。下列两种情况下免征教育费附加:

(1)国务院1984年12月13日发布的《国务院关于筹措农村学校办学经费的通知》(国发[1984]第174号)中规定的缴纳农村教育事业费附加的单位,不再缴纳教育费附加。

（2）1994年2月25日,国家税务总局发布的《国家税务总局关于外商投资企业和外国企业暂不征收城市维护建设税和教育费附加的通知》规定:对外商投资企业和外国企业缴纳的"三税"暂不征收教育费附加。

（三）征收范围

教育费附加的征收范围,就是征收增值税、消费税、营业税的范围。

（四）计税依据

教育费附加,以纳税人缴纳的"三税"税额为计税依据并同时征收。如果要免征或者减征"三税",也就要同时免征或者减征教育费附加。

（五）教育费附加的缴纳

1. 税率

按照1994年2月7日《国务院关于教育费附加征收问题的紧急通知》的规定,现行教育费附加征收比率为3%。

2. 应纳税额的计算

应纳税额的计算公式为:应纳教育费附加税额＝（实际缴纳的增值税＋实际缴纳的消费税＋实际缴纳的营业税）×附加率。

业务咨询

1. 在表3.3中,涉及二手房房地产经纪活动的营业税税率是多少?

2. 当地的营业税及其附加税费的税率是多少?

3. 个人将不动产无偿赠与他人,是否征收营业税?

技能训练

1. 某市区一企业2010年8月实际缴纳的增值税300 000元,消费税400 000元,营业税200 000元,计算其应纳的城市维护建设税税额。

2. 某市区一企业2010年10月实际缴纳的增值税200 000元,消费税300 000元,营业税100 000元,计算其应纳的教育费附加。

3. 2010年6月31日,陈先生以100万元卖出了其名下的一套二手房,房子的购买价格是60万元。

（1）如果该房屋取得房产证的时间为2005年2月25日,则需要缴纳的营业税及其附加额为多少?

（2）如果该房屋取得房产证的时间为2008年12月1日,则需要缴纳的营业税及其附加额为多少?

4. 某普通住宅一套,于2007年以60万元买入,现以80万元卖出,建筑面积为80 m^2。问以现行的政策和税率计算,双方所需负担的营业税应为多少?

业务操作五　个人所得税业务处理

业务描述

请根据客户孙小姐的要求,并按照当地现行的房地产税费政策的有关规定,为孙小姐提供个人所得税的咨询、测算等帮助。

业务知识

一、税种介绍

个人所得税是对个人(自然人)取得的税法规定的各项应税所得征收的一种税,是调整征税机关与自然人(居民、非居民人)之间在个人所得税的征纳与管理过程中所发生的社会关系的法律规范的总称。

个人所得税的基本规范,主要是《中华人民共和国个人所得税法》及《中华人民共和国个人所得税法实施条例》,它们都历经了多次修订,具体如下:

1.《中华人民共和国个人所得税法》

1980 年 9 月 10 日,第五届全国人民代表大会第三次会议通过《中华人民共和国个人所得税法》。2007 年 12 月 29 日,第十届全国人民代表大会常务委员会第三十一次会议《关于修改〈中华人民共和国个人所得税法〉的决定》,对其进行了第五次修正,并自 2008 年 3 月 1 日起施行。

2.《中华人民共和国个人所得税法实施条例》

1994 年 1 月 28 日,国务院令第 142 号发布了《中华人民共和国个人所得税法实施条例》。2008 年 2 月 18 日,《国务院关于修改〈中华人民共和国个人所得税法实施条例〉的决定》,对其进行了第二次修订,并自 2008 年 3 月 1 日起施行。

下面,主要对个人所得税中有关个人经营房地产的缴纳规定进行简要介绍。

二、纳税人

个人所得税的纳税人,主要有:

(1)在中国境内有住所,或者虽无住所但在境内居住满一年,并从中国境内和境外取得所得的个人。

(2)在中国境内无住所又不居住,或者无住所且在境内居住不满一年,但从中国境内取得所得的个人,包括中国公民、个体工商户、外籍人士等。

个人经营房地产中个人所得税的纳税人,是指转让和租赁房地产交易活动中的转让人和出租人。

三、征税对象或征税范围

个人所得税的征税对象是个人取得的各项应税所得,包括现金、实物和有价证券。现行的个人所得税法把个人所得税的征税对象划分为 11 个应税所得项目,具体是:工资、薪金所得;个体工商户的生产、经营所得;对企事业单位的承包经营、承租经营所得;劳务报酬所得;稿酬所得;特许权使用费所得;利息、股息、红利所得;财产租赁所得;财产转让所得;偶然所得;经国务院财政部门确定征税的其他所得。

个人经营房地产缴纳个人所得税的征税范围,应包括财产租赁所得和财产转让所得。财产租赁所得,是指个人出租建筑物、土地使用权以及其他财产的所得。财产转让所得,是指个人转让建筑物、土地使用权以及其他财产的所得。

根据《中华人民共和国个人所得税法实施条例》中的规定,下列所得,不论支付地点是否在中国境内,均为来源于中国境内的所得:

(1)将财产出租给承租人在中国境内使用而取得的所得。

(2)转让中国境内的建筑物、土地使用权等财产,或者在中国境内转让其他财产取得的所得。

四、计税基础

(1)财产租赁所得,以一个月内的收入为一次,每次收入不超过 4 000 元的,减去费用 800 元;4 000 元以上的,减除 20% 的费用,其余额为应纳税所得额。

(2)财产转让所得,以转让财产的收入额减去财产原值和合理费用后的余额,为应纳税所得额。这里提到的财产原值,对于建筑物而言,是指为建造费或者购进价格以及其他有关费用;对于土地使用权而言,是指为取得土地使用权所支付的金额、开发土地的费用以及其他有关费用。合理费用,则是指卖出财产时按照规定支付的有关费用。

(3)个人经营房地产中个人所得税的计税基础。2006 年 7 月 18 日发布并于 2006 年 8 月 1 日起执行的《国家税务总局关于个人住房转让所得征收个人所得税有关问题的通知》(国税发[2006]108 号)中对个人住房转让所得征收个人所得税的计税基础做出了规定,具体如下:

①对住房转让所得征收个人所得税时,以实际成交价格为转让收入。纳税人申报的住房成交价格明显低于市场价格且无正当理由的,征收机关依法有权根据有关信息核定其转让收入,但必须保证各税种计税价格一致。

②对转让住房收入计算个人所得税应纳税所得额时,纳税人可凭原购房合同、发票等有效凭证,经税务机关审核后,允许从其转让收入中减除房屋原值、转让住房过程中缴纳的税金及有关合理费用。

a.房屋原值具体为:

• 商品房:购置该房屋时实际支付的房价款及交纳的相关税费。

- 自建住房:实际发生的建造费用及建造和取得产权时实际交纳的相关税费。
- 经济适用房(含集资合作建房、安居工程住房):原购房人实际支付的房价款及相关税费,以及按规定交纳的土地出让金。
- 已购公有住房:原购公有住房标准面积按当地经济适用房价格计算的房价款,加上原购公有住房超标准面积实际支付的房价款以及按规定向财政部门(或原产权单位)交纳的所得收益及相关税费。

备注:

- 已购公有住房是指城镇职工根据国家和县级(含县级)以上人民政府有关城镇住房制度改革政策规定,按照成本价(或标准价)购买的公有住房。
- 经济适用房价格按县级(含县级)以上地方人民政府规定的标准确定。

b.转让住房过程中缴纳的税金,是指纳税人在转让住房时实际缴纳的营业税、城市维护建设税、教育费附加、土地增值税、印花税等税金。

c.合理费用,是指纳税人按照规定实际支付的住房装修费用、住房贷款利息、手续费、公证费等费用。

- 支付的住房装修费用。纳税人能提供实际支付装修费用的税务统一发票,并且发票上所列付款人姓名与转让房屋产权人一致的,经税务机关审核,其转让的住房在转让前实际发生的装修费用,可在以下规定比例内扣除:第一,已购公有住房、经济适用房:最高扣除限额为房屋原值的15%;第二,商品房及其他住房:最高扣除限额为房屋原值的10%。纳税人原购房为装修房,即合同注明房价款中含有装修费(铺装了地板,装配了洁具、厨具等)的,不得再重复扣除装修费用。
- 支付的住房贷款利息。纳税人出售以按揭贷款方式购置的住房的,其向贷款银行实际支付的住房贷款利息,凭贷款银行出具的有效证明据实扣除。
- 纳税人按照有关规定实际支付的手续费、公证费等,凭有关部门出具的有效证明据实扣除。

③纳税人未提供完整、准确的房屋原值凭证,不能正确计算房屋原值和应纳税额的,税务机关可根据《中华人民共和国税收征收管理法》第三十五条的规定,对其实行核定征税,即按纳税人住房转让收入的一定比例核定应纳个人所得税额。具体比例由省级地方税务局或者省级地方税务局授权的地市级地方税务局根据纳税人出售住房的所处区域、地理位置、建造时间、房屋类型、住房平均价格水平等因素,在住房转让收入1%～3%的幅度内确定。

五、个人经营房地产中个人所得税的适用税率

(一)税率

财产租赁所得和财产转让所得适用比例税率,税率为20%。

（二）个人经营房地产中个人所得税的两种征收方式

（1）据实征收

应纳税额＝（转让住房取得的收入－房屋原值－转让住房过程中缴纳的税金－合理费用）×20％。

（2）核定征收

应纳税额＝住房转让收入×适用税率（1％～3％）。

六、减免税规定

（1）1999年12月2日，《财政部 国家税务总局 建设部关于个人出售住房所得征收个人所得税有关问题的通知》（财税［1999］278号）规定，对出售自有住房并拟在现有住房出售后1年内按市场价重新购房的纳税人，其出售现有住房所应缴纳的个人所得税，视其重新购房的价值可全部或部分予以免税。具体办法为：

①对个人转让自用5年以上，并且是家庭唯一生活用房取得的所得，继续免征个人所得税。

②个人出售现有住房所应缴纳的个人所得税税款，应在办理产权过户手续前，以纳税保证金形式向当地主管税务机关缴纳。税务机关在收取纳税保证金时，应向纳税人正式开具《中华人民共和国纳税保证金收据》，并纳入专户存储。

③个人出售现有住房后1年内重新购房的，按照购房金额大小相应退还纳税保证金，购房金额大于或等于原住房销售的，全部退还纳税保证金，购房金额小于原住房销售额的，按购房金额占原住房销售额的比例退还纳税保证金。

④原住房为已购公有住房的，原住房销售额应扣除已按规定向财政或原产权单位缴纳的所得收益。

⑤个人出售现住房后1年内未重新购房的，所缴纳的纳税保证金全部作为个人所得税缴入国库。

⑥个人在申请退还纳税保证金时，应向主管税务机关提供合法、有效的售房、购房合同和主管税务机关要求提供的其他有关证明材料，经主管税务机关审核确认后方可办理纳税保证金退还手续。

（2）2005年3月22日，财政部、国家税务总局《关于城镇房屋拆迁有关税收政策的通知》（财税［2005］45号）规定，对被拆迁户按照国家有关城镇房屋拆迁管理办法规定的标准取得拆迁补偿款，免征个人所得税。

（3）2006年9月14日，国家税务总局《关于加强房地产交易个人无偿赠与不动产税收管理有关问题的通知》（国税法［2006］144号）规定，受赠人取得赠与人无偿赠与的不动产后，再次转让该项不动产的，在缴纳个人所得税时，以财产转让收入减除受赠、转让住房过程中缴纳的税金及有关合理费用后的余额为应纳税所得额，按20％的适用税率计算缴纳个人所得税。在计征个人受赠不动产个人所得税时，不得核定征收，必须严格按照税法规定据实征收。

(4)2006 年 12 月 19 日,国家税务总局发布《关于明确年所得 12 万以上自行纳税申报口径通知》(国税函〔2006〕1200 号),明确个人转让房屋所得采取核定征收个人所得税的,按实际征收率(1%,2%,3%)分别换算为应税所得率(5%,10%,15%),据此计算年所得。

(5)2008 年 3 月 3 日,《财政部 国家税务总局关于廉租住房经济适用住房和住房租赁有关税收政策的通知》(财税〔2008〕24 号)规定:

①对个人按《廉租住房保障办法》(建设部等 9 部委令第 162 号)规定,取得的廉租住房货币补贴,免征个人所得税;对于所在单位以廉租住房名义发放的不符合规定的补贴,应征收个人所得税。

②对个人出租住房取得的所得减按 10% 的税率征收个人所得税。

③对于所在单位以廉租住房名义发放的不符合规定的补贴,应征收个人所得税。

④个人捐赠住房作为廉租住房的,捐赠额未超过其申报的应纳税所得额 30% 的部分,准予从其应纳税所得额中扣除。

与廉租住房、经济适用住房相关的新的优惠政策自 2007 年 8 月 1 日起执行,文到之日前已征税款在以后应缴税款中抵减。与住房租赁相关的新的优惠政策自 2008 年 3 月 1 日起执行。

(6)2009 年 5 月 25 日,《财政部 国家税务总局关于个人无偿受赠房屋有关个人所得税问题的通知》(财税〔2009〕78 号)规定,以下情形的房屋产权无偿赠与,对当事双方不征收个人所得税:

①房屋产权所有人将房屋产权无偿赠与配偶、父母、子女、祖父母、外祖父母、孙子女、外孙子女、兄弟姐妹。

②房屋产权所有人将房屋产权无偿赠与对其承担直接抚养或者赡养义务的抚养人或者赡养人。

③房屋产权所有人死亡,依法取得房屋产权的法定继承人、遗嘱继承人或者受遗赠人。

业务咨询

1.在二手房交易中,个人所得税如何征收?纳税方是哪一方?

2.因离婚分割取得的房产,离婚后产权人再出售,怎么缴纳个人所得税?

3.个人出售住房,可以享受哪些个人所得税优惠政策?

4.继承、离婚房产分割,在办理更名过户时,需不需要缴纳个人所得税?

5.个人 1 年内购买、转让房产的个人所得税的退税规定是怎样的? 例如:

(1)政策规定,个人卖房后 1 年内重新购房,可全部或部分退税。这个程序倒过来,1 年内先买房再卖房,结果还是唯一住房,是否可以享受退税?

(2)以 150 万元出售原价 132 万元的房,后新买一套 180 万元的住房,可退税多少?

（3）换购房退还个税政策所说的"1年内"是怎样界定的？

（4）之前出售的住房是老公的，后来新买的住房房产证上夫妻两人名字都有，这样是不是也符合换购房退税条件？

6. 把正常的房产交易变为赠与，这种"假赠与"的做法可否免缴个人所得税？这样做有什么风险？

技能训练

1. 2007年12月1日，陈先生以100万元卖出了其名下的一套二手房，该房子在2005年购买时价格为60万元。全部可扣除金额为25万元。

条件1：如果按核定税率征收，该房屋需要缴纳的个人所得税为多少？

条件2：如果按应纳税所得额计算，该房屋需要缴纳的个人所得税为多少？

2. 小王一年的工资收入10万元，现在他以100万元转让一所住房，由于缺乏完整、准确的房屋原值凭证，当地税务机关按1%的房款比例核定征收个税，小王应自行纳税申报吗？

业务操作六　土地增值税业务处理

业务描述

请根据客户孙小姐的要求，并按照当地现行的房地产税费政策的有关规定，为孙小姐提供土地增值税的咨询、测算等帮助。

业务知识

一、税种介绍

土地增值税，是指转让国有土地使用权、地上的建筑物及其附着物并取得收入的单位和个人，以转让所取得的收入包括货币收入、实物收入和其他收入为计税依据向国家缴纳的一种税赋，不包括以继承、赠与方式无偿转让房地产的行为。

随着我国土地使用制度改革的不断深入和房地产业的迅速发展，土地使用权市场成为房地产市场的重要组成部分，土地使用权进入市场后，土地使用权的转让、出租、抵押活动日益增多，由此产生了土地收益的合理分配问题。为规范土地、房地产市场交易秩序，合理调节土地增值收益，维护国家权益，促进土地的合理利用，1993年12月13日国务院令第138号发布了《中华人民共和国土地增值税暂行条例》，并于1994年1月1日起开始实施。1995年1月27日，财政部发布了《中华人民共和国土地增值税暂行条例实施细则》，并自发布之日起开始实施。

二、纳税人

转让国有土地使用权、地上的建筑物及其附着物（以下简称转让房地产）并取得收入的单位和个人，为土地增值税的纳税义务人（以下简称纳税人），其中包括：各类企业、事业单位、国家机关、社会团体和其他组织，以及个体经营者、外商投资企业、外国企业、外国驻华机构，以及外国公民、华侨、港澳台同胞均在土地增值税的纳税义务人范围之内。

三、征税范围

土地增值税的征税范围，包括国有土地使用权、地上的建筑物及其附着物。转让房地产是指以出售或其他方式有偿转让国有土地使用权、地上的建筑物及其附着物的行为，不包括以继承、赠与方式无偿转让房地产的行为。

四、计税依据

土地增值税是以转让房地产所取得的收入，减去法定扣除项目金额后的增值额作为计税依据。

（一）土地增值税的扣除项目

（1）取得土地使用权所支付的金额。取得土地使用权所支付的金额，是指纳税人为取得土地使用权所支付的地价款和按国家统一规定交纳的有关费用。

（2）开发土地和新建房及配套设施的成本、费用。开发土地和新建房及配套设施（以下简称房地产开发）的成本，是指纳税人房地产开发项目实际发生的成本（以下简称房地产开发成本），包括土地征用及拆迁补偿费、前期工程费、建筑安装工程费、基础设施费、公共配套设施费以及开发间接费用。开发土地和新建房及配套设施的费用（以下简称房地产开发费用），是指与房地产开发项目有关的销售费用、管理费用、财务费用。

（3）旧房及建筑物的评估价格。旧房及建筑物的评估价格，是指在转让已使用的房屋及建筑物时，由政府批准设立的房地产评估机构评定的重置成本价乘以成新度折扣率后的价格。评估价格须经当地税务机关确认。

（4）与转让房地产有关的税金。与转让房地产有关的税金，是指在转让房地产时缴纳的营业税、城市维护建设税、印花税。因转让房地产交纳的教育费附加，也可视同税金予以扣除。

（5）财政部规定的其他扣除项目。

（二）纳税人有下列情形之一的，按照房地产评估价格计算征收

（1）隐瞒、虚报房地产成交价格的。

（2）提供扣除项目金额不实的。

（3）转让房地产的成交价格低于房地产评估价格，又无正当理由的。

五、土地增值税的缴纳

（一）税率

土地增值税实行的是四级超率累进税率。所谓超率累进税率，是指以征税对象数额的相对率划分若干级距，分别规定相应的差别税率，相对率每超过一个级距的，对超过的部分就按高一级的税率计算征税。税率具体规定如下：

增值额超过扣除项目金额50%的部分，税率为30%。

增值额超过扣除项目金额50%、未超过扣除项目金额100%的部分，税率为40%。

增值额超过扣除项目金额100%、未超过扣除项目金额200%的部分，税率为50%。

增值额超过扣除项目金额200%的部分，税率为60%。

说明：每级增值额未超过扣除项目金额的比例包括本级比例数。

（二）土地增值税应纳税额的计算

土地增值税应纳税额的计算公式为：土地增值税＝增值额×适用税率－扣除项目金额×速算扣除系数。具体如下：

（1）增值额未超过扣除项目金额50%的，土地增值税税额＝增值额×30%

（2）增值额超过扣除项目金额50%，未超过100%的，土地增值税税额＝增值额×40%－扣除项目金额×5%

（3）增值额超过扣除项目金额100%，未超过200%的，土地增值税税额＝增值额×50%　扣除项目金额×15%

（4）增值额超过扣除项目金额200%的，土地增值税税额＝增值额×60%－扣除项目金额×35%

说明：公式中的5%、15%、35%为速算扣除系数。

（三）缴纳方式

（1）土地增值税的纳税人应在转让房地产合同签订后的7日内，到房地产所在地主管税务机关办理纳税申报，并向税务机关提交房屋及建筑物产权、土地使用权证书，土地转让、房产买卖合同，房地产评估报告及其他与转让房地产有关的资料。

（2）纳税人因经常发生房地产转让而难以在每次转让后申报的，经税务机关审核同意后，可以定期进行纳税申报，具体期限由税务机关根据情况确定。

（3）纳税人应按照税务机关核定的税额及规定的期限缴纳土地增值税。

（4）纳税人在项目全部竣工结算前转让房地产取得的收入，由于涉及成本确定或其他原因，而无法据以计算土地增值税的，可以预征土地增值税，待该项目全部竣工、办理结算后再进行清算，多退少补。具体办法由各省、自治区、直辖市地方税务局根据当地情况制定。

六、减免税规定

(1)1993年12月13日发布并于1994年1月1日起开始实施的《中华人民共和国土地增值税暂行条例》(国务院令第138号)及1995年1月27日,财政部发布的《中华人民共和国土地增值税暂行条例实施细则》规定:

①纳税人建造普通标准住宅出售,增值额未超过扣除项目金额20%的,免征土地增值税。

②因国家建设需要依法征用、收回的房地产,即因城市实施规划、国家建设的需要而被政府批准征用的房产或收回的土地使用权,免征土地增值税。

③以继承、赠与方式无偿转让房地产的,免征土地增值税。

(2)1995年5月25日,《财政部 国家税务总局关于土地增值税一些具体问题规定的通知》(财税[1995]48号)规定:

①关于《中华人民共和国土地增值税暂行条例实施细则》中"赠与"所包括的范围问题。细则所称的"赠与"是指如下情况:

a.房产所有人、土地使用权所有人将房屋产权、土地使用权赠与直系亲属或承担直接赡养义务人的。

b.房产所有人、土地使用权所有人通过中国境内非营利的社会团体、国家机关将房屋产权、土地使用权赠与教育、民政和其他社会福利、公益事业的。

说明:上述社会团体是指中国青少年发展基金会、希望工程基金会、宋庆龄基金会、减灾委员会、中国红十字会、中国残疾人联合会、全国老年基金会、老区促进会以及经民政部门批准成立的其他非营利的公益性组织。

②关于个人互换住房的征免税问题。对个人之间互换自有居住用房地产的,经当地税务机关核实,可以免征土地增值税。

(3)2008年10月22日,财政部、国家税务总局下发的《关于调整房地产交易环节税收政策的通知》(财税[2008]137号)规定,自2008年11月1日起,对个人销售住房暂免征收土地增值税。

业务咨询

1.在二手房交易中,土地增值税的纳税人是哪一方?

2.当地的土地增值税如何征收?需要提交什么资料?(针对客户的不同情况进行分析)

技能训练

1.某纳税人转让房地产所取得的收入为400万元,其扣除项目金额为100万元,请计算其应纳土地增值税的税额。

2. 李先生于 2004 年以 50 万元购买了一套房产,2006 年 12 月将以 70 万元出售。若:

(1)李先生不能提供购房发票证明,又不能提供房屋及建筑物价格评估报告的,则需要缴纳的土地增值税为多少?

(2)如果李先生能够提供购房发票,发票所载金额为 50 万元,则需要缴纳的土地增值税为多少?

工作任务三　房地产交易的相关收费

任务场景

张先生和老伴来到中介公司挂牌卖房,当房地产经纪人介绍二手房交易中所涉及的收费时,张先生的第一反应是:"有这么多啊,我一点也搞不清楚。"据房地产中介门店的李经理介绍,在她平时所接触到的客户中,像张先生这样对交易费用一无所知的客户几乎占所有顾客的一半。

任务描述

房地产交易过程中所涉及的相关收费种类众多,再加上各地方的政策差别很大,消费者为保障自己的利益不受损害,会借助房地产经纪人员的专业优势来处理房地产交易收费的相关问题。因此,本模块要求学生完成以下学习任务:a.熟悉国家和所在地的房地产收费制度和政策,并能够回答客户有关房地产收费政策的咨询;b.熟记所在地房地产收费项目的收取方式和收费标准;c.能够快速、准确地测算房地产经济活动中委托人所需交纳的房地产收费项目的数额。

房地产交易过程中涉及的相关收费,主要包括:房地产交易手续费、房屋登记费、房地产中介服务费、公证费,下面就其具体的业务操作内容逐一进行介绍。

业务操作一　房地产交易手续费的收取

业务描述

请根据客户张先生的要求,并按照当地现行的房地产交易收费的有关政策规定,为张先生房地产交易手续费的咨询、测算等提供帮助。

业务知识

房地产交易手续费是指由房地产主管部门设立的房地产交易中心为房屋权利人

提供交易场所,对房地产交易行为进行审查鉴证、办理交易手续等活动的经营服务性收费。房地产交易手续费应坚持公开、公平、质价相符的原则,由经批准建立的房地产交易中心提供交易服务,并在办理交易手续时收取。房地产交易手续费主要用于房地产交易中心人员经费、房屋、设备等固定资产折旧、维护和购置费用,办公费用及交纳税金等。

一、房屋转让手续费

房屋转让手续费的收费标准,国家计委、建设部规定了最高限额,各省、自治区、直辖市价格主管部门根据本地区住房交易量及经济发展状况确定了具体收费标准和缴费人。

2002 年 1 月 31 日,《国家计委、建设部关于规范住房交易手续费有关问题的通知》(计价格〔2002〕121 号)规定:住房转让手续费按住房建筑面积收取,其收费标准为新建商品住房 3 元/m²,存量住房 6 元/m²。新建商品房转让手续费由转让方承担,经济适用房减半计收;存量住房转让手续费由转让双方各承担50%。

2002 年 4 月 2 日,《广东省物价局、广东省建设厅关于规范房地产交易手续费有关问题的通知》(粤价〔2002〕108 号)规定:房地产交易手续费按建筑面积收取,其收费标准为新建商品房每 m²3 元,经济适用住房减半计收,手续费由转让方承担;存量住房(二手房)和住房以外的房地产交易手续费为每 m²6 元,由交易双方各承担50%。

2004 年 1 月 6 日,《广东省物价局关于房地产交易手续费收费问题的复函》(粤价函〔2004〕10 号)规定,省物价局、省建设厅《关于规范房地产交易手续费有关问题的通知》(粤价〔2002〕108 号)第一条规定的新建商品房、经济适用住房、存量住房(二手房)的房地产交易手续费是仅指住房转让交易手续费,不包含房地产抵押交易手续费。

二、房屋租赁手续费

房屋租赁手续费的收费标准,国家计委、建设部规定了最高限额,各省、自治区、直辖市价格主管部门根据本地区住房交易量及经济发展状况确定了具体收费标准和缴费人。为减轻屋主和流动人员的负担,提高房屋租赁登记备案率,有的地方免收房屋租赁手续费。

2002 年 1 月 31 日,《国家计委、建设部关于规范住房交易手续费有关问题的通知》(计价格〔2002〕121 号)规定:住房租赁手续费按套收取,收费标准为每套 100 元,由出租人承担。

2002 年 4 月 2 日,《广东省物价局、广东省建设厅关于规范房地产交易手续费有关问题的通知》(粤价〔2002〕108 号)规定:房屋租赁手续费按套收取,收费标准为每套 80 元,由出租人承担。

2003 年 5 月 19 日,《广州市国土房管局、广州市财政局、广州市计委关于出租屋房屋租赁费征收和使用有关问题的通知》(穗国房字〔2003〕332 号)规定,国有土地的出租房屋租赁手续费按每宗 80 元向出租人收费。农村集体土地的出租房屋租赁手续费按租期长短向出租人收费,租赁期为半年以内(含半年)的每宗收 30 元;租期为半年以上一年以内(含一年)的每宗收 50 元;租期为一年以上的每宗收 80 元,该费项自 2008 年 1 月 1 日起暂停收取。

业务操作二 房屋登记费的收取

业务描述

请根据客户张先生的要求,并按照当地现行的房地产交易收费的有关政策规定,为张先生房屋登记费的咨询、测算等提供帮助。

业务知识

国家发展改革委、财政部于 2008 年 4 月 15 日发布并自同年 5 月 1 日起执行的《国家发展改革委、财政部关于规范房屋登记费计费方式和收费标准等有关问题的通知》(发改价格[2008]924 号)规定,房屋登记费是指县级以上地方人民政府房地产主管部门对房屋权属依法进行各类登记时,向申请人收取的费用,属于行政事业性收费。

一、收费方式及收费标准

(1)房屋登记费按件收取,不得按照房屋的面积、体积或者价款的比例收取。

(2)住房登记收费标准为每件 80 元,非住房房屋(如店面房等)登记收费标准为每件 550 元。

(3)住房登记一套为一件,非住房登记的房屋权利人按规定申请并完成一次登记的为一件。

(4)房屋登记收费标准中包含房屋权属证书费。房地产主管部门按规定核发一本房屋权属证书免收证书费。向一个以上房屋权利人核发房屋权属证书时,每增加一本证书加收证书工本费 10 元。

(5)房屋登记费向申请人收取。但按规定需由当事人双方共同申请的,只能向登记为房屋权利人的一方收取。

二、不收取房屋登记费的情况

房屋查封登记、注销登记和因登记机关错误造成的更正登记,不收取房屋登记费。

(1)房屋权利人因丢失、损坏等原因申请补领证书,只收取房屋权属证书费。

(2)农民利用宅基地建设的住房登记,不收取房屋登记费,只收取房屋权属证书工本费。

(3)经济适用住房登记,以及因房屋坐落的街道或门牌号码变更、权利人名称变更而申请的房屋变更登记,按规定的收费标准减半收取。

业务操作三　房地产中介服务费的收取

业务描述

请根据客户张先生的要求,并按照当地现行的房地产交易收费的有关政策规定,为张先生房地产中介服务费的咨询、测算等提供帮助。

业务知识

房地产中介服务费,是指依法设立并具备房地产中介资格的房地产咨询、房地产价格评估、房地产经纪等中介服务机构,为企事业单位、社会团体和其他社会组织、公民及外国当事人提供有关房地产开发投资、经营管理、消费等方面的中介服务时,向委托人收取的经营性服务费用。

房地产中介服务机构应当本着合理、公开、诚实信用的原则,接受自愿委托,双方签订合同,并依据国家规定的收费办法和收费标准,由中介服务机构与委托方协商确定中介服务费。

房地产中介服务收费实行明码标价制度。中介服务机构应当在其经营场所或交缴费用的地点的醒目位置公布其收费项目、服务内容、计费方法、收费标准等事项。房地产中介服务机构在接受当事人委托时,应当主动向当事人介绍有关中介服务的价格及服务内容等情况。

一、房地产咨询收费

房地产中介服务机构可应委托人要求,提供有关房地产政策、法规、技术等咨询服务,收取房地产咨询费。房地产咨询收费按服务形式,分为口头咨询费和书面咨询费两种。

(1)口头咨询费,按照咨询服务所需时间结合咨询人员专业技术等级由双方协商议定收费标准。

(2)书面咨询费,按照咨询报告的技术难度、工作繁简结合标的额大小计收。普通咨询报告,每份 300~1 000 元;技术难度大、情况复杂、耗用人员和时间较多的咨询报告,可适当提高收费标准,收费标准一般不超过咨询标的额的 0.5%。

以上收费标准,属指导性参考价格。实际成交收费标准,由委托方与中介机构协商议定。

在此基础上,广东省物价局《关于规范我省地产中介服务收费的通知》(粤价[1998]167号)还规定了地产咨询服务收费项目和收费标准,见表3.4。

表3.4　广东省地产咨询服务收费项目和收费标准表

收费项目		计算单位	收费标准/元	服务内容	备　注
口头咨询		宗	双方协议	地产交易法律、法规、政策咨询,建设用地咨询,地产价格及交易信息咨询。地产投资项目的可行性分析	按咨询服务所需时间,结合咨询人员专业技术等级,由双方协议商定具体收费标准
书面咨询	普通报告	宗	200～800		
	复杂报告	宗	不超过咨询标的额0.4%		对技术难度大、情况复杂、需用人员和时间较多的咨询报告,收费标准不超过咨询标的额的0.4%
档案咨询		宗	40～80	用地、地籍档案查询取证	

二、房地产价格评估收费

房地产价格评估收费,由具备房地产估价资格并经房地产行政主管部门、物价主管部门确认的机构按规定的收费标准计收。

1. 以房地产为主的房地产价格评估费

以房地产为主的房地产价格评估费,可区别不同情况,按照房地产的价格总额采取差额定率分档累进计收。具体收费标准见表3.5。

表3.5　以房产为主的房地产价格评估收费标准计算表

档　次	房地产价格总额/万元	累进计费率/‰
1	100 以下(含 100)	5
2	101 以上至 1 000	2.5
3	1 001 以上至 2 000	1.5
4	2 001 以上至 5 000	0.8
5	5 001 以上至 8 000	0.4
6	8 001 以上至 10 000	0.2
7	10 000 以上	0.1

2. 土地价格评估收费

根据《国家计委、国家土地管理局关于土地评估收费的通知》(计价格[1994] 2017 号)规定,为土地使用权抵押的土地价格评估,评估机构按一般宗地评估费标准的 50% 计收评估费,每宗评估费不足 300 元的按 300 元收取。清产核资的土地价格评估,按一般土地评估费标准的 30% 计收评估费,每宗土地评估费不足 300 元的按 300 元收取。土地价格评估委托单位付费确有困难的,通过双方协商,评估机构可酌情减收。

一般宗地评估采取差额定率累进计费,即按土地价格总额大小划分费率档次,分档计算各档的收费额,各档收费额累计之和为收费总额。目前,一般宗地评估收费按《宗地地价评估收费标准》(见表 3.6)执行。

城镇基准地价评估收费,由评估机构与委托城镇参照《基准地价评估收费标准》(见表 3.7)协商确定。

表 3.6　宗地地价评估收费标准

序号	土地价格总额/万元	收费标准/%
1	100 以下(含 100)	4
2	101-200 部分	3
3	201-1 000 部分	2
4	1 001-2 000 部分	1.5
5	2 001-5 000 部分	0.8
6	5 001-10 000 部分	0.4
7	10 000 以上部分	0.1

表 3.7　基准地价评估收费标准

序 号	城镇面积/km²	收费标准/万元
1	5 以下(含 5)	4 ~ 8
2	5 ~ 20(含 20)	8 ~ 12
3	20 ~ 50(含 50)	12 ~ 20
4	50 以上	20 ~ 40

三、房地产经纪收费

房地产经纪收费是房地产经纪人接受委托,为委托方进行居间代理时向委托人收取的佣金。房地产经纪费根据代理项目的不同实行不同的收费标准。

(1)房租租赁代理收费,无论成交的租赁期限长短,均按半月至一月成交租金额标准,由双方协商议定一次性计收。

(2)房屋买卖代理收费,按成交价总额的 0.5% ~ 2.5% 计收。

(3)实行独家代理的,收费标准由委托方与房地产中介机构协商,可适当提高,但最高不得超过成交价格的 3%。

在此基础上,广东省物价局《关于规范我省地产中介服务收费的通知》(粤价[1998]167号)还规定了地产代理服务收费项目和收费标准,见表3.8。

表3.8　广东省地产代理服务收费项目和收费标准表

收费项目	计算单位	收费标准/元		服务内容	备　注
代理土地使用权转让与登记	宗	20万以下(含20万)	1.5%	代卖方联系买方、代拟土地使用权转让协议、合同文书,收集整理相关资料图件,填写有关表格,代办土地使用权登记和变更登记手续	按转让价格分段累加计算,向卖方收费
		20万~50万(含50万)部分	1%		
		50万~100万(含100万)部分	0.7%		
		100万~500万(含500万)部分	0.5%		
		500万~1 000万(含1 000万)部分	0.2%		
		1 000万以上	0.1%		

上述的房地产价格评估、房地产经纪、一般宗地评估收费为最高限标准。各省、自治区、直辖市物价、房地产行政主管部门可依据本通知制定当地具体执行的收费标准,报国家计委、建设部备案。对经济特区的收费标准可适当规定高一些,但最高不得超过上述收费标准的30%。

四、政策依据

(1)1994年12月12日,《国家计委、国家土地管理局关于土地评估收费的通知》(计价格[1994]2017号)。

(2)1995年7月17日,《国家计委、建设部关于房地产中介服务收费的通知》(计价格[1995]971号)。

业务操作四　公证费的收取

业务描述

请根据客户张先生的要求,并按照当地现行的房地产交易收费的有关政策规定,为张先生公证费的咨询、测算等提供帮助。

业务知识

公证是国家公证机关根据当事人的申请,依照法定程序对法律行为、有法律意义的文书和事实的真实性、合法性予以证明的非诉讼活动,是国家为保护法律的正确实施,维护社会经济、民事流转程序,预防纠纷、减少诉讼,保护公民、法人和非法人组织的合法权益而建立的一种预防性的司法制度。

公证处受理公证后,向申请人提供证明以及办理其他公证服务的,应按各省、自治区、直辖市规定的收费标准收取公证服务费。公证服务费的缴纳人为申请公证人。公证服务实行计件收费或按标的额比例收费。

下面以《广州市公证服务收费标准》为例,介绍公证服务收费的具体情况。

(1)证明土地使用权出让、转让,房屋转让、买卖及股权转让的,广州市按下列标准收取:

①标的额50万元以下(含50万元)部分,收取比例为0.3%,按比例收费不到200元的,按200元收取;

②50万元以上至500万元(含500万元)部分,收取0.25%;

③500万元以上至1 000万元(含1 000万元)部分,收取0.2%;

④1 000万元以上至2 000万元(含2 000万元)部分,收取0.15%;

⑤2 000万元以上至5 000万元(含5 000万元)部分,收取0.1%;

⑥5 000万元以上以上至1亿元(含1亿元)部分,收取0.05%;

⑦1亿元以上部分,收取0.01%。

(2)证明财产继承,赠与和遗赠的,广州市按受益额的2%收取,最低收取200元。

案例分析测试

[测试案例1]李小姐的父亲在1992年去世,当时并未立遗嘱,留下了一套以她父亲名字登记的房产(婚前财产)。因为爷爷奶奶也已经去世,有权继承财产的是李小姐的妈妈、李小姐本人以及她哥哥和姐姐4人。最近她哥哥和姐姐提出放弃继承房产的相应份额,于是李小姐打算正式把房产转到她和她妈妈的名下,但是,怎样办理这项继承业务?税费又是多少呢?

[测试案例2]刘阿姨和丈夫原本住在儿子家,但考虑到手上资金宽裕,所以想再买套房。但碍于没有固定收入来源证明,且年纪过大,被多家银行拒绝按揭贷款。为了通过贷款审核,和儿子(有固定收入来源)商量后决定以自己、丈夫及大儿子三个人的共同名义贷款买房,于是顺利地通过了贷款审核。现在,刘阿姨已将房子贷款全部还完,拿到了房产证,打算将房产证上儿子的名字去掉,变更为自己及其丈夫两人所有的财产。你作为一名房地产经纪人如何为其合理避税?

[测试案例3]张小姐于2003年结婚,婚后以丈夫的名义在惠州买了一套120 m²的房子,支付首期款时丈夫出了20万元,张小姐出了13万元。未料到的是,到2007年3月张小姐与丈夫婚姻破裂,办理离婚手续时分割房产,丈夫只愿意给张小姐20万元。现张小姐向房地产经纪人咨询,丈夫这样做合理吗?在办理离婚过户时,可以申请免去哪些税费?

[测试案例4]夫妻已离婚3年,因双方协议改由女方抚养孩子,所以原来给男方的房产准备转给女方。目前,房产证上是男方姓名,该房产是婚后共有,但离婚时协

议给男方的。房子贷款尚未还清,房产证还在银行里,现向房地产经纪人咨询,如何令房产在不花费什么费用的情况下转给女方?

[测试案例5]2001年薛小姐和她的弟弟一起买了一套住房,房产证上是姐弟两人联名,现在其弟弟想把他的一半产权赠送给她,房产证上只留薛小姐名字,这样是否需要缴纳税费?

[测试案例6]张先生于2005年花30万元购买一套丽江花园的房屋,该房屋建筑面积为100 m^2,张先生现将该房屋以60万元的价格出售给李小姐,交易过户情况如下:地税申报价为40万元,房管局契税评估价为50万元,请计算买卖双方各交多少税费?

[测试案例7]王先生现在出售的一套商品房,其于1999年与发展商签订《商品房买卖合同》,约定交楼时间为2000年5月。由于发展商的原因,该房直到2004年才完税并出房产证。你作为一名房地产经纪人,如何在房产证的出证日期、房屋的启用日期、房屋的交楼时间以及房屋的完税时间不一致的情况下,为李先生进行合理的避税筹划?

[测试案例8]刘小姐出售的一套房改房,其单位在银行交款的时间是2001年10月,房产证的出证时间为2004年8月。刘小姐以成本价付清了该房款,并且在2001年已经补交了分摊价款。你作为一名房地产经纪人,如何在房产证的出证日期、房屋的启用日期、房屋的交楼时间以及房屋完税时间不一致的情况下,为刘小姐进行合理的避税筹划?

（资料来源:南都网）

课后实践

1. 请制作一张表格,将房地产各税种的纳税人、征税范围或征税对象、计税依据、税费计算、缴纳方式、减免税规定以及收费依据写在表格中,并进行介绍。

2. 请根据当地房地产交易税费的相关政策,拟定二手房交易的税费表,说明在二手房交易过程中普通住宅与非普通住宅的税费区别。

3. 由学生扮演客户,到真实的房地产经纪机构咨询房地产税费,强化学生的房地产税费咨询能力,并锻炼学生现场应变能力。

4. 由教师带领学生,或由学生自行组织到当地的房地产交易中心,收集房地产税费的相关政策和资料,了解房地产税费的办理流程。

5. 在实际工作中,房地产经纪人经常遇到客户询问有关亲朋之间的继承、赠与以及夫妻离婚后财产分割的问题,请大家根据当地的房地产政策,将这方面的系列问题汇总,并提供详实、准确的政策解答。

项目四
个人住房抵押贷款业务处理

🎯 教学目标

最终目标:能回答客户各种关于个人住房抵押贷款问题的咨询,并能按照相关政策,协助客户处理各种个人住房抵押贷款业务。

促成目标:

■ 熟悉现行个人住房抵押贷款的相关政策规定,并能正确理解和运用。

■ 逐步形成对个人住房抵押贷款的解释、咨询和测算能力。

■ 熟练掌握主流贷款品种和贷款方式的计算原理、公式与方法。

■ 能计算不同还款方式下的不同贷款年限的还款额和月供,并能进行方案对比。

■ 能帮助购房者正确选择贷款方案,节约购房成本。

■ 能帮助客户快速、有效地获得低成本贷款,并能促成贷款顺利、按时交割。

工作任务

■ 认识个人住房抵押贷款业务。

■ 住房公积金个人住房抵押贷款业务办理。

■ 商业银行个人住房抵押贷款业务办理。

■ 个人住房组合贷款业务办理。

■ 转按揭业务办理。

工作任务一　认识个人住房抵押贷款业务

🔍 任务场景

李小姐今年27岁,去年研究生毕业,月薪4 000元。为供李小姐上学,李小姐一家三口一直居住在父亲单位早年分配的一套 50 m² 的两居室内,目前的租金参考价为 2 300 元/月。李小姐的母亲现年 57 岁,月薪 3 000 元,父亲 59 岁,月薪 6 000 元,家庭有存款 35 万元。孝顺的李小姐希望改善全家人的居住条件,让父母能够安享晚年。几经筛选,全家人终于选中一套新房总价 100 万元,120 m²。但问题随之而来,如果以父母作为借款人,因为接近退休年龄,只能申请到很短期限的贷款,月供压力承受不了,如果以李小姐作为借款人,即使以最长的贷款期限 30 年来算,其现阶段的收入水平根本无法满足银行的月供要求。李小姐希望保有现有房产,留给两年之内自己结婚之用。现李小姐来到中介公司向房地产经纪人咨询个人住房抵押贷款业务办理的有关事项,例如:可选择的贷款种类、贷款的基本条件和要求、贷款的程序、贷款的偿还方式、贷款存在哪些风险等。

任务描述

请根据上述背景资料,以一名房地产经纪人的身份,帮助客户李小姐办理个人住房抵押贷款业务。因此,本模块要求学生完成以下学习任务:a. 了解个人住房抵押贷款的种类、特点、相关术语、贷款的基本条件和要求、贷款的程序、贷款的偿还方式等;b. 能够帮助客户分析选择个人住房抵押贷款存在的贷款风险。

相关知识

随着购房者消费心理的日趋成熟,他们在房地产交易中往往会向房地产经纪人询问有关住房抵押贷款的相关问题,例如:怎样选择贷款方式及还款方式,怎样设计合理的贷款期限,贷款存在哪些风险等。有时,房地产经纪人还会接受购房者委托,协助其办理相关的贷款手续。因此,房地产经纪人必须熟练掌握各类住房抵押贷款的业务处理方式,并根据不同消费人群的不同收入特点,选择适合他们实际情况的贷款形式。

一、个人住房抵押贷款的种类

由于房屋价值大,使用寿命长,属耐用品,因此对于大多数中低收入者来说,一次性购买的难度大,而个人住房抵押贷款则提供了一种“花明天钱圆今天的梦”的机会。个人住房抵押贷款,是指购房者购置房地产时,首先交齐首期付款,然后将要购买的房地产作为抵押品以不转移占用的方式向银行或住房公积金管理中心申请贷款,在贷款期限内按照约定偿还贷款。若购房者还不上贷款时,银行或住房公积金管理中心有权依法以抵押的房地产拍卖所得的价款优先受偿。

个人住房抵押贷款,可按资金来源、贷款偿还方式、住房交易形态、贷款用途、借款人类型进行分类。

1. 按资金来源分类

个人住房抵押贷款可分为住房公积金个人住房抵押贷款、商业银行个人住房抵押贷款和个人住房组合贷款,这也是目前采用最多的住房抵押贷款的分类形式。

2. 按贷款偿还方式分类

个人住房抵押贷款可以分为到期一次还本付息的贷款和分期还款的贷款。分期还款的贷款是要求分期偿还本金和利息的贷款。通常贷款期限在 1 年以内(含 1 年)的,采取到期一次还本付息方式;贷款期限在 1 年以上的,采取分期还款方式。分期还款方式又有等额本息还款方式、等额本金还款方式、等比累进还款方式、等额累进还款方式等多种。借款人虽然可以根据需要选择还款方式,但一笔借款通常只能选择一种还款方式,借款合同签订后一般不得随意变更。

3. 按住房交易形态分类

个人住房抵押贷款可分为首次住房抵押贷款和再交易住房抵押贷款,即一手楼抵押贷款和二手楼抵押贷款。

4. 按贷款用途分类

个人住房抵押贷款可分为个人购房抵押贷款、个人自建住房抵押贷款、个人大修住房抵押贷款等。个人购房抵押贷款按购房类型,又可分为个人购买经济适用住房抵押贷款、个人购买商品住房抵押贷款等。

5. 按借款人类型分类

个人住房抵押贷款可分为本地人士贷款、外地人士贷款、港澳台和外籍人士贷款。

二、个人抵押住房贷款的特点

一般而言,个人住房抵押贷款具有以下特点:

(1)购房者用购买的房地产作为抵押,向银行或住房公积金管理中心申请贷款,这是获取贷款的最起码条件。房地产作为抵押品是购房者按照合同约定如期还本付息的担保物。

(2)借贷双方签订借款合同时,也要签订抵押合同及委托扣款协议。

(3)借贷双方具有双层关系,即债权债务关系和受押出押关系。贷方既是债权人,又是受押人或抵押权人,借方既是债务人,又是出押人或抵押人。

(4)债务人不按期偿还本息,称为违约。在这种情况下,银行或债权机构有权取消房地产的抵押赎回权,可以拍卖房地产,将所得的款项优先抵偿未偿还的贷款本息,剩余款项仍然交还购房者。

三、个人住房抵押贷款的主要术语

(1)首期付款,简称首付款、头款,是指购房者在购买住房时的首次付款金额。银行或住房公积金管理中心在贷款前,通常会要求购房者首先支付一定比例的现金,其余的房款再由银行或住房公积金管理中心提供贷款。

(2)首付款比率,是指首期付款占所购住房总价的比率。一般有最低首付款比率的规定,如最低首付款比率为 20% ,则一套总价为 25 万元的住房,购房人的首期付款应为 5 万元。

(3)贷款金额,简称贷款额,是指借款人向贷款人借款的数额。在个人住房抵押贷款中,贷款金额一般为所购住房总价减去首期付款后的余额。

(4)贷款价值比率,又称贷款成数,是指贷款金额占抵押房地产价值的比率。如贷款金额最高不得超过抵押房地产价值的 80%。

(5)贷款期限,是指借款人应还清全部贷款本息的期限。

(6)贷款利率,是指借款合同中所规定的贷款利率,一般有固定利率和浮动利率等。

(7)分期偿还额,是指在分期还款的贷款中借款人每期应偿还贷款的数额。

(8)偿还比率,又称收入还贷比,是指借款人分期偿还额占其同期收入的比率。在发放贷款时,银行或住房公积金管理中心通常将偿还比率作为衡量贷款申请人偿债能力的一个重要指标,并规定一个最高比率,如将这一比率控制在 30% 以内,即给予借款人的最高贷款金额不使其月偿还额超过其家庭月收入的 30%。

(9)月房产支出和收入比,计算公式为:月房产支出和收入比 =(本次贷款的月还款额 + 月物业管理费)÷月均收入。

(10)所有债务支出与收入比,计算公式:月所有债务支出与收入比 =(本次贷款的月还款额 + 月物业管理费 + 其他债务月均偿付额)÷月均收入。

备注:中国银行业监督管理委员会要求应将借款人住房抵押贷款的月房产支出与收入比控制在 50% 以下(含 50%),月所有债务支出与收入比控制在 55% 以下(含 55%)。

(11)贷款额度,又称贷款限额,贷款人一般会用不同的指标对借款人的贷款金额做出限制性规定,如:

①贷款金额不得超过某一最高金额。

②贷款金额不得超过按照最高贷款成数计算出的金额。

③贷款金额不得超过按照最高偿还比率计算出的金额。

当借款人的申请金额不超过以上所有限额的,以申请金额作为贷款金额;当申请金额超过以上任一限额的,以其中的最低限额作为贷款金额。

(12)贷款余额,是指分期付款的贷款,在经过一段时期的偿还之后,尚未偿还的贷款本金数额。

四、个人住房抵押贷款的基本条件和要求

(1)年满 18 周岁,具有完全民事行为能力的中国公民(含港澳人士),或具有有效居留证件的外国公民均可。

(2)具有城镇常住户口或有效居留身份。

(3)具有稳定的职业和收入,具有按期偿还贷款本息的能力。

(4)已签订购买房地产的合同或协议,并愿意以所购房产作抵押。

（5）所购房产产权清晰，能进行合法交易，且不在拆迁公告范围内。

（6）年限要求：申请贷款年限＋借款人年龄≤60周岁。

（7）楼龄要求：楼龄＋贷款年限≤30年，且贷款年限不超过20年，贷款成数七成。

（8）商业用房楼龄＋贷款年限≤25年；且贷款年限不超过10年，贷款成数五成。

五、个人住房抵押贷款的贷款程序

（一）办理申请

购房者在确认自己选择的房地产得到银行或住房公积金管理中心的住房抵押贷款支持后，应向银行、住房公积金管理中心或银行指定的律师事务所了解获取住房抵押贷款支持的相关规定，准备有关法律文件，填报《住房抵押贷款申请书》。具体流程如下：

（1）房地产交易双方签署《房地产买卖合同》。

（2）对产权及房产交易的合法性进行公证。

（3）由银行或住房公积金管理中心指定的机构受理住房抵押贷款业务申请，并出具房地产评估报告。

（二）贷款审查

银行或住房公积金管理中心收到购房者递交的贷款申请后，对借款人从事民事主体资格、还款能力、各项法律文件等进行审查、认证，确认购房者符合住房抵押贷款的条件、具备还款能力后，发给购房者同意贷款通知或出具住房抵押贷款承诺书。

（三）办理抵押登记、保险等手续

银行或贷款代办机构通知借款人持本人身份证在规定的时间、地点办理保险、公证等手续。然后，双方签订借款合同、抵押合同、借款人承诺书。

购房者、发展商或原业主和银行持《住房抵押贷款合同》及购房合同到房地产主管部门办理抵押登记备案手续。对期房，在竣工后应办理变更抵押登记。在通常情况下，由于住房抵押贷款期间相对较长，银行或债权机构为防范贷款风险，要求购房者申请人寿、财产保险。购房者购买保险，应列明银行或债权机构为第一受益人，在贷款履行期内不得中断保险，保险金额不得少于抵押物的总价值。在贷款本息还清之前，保险单交由银行执管。

（四）开立专门还款账户

购房者在签订《住房抵押贷款合同》后，应按合同约定，在指定银行开立专门的还款账户，并签订《委托扣款协议》，授权该银行可从该还款账户中划扣住房抵押贷款的本息和欠款。

（五）贷款的发放

住房抵押贷款手续办理完毕后，购房者购买的房地产产权证书或证明文件抵押

在银行。借款人的贷款资金,由银行以购房者的购房款的名义一次性划入开发商或原业主在该银行开设的账户中,并通知购房者开始偿还贷款。

(六)还款

购房者按照住房抵押贷款合同的约定分期向银行偿还本息。

不同地方、不同银行在个人住房抵押贷款的手续及办理程序上可能存在一定差别,上述内容仅供参考,具体执行时应遵照当地银行的有关规定办理。房地产经纪人应当熟悉从业所在地相关银行住房抵押贷款的有关规定和办理程序,并在具体办理时,向购房者解释清楚,协助购房者办理相关手续。

六、个人住房抵押贷款的偿还方式

购房者对个人住房抵押贷款的偿还,通常是依据贷款合同的规定,按月等额偿还贷款。购房者于贷款合同规定的每月还款日前主动在其购房储蓄账户上存足其每月应还的贷款本息,到期时由银行自动划扣每月应还款。在还贷期间,购房者还可以采取提前还贷的方式,提前一个月向银行提出还款申请,这样就能免去所提前时间的贷款利息,节省购房者的贷款成本。

个人住房抵押贷款主要有等额本金还款法、等额本息还款法两种偿还方式。房地产经纪人在业务处理时,应向委托人详细地说明每种还款方式的计算方法和特点,帮助委托人做出正确选择。

(一)等额本息还款法

等额本息还款法,是指每月以相等的金额偿还贷款本息,也就是把住房抵押贷款的本金总额与利息总额相加,然后平均分摊到还款期限的每一个月中,每月的还款金额是固定的,因此这种方法常被称为"等额法"。等额本息还款法的主要特点是,每月还款金额中的本金比重逐月递增、利息比重逐月递减,具体的计算公式如下:

$$每月还款额 = \frac{月利率 \times (1 + 月利率)^{还款总期数}}{(1 + 月利率)^{还款总期数} - 1} \times 贷款本金$$

假设个人住房抵押贷款 20 万元,贷款年限为 15 年,年利率为 5.58%,则按照等额本息还款法,每月等额还本付息金额的计算如下:

月利率为:5.58% ÷ 12 = 0.465%,还款期数为:15 年 × 12 期/年 = 180 期

$$每月还款额 = \frac{0.465\% \times (1 + 0.465\%)^{180}}{(1 + 0.465\%)^{180} - 1} \times 20 万元 = 1\ 642.66 元$$

即借款人每月向银行还款 1 642.66 元,15 年后,20 万元的借款本息就全部还清。

(二)等额本金还款法

等额本金还款法,是指每月等额偿还本金,贷款利息逐月递减。具体的计算公式如下:

$$每月还款额 = \frac{贷款本金}{还款总期数} + (贷款余额 \times 月利率)$$

不难发现,采用等额本金还款法时,虽然借款人每月的本金是保持不变的,但由于利息会由多到少不断变化,因此借款人每月的还款金额都不相同,第一个月最多,以后逐月递减。等额本金还款法的主要特点是,借款人前期的还款压力比较大,但是所付利息的总和要比等额本息还款法少,因此这种方法常被称为"递减法"。

从某种意义上说,购房还贷,等额本金法(递减法)未必优于等额本息法(等额法),到底选择什么样的还贷方法要因人而异。等额本息还款法就是借款人每月始终以相等的金额偿还贷款本金和利息,偿还初期利息支出最大,本金就还得少,以后随着每月利息支出的逐步减少,归还本金就逐步增大;等额本金还款法就是借款人每月以相等的额度偿还贷款本金,利息随本金逐月递减,每月还款额亦逐月递减。

两种还款方法都是随着剩余本金的逐月减少,利息也将逐月递减,都是按照客户占用资金的时间价值来计算的。较等额本息还款法而言,等额本金还款法同期较多地归还贷款本金,因此,以后各期确定贷款利息时作为计算利息的基数变小,所归还的总利息相对就少。举例来说,A、B 两人同时申请个人住房公积金贷款 40 万元,期限 15 年,合同生效时间为 2010 年 4 月 24 日。A 选择等额本息还款法,B 选择等额本金还款法。如不考虑国家在利率方面的调整因素,A 每月的还款额相同,都为 2 932.76 元,期满后共需偿付本息 527 896.97 元。B 第一个月还款额为 3 512.22 元,以后随着每月贷款期末余额的减少而逐月减少还款额。最后一个月还款额为 2 229.39 元,期满后共需偿付本息 516 744.60 元(注:计算 B 的还款额时,假定每月都为 30 天,实际还款应以每月实际天数计算)。所以,在相同贷款金额、利率和贷款年限的条件下,等额本金还款法的利息总额要少于等额本息还款法,以贷 20 万元 15 年为例,B 比 A 要少支付利息 11 152.37 元。

房地产经纪人在进行房地产经纪服务时,应帮助购房者设计个人住房抵押贷款的还款计划,通过多种还款计划的计算与比较,结合购房者的经济收入和实际支付能力,帮助其选择一种较为合理的住房贷款成数与贷款年限。房地产经纪人在为购房者设计个人住房抵押贷款的还款计划时,一般都按照贷款银行提供的住房抵押贷款等额还款月供系数表进行计算。

七、个人住房抵押贷款的风险

个人住房抵押贷款对于借款人来说是件好事,但也存在一定的风险,借款人应加强风险意识,注意防范。其中主要风险有:

1. 无力继续偿还贷款本息的风险

购房者有可能在住房抵押贷款的还款期间出现经济困难,而一时难以偿还住房抵押贷款本息。因此,在申请个人住房抵押贷款时,借款人应对自己目前的经济状况与未来的还款能力做出正确判断。根据自己的实际情况选择合适的贷款额度、还款年期与还款方式,并留有一定的余地。

2. 房屋贬值的风险

导致房屋贬值的原因很多,有政治动荡、经济危机、自然灾害等不可抗力因素,也有人为与质量因素。要求对被抵押的房屋进行财产保险,是防范这种风险的主要措施,对银行和购房者都有必要。

3. 利率变化的风险

利率是指一定时期内利息与本金的比率,是决定利息多少的因素与衡量标准。利率水平最终是由各种因素的综合影响所决定的,如产业的平均利润水平、货币的供给与需求状况、经济发展的状况、物价水平、利率管制、国际经济状况和国家货币政策的影响等,它们都会对利率产生影响。未来利率会发生什么样的变化,是谁都难以预料的,借款人要做好利率变化的思想准备和资金准备。如果在还贷期间遇到法定利率调整时,借款人的按月利息一般按照如下方式进行计算:

(1)贷款期限在1年以内(含1年)的,实行合同利率,遇法定利率调整的,不分段计息。

(2)贷款期限在1年以上的,如遇法定利率调整,则应于次年1月1日起,按当日相应的人民银行贷款利率进行调整并以此确定新的月供额。简单地来说,就是每年元旦当日的人民银行公布的贷款利率或实施的贷款利率,就是当年的贷款利率。

4. 房屋处理的风险

房屋处理过程中,银行为了尽快收回贷款,很可能低价拍卖房屋。购房者在签订住房抵押贷款合同时,应当注明监督权。监督权包括对拍卖底价的认可、招投标活动的参与、公告发布问题、估价单位的选择、估价拍卖费用问题等。

业务咨询

1. 还款期内,如遇法定利率调整该如何计算利息?

2. 刘女士致电经纪行,称她女儿在国外,需在本市购买一物业,并准备过段时间回本市居住,但女儿不能亲自回来签署购房贷款文件。刘女士希望产权证上只有女儿一个人的名字,问应如何操作?

3. 孙小姐跟男友由于感情破裂,打算分手,但是她与男友共同购买的物业还抵押在中国银行,请问应如何处理、分配?

4. 外国人在中国可否贷款买房,需要提供什么资料?

技能训练

用等额本息还款法、等额本金还款法为客户做一份住房抵押贷款分析,已知本金为20万元,贷款20年,看看不考虑提前还贷的情况下,按现行银行贷款利率计算,你应该建议客户选择哪种还款方式。20年后,两种方法在利息的支付上相差多少?请按上述题意完成以下几项操作:

(1)请上机操作,并用 Excel 进行模拟计算;

(2)用等额本息还款法计算商业贷款和公积金贷款的利差,包括总额及月供的差额;

（3）用等额本金还款法计算商业贷款和公积金贷款的利差，包括总额及月供的差额；

（4）请对两种方式进行比较、分析，并能向客户介绍、阐述。

工作任务二　住房公积金个人住房抵押贷款业务办理

任务场景

夫妻两人——男：小A，女：小B。小A 28岁，月收入为3 500元，在广州工作。小B 25岁，月收入为3 200元，在深圳工作。两人的单位都各为其缴存了住房公积金，缴存比例都为其收入的8%。目前，小A的公积金账户余额为40 000元，小B的公积金账户余额为18 000元。两人准备买房，并看中了一套120万元的二手房。现在两人来到中介公司，希望房地产经纪人能帮助他们申请住房公积金贷款，并希望每月的按揭负担不超过3 000元。

任务描述

请根据上述背景资料，以房地产经纪人的身份，帮助客户小A和小B办理住房公积金个人住房抵押贷款业务。因此，本模块要求学生完成以下学习任务：a.熟悉住房公积金个人住房抵押贷款的申请条件及贷款流程；b.能够协助客户做好住房公积金贷款申贷资料的准备工作；c.能够回答客户关于贷款额度和贷款期限、首付款比率及贷款利率、个人住房公积金的提取和使用等相关政策规定的咨询；d.能帮助客户选择合理的还款方式。

相关知识

一、基本情况介绍

《住房公积金管理条例》规定：住房公积金是指国家机关、国有企业、城镇集体企业、外商投资企业、城镇私营企业及其他城镇企业、事业单位、民办非企业单位、社会团体（以下统称单位）及其在职职工缴存的义务性长期住房储金。

按照国家有关政策的规定，住房公积金通过"个人存储，单位资助"的办法建立一笔属于个人的住房消费资金，专项用于个人支付住房方面的费用。在职工工作期间，所在单位和个人必须各自按职工工资的一定比例逐月缴存，两者均归职工所有，随着工资发放时缴纳，存入职工个人住房公积金账户。

住房公积金的管理实行住房公积金管理委员会决策、住房公积金管理中心运作、银行专户存储、财政监督的原则，目的是保障住房公积金的规范管理和安全运作，实现保值、增值，维护住房公积金所有人的合法权益。

住房公积金贷款,是指按规定实行了住房公积金制度的职工,以其在本市购买的普通自住住房作为抵押所申请的住房公积金政策性低息贷款。

住房公积金贷款的具体贷款政策由各省市的住房公积金管理中心在国家相关政策的基础上制定,因此各地的住房公积金贷款的贷款条件、贷款期限、贷款金额等都各不相同。下面以广州市为例,介绍住房公积金的贷款对象、申请条件、贷款额度及利率等规定。

二、贷款对象及申请条件

(一)贷款对象

住房公积金个人住房抵押贷款的对象是指按规定实行了住房公积金制度的职工。按规定,处于失业阶段的职工不能申请住房公积金贷款。

(二)申请条件

同时具备下列条件者,方可申请住房公积金个人住房抵押贷款。

(1)有城镇常住户口或有效居留身份证件。

(2)广州市常住户口的,申请公积金贷款时已连续缴存住房公积金6个月以上(含6个月)。

(3)非广州市常住户口的,申请公积金贷款时已连续缴存住房公积金12个月以上(含12个月)。

(4)具有稳定的职业和稳定的收入来源,有偿还贷款本息的能力。

(5)购房首期付款符合规定:一手楼首期付款不得低于购房总价的20%,二手楼首期付款不得低于购房总价的30%。

(6)签订了购买住房的合同或协议。

(7)所购房屋可用于抵押。

(8)符合委托人和受托人规定的其他条件。

购房者在还清住房公积金贷款本息之后,可以按照《广州市住房公积金个人住房抵押贷款实施办法》的规定,重新申请住房公积金贷款。住房公积金贷款的计算参与人、相应借款人的公积金贷款本息还清之后,计算参与人可以按照实施办法,申请公积金贷款。

三、贷款额度和贷款期限

(一)住房公积金的贷款额度

1. 个人可贷额度计算公式

个人可贷额度=(公积金账户当前余额+当前月缴存额×2×当前至法定离退休年龄总月数)×2。

2. 贷款最高限额

住房公积金贷款最高限额,是根据住房公积金的归集情况和社会经济发展水平确定的。

广州市住房公积金个人住房抵押贷款最高限额如下：

(1)个人可贷额度最高为人民币50万元。

(2)两个或两个以上申请人购买同一住房,最高贷款额度为每人的可贷额度之和,但合计不超过人民币80万元。

(二)贷款期限

广州市住房公积金个人住房抵押贷款的最长期限为:

(1)一手楼贷款期限最长不超过30年。

(2)二手楼贷款期限最长不超过20年。

(3)贷款期限可以延长到法定退休年龄后5年。

四、首付款比率、贷款利率和还款方式

(一)首付款比率

(1)一手楼首期付款比例不得低于购房总价的20%。

(2)二手楼首期付款比例不得低于购房总价的30%。

(二)贷款利率

目前,住房公积金个人住房抵押贷款利率按照《中国人民银行关于下调金融机构人民币存贷款基准利率和人民银行对金融机构存贷款利率的通知》(银发[2008]339号)执行。住房公积金个人住房抵押贷款年利率5年以下的为3.33%,5年以上的为3.87%。个人住房商业贷款的基准年利率5年以下的平均为5.526%,5年以上的为5.94%。相对于商业银行个人住房抵押贷款,住房公积金贷款具有贷款利率低、贷款额度高、首付比例低的优点。

住房公积金个人住房抵押贷款利率以及等额本息法万元供款一览表,见表4.1。

表4.1　住房公积金个人住房抵押贷款利率以及等额本息法万元供款一览表

年　限	期　数	月利率/‰	年利率/%	月供款额/元
1	12	2.775	3.33	848.44
2	24	2.775	3.33	431.27
3	36	2.775	3.33	292.27
4	48	2.775	3.33	222.80
5	60	2.775	3.33	181.16
6	72	3.225	3.87	155.86
7	84	3.225	3.87	136.09
8	96	3.225	3.87	121.29
9	108	3.225	3.87	109.80
10	120	3.225	3.87	100.63

年 限	期 数	月利率/‰	年利率/%	月供款额/元
11	132	3.225	3.87	93.14
12	144	3.225	3.87	86.92
13	156	3.225	3.87	81.68
14	168	3.225	3.87	77.19
15	180	3.225	3.87	73.32
16	192	3.225	3.87	69.94
17	204	3.225	3.87	66.98
18	216	3.225	3.87	64.35
19	228	3.225	3.87	62.01
20	240	3.225	3.87	59.92
21	252	3.225	3.87	58.03
22	264	3.225	3.87	56.32
23	276	3.225	3.87	54.77
24	288	3.225	3.87	53.36
25	300	3.225	3.87	52.07
26	312	3.225	3.87	50.88
27	324	3.225	3.87	49.79
28	336	3.225	3.87	48.79
29	348	3.225	3.87	47.86
30	360	3.225	3.87	47.00

说明·①本表个人住房公积金贷款利率从 2008 年 12 月 23 日开始执行。

②本表月供款额依据等额本息还款方式计算。

③本表仅供参考。

(三)还款方式

住房公积金个人住房抵押贷款的还款方式有：

(1)贷款期限在 1 年(含)以内的,采用到期一次还本付息的还款方式,利随本清。

(2)贷款期限超过 1 年的,借款人可选择等额本息还款法和等额本金还款法,按月偿还贷款本息。

五、申贷资料及贷款流程

(一)申贷资料

购房者提出住房公积金贷款申请时,需提交以下资料：

(1)住房公积金个人借款申请书。

(2)身份证件(居民身份证、户口簿或其他身份证件)。

(3)所在单位出具的借款人稳定经济收入证明或其他偿债能力证明资料。

(4)合法的购买住房的合同、协议及批准文件。

(5)抵押物或质押权利清单及权属证明文件,有处分权人出具的同意抵押或质押证明。

(6)住房公积金管理部门认可的评估机构出具的抵押物估价报告书。

(7)保证人出具的同意提供担保的书面承诺及保证人的资信证明。

(8)借款人用于购买住房的自筹资金的有关证明。

(9)住房公积金管理部门规定的其他文件和资料。

(二)贷款流程

不同地区、不同银行住房公积金的贷款流程都有所不同,下面以《中国建设银行个人住房公积金贷款规定》为例,介绍住房公积金贷款的具体流程。

1. 提出申请

借款申请人需提出书面贷款申请,并提交有关资料,由建设银行负责受理后交住房公积金管理部门或直接向住房公积金管理部门申请,等待住房公积金管理部门审批。

2. 签订合同、开立存款账户

借款申请经住房公积金管理部门审批通过后,由建设银行通知借款人签订借款合同和担保合同。选用委托扣款方式还款的借款人须在建设银行开立储蓄卡或信用卡扣款账户。

3. 办理抵押登记、投保住房保险

签订合同后,应根据国家和当地法律法规,办理抵押登记及其他必需的手续,抵押登记费用由借款人负担,抵押期间保险单正本由贷款银行保管。

4. 支用款项

借款人在建设银行填制贷款转存凭据,建设银行按借款合同约定,将贷款资金一次或分次划入售房人在建设银行开立的售房款账户内,或将贷款资金直接转入借款人在建设银行开立的存款账户内。

5. 按期还款

借款人按借款合同约定的还款计划和还款方式,委托建设银行分期扣款或到建设银行柜面,按期归还个人公积金住房贷款本息。

6. 贷款结清

在贷款到期日前,借款人如提前结清贷款,须按借款合同约定,提前向建设银行或住房公积金管理部门提出申请,由住房公积金管理部门审批。

贷款结清后,借款人从建设银行领取"贷款结清证明",取回抵押登记证明文件及保险单正本,并持建设银行出具的"贷款结清证明"到原抵押登记部门办理抵押登记注销手续。

六、个人住房公积金的提取和使用

（一）职工有下列情形之一的，可以申请提取职工本人住房公积金账户内的存储余额

（1）购买、建造、翻建或大修具有所有权的自住住房的。

（2）偿还购房贷款本息的。

（3）租房自住的。

（4）离休、退休（或达到法定退休年龄）的。

（5）完全丧失劳动能力，并与所在单位终止劳动关系的。

（6）出境定居的。

（7）非本市户口职工与单位终止劳动关系的。

（8）户口迁出本市，并与所在单位终止劳动关系的。

（9）下岗、失业人员，男性45岁（含45岁）、女性40岁（含40岁）以上，且连续下岗、失业12个月以上的。

（10）职工死亡或被宣告死亡，其继承人、受遗赠人可以提取职工住房公积金账户内存储余额的。

依照上述1~3项提取的，提取金额保留到十位整数；依照4~10项提取的，需同时注销职工住房公积金账户。

职工购买、建造、翻建、大修自住住房时，若提取本人名下住房公积金不足时，对房屋拥有所有权的家庭成员可以提取本人住房公积金账户内的存储余额，但所提住房公积金总额不得超过购买、建造、翻建、大修自住住房的费用或偿还购房贷款本息。在申请提取本人住房公积金账户内的存储余额时，需提供产权证明（配偶需提供结婚证或户口簿）及上述有关证明材料。

（二）住房公积金的申请提取时间

（1）非按揭购买自住住房的，在支付房款后两年内提出申请，以后每半年提取一次，至提取额达到实际支付的购房款。

（2）偿还购房贷款本息的，在还款期内提出申请，以后每半年提取一次，至提取的住房公积金总额达到实际支付的首期房款和已偿还贷款本息之和。

（3）建造、翻建、大修自住住房的，在批文有效期内提出申请，只能申请提取一次，且所提取的住房公积金总额不能超过建造、翻建、大修自住住房的费用。

（4）租房自住的，在租赁合同期内提出申请，以后每半年提取一次，至提取的住房公积金总额达到实际支付的房租。

（三）申请提取住房公积金的职工需提交的证明材料

以广州市为例，住房公积金提取条件及须提供的证明材料见表4.2。

表4.2 广州市住房公积金提取条件及须提供的证明材料一览表

项目	提取条件			相关证明材料	备 注
部分提取	1 购房	非按揭购买自住住房的（支付房款后两年内提出申请）	一手楼	提取时需提供：商品房买卖合同（或预售契约）、购房发票（或契税完税证）、身份证原件及复印件一份	①以发票或收据的日期计算，每半年提取一次至提取额达到实际支付的购房款；②购房合同、预售契约须经房管部门监证；③购买拍卖房的，需提供拍卖成交确认书；④购买房改房的，需提供缴款明细表，只能提取一次且累计提取总额不能超过实际支付的购房款；⑤已办理房地产权证，无法提供购房合同的，需提供房地产权证及购房发票
			二手楼	提取时需提供：房地产权证（或借款合同）、契税完税证、身份证原件及复印件一份	
			征地补偿购买面积	提取时需提供：房屋拆迁安置协议、购买增大住房面积发票、身份证原件及复印件一份	所提取的住房公积金总额不能超过购买增大住房面积的费用
		偿还购房贷款本息的（还款期内提出申请）	一手楼、二手楼	提供首期房款原始凭证原件。提取时需提供：商品房买卖合同（或借款合同）、购房发票（或契税完税证）、身份证原件及复印件一份	①每半年提取一次至提取的总额达到实际支付的首期房款和已偿还贷款本息之和；②借款合同上未注明首期款的，需提供首期款发票（或收据）；③借款合同上未注明产权共有人的，需提供购房合同复印件以核定共同提取人
	2 交房租（租赁合同期内提出申请）			提取时需提供：租赁合同（经房管部门登记备案的合同或与单位签订的公房租赁合同）、租金发票、身份证原件及复印件一份	每半年提取一次，至提取的住房公积金总额达到实际支付的房租
	3 自建房（在批文有效期内提出申请）			镇（乡）以上城建部门同意用地证明（或房地产权证）、镇（乡）以上规划部门同意建房的批文、购买建筑材料发票（或收据）、身份证原件及复印件一份	只能提取一次，且所提取的住房公积金总额不能超过建造自住住房的费用
	4 翻建、加建（在批文有效期内提出申请）			镇（乡）以上城建部门同意翻建的批文、房地产权证、购买建筑材料发票（或收据）、身份证原件及复印件一份	只能提取一次，且所提取的住房公积金总额不能超过翻建自住住房的费用

项 目		提取条件	相关证明材料	备　注
部分提取	5	大修住房(在批文有效期内提出申请)	房屋安全鉴定证明(镇(乡)以上房屋安全鉴定机构出具)、房地产权证、修缮费用发票或收据、身份证原件及复印件一份	①只能提取一次,且所提取的住房公积金总额不能超过大修自住住房的费用;②大修是指需要牵动或拆换住房部分主体构件,但不需全部拆除住房。需要大修的房屋指房屋完损等级被评定为严重损坏房或危险房的
		拥有房屋所有权的家庭成员	提取时需提供:产权证明(配偶需提供结婚或户口簿)及上述有关证明材料、身份证原件及复印件一份	①每半年提取一次至提取的总额达到实际支付购房款额;②拥有房屋所有权的家庭成员指房屋产权人的配偶
销户提取	1	离休、退休(或达到法定退休年龄)	离、退休证、身份证原件及复印件一份	
	2	完全丧失劳动能力,并与所在单位终止劳动关系	市级以上医院证明、职工与所在单位终止劳动关系证明、身份证原件及复印件一份	
	3	户口迁出本市,并与所在单位终止劳动关系	户口迁出证明、职工与所在单位终止劳动关系的证明、身份证原件及复印件一份	
	4	出境定居	签证、护照	
	5	非本市户口职工与单位终止劳动关系	与单位终止劳动关系证明、身份证原件及复印件一份	
	6	失业(或下岗)人员,男性45岁(含45岁),女满40岁(含40岁),且连续失业(或下岗)12个月以上	下岗证(或失业证)、身份证原件及复印件一份	失业证(或下岗证)上时间未满一年,实际失业满一年的,需提供劳动手册
	7	职工死亡或被宣告死亡,其继承人、受遗赠人申请提取	户口簿、经公证机关公证的合法继承身份证明、身份证原件及复印件一份	①由继承人或受遗赠人办理;②有多名继承人或受遗赠人的,需指定一名继承人或受遗赠人办理,且需提供经公证机关公证的委托书

续表

项 目	提取条件	相关证明材料	备 注
其他	公积金由中心托管的职工（符合提取条件）	公积金查询卡（或专用折）及上述有关证明材料	到公积金中心办理提取手续

注：①每次提取公积金时，需先到单位或银行领取并填写"个人住房公积金使用（销户）提取申请表"一式三份，并经单位盖章。

②本人不能亲自办理提取，委托他人办理的，还需提供经公证机关公证的委托书及职工本人、受委托人身份证原件及复印件一份。

③职工委托单位代办的，单位需先填写《住房公积金提取委托书》《住房公积金提取委托明细表》。

（四）提取程序

（1）符合上述规定的职工到住房公积金开户银行领取并填写提取申请表，持有关证明材料到开户银办理审核、提取手续。

（2）因购买自住住房申请提取本人住房公积金的，每次提取时均需提供房屋产权证（或借款合同、商品房买卖合同）及购房发票（或契税完税证）等房屋产权证明材料；因租房自住申请提取本人住房公积金的，每次提取时，需提供房屋租赁合同及租金发票。

（3）原单位撤销、解散或者破产的，职工住房公积金在上级主管部门托管的，职工提取住房公积金时，由上级主管部门核实并加具意见后，持有关证明材料到开户银行办理审核手续；无上级主管部门，且职工住房公积金在广州市住房公积金管理中心托管的，持有关证明材料到广州市住房公积金管理中心办理审核手续。

七、相关政策及规定

（1）1999年4月3日国务院令第262号发布，并根据2002年3月24日《国务院关于修改〈住房公积金管理条例〉的决定》修订的《住房公积金管理条例》。

（2）1999年1月4日，中国人民银行广州分行、广州市住房制度改革办公室发布了《广州市住房公积金个人住房抵押贷款实施办法》（广州银营发[1992]2号），并于2004年6月1日被广州市住房公积金管理委员会、中国人民银行广州分行发布的《关于修订〈广州市住房公积金个人住房抵押贷款实施办法〉的通知》修订。

（3）2003年9月30日，穗公积金管委会[2003]1号文发布的《关于提取住房公积金有关问题的通知》。

（4）2008年11月25日广州市住房公积金管理委员会发布，并自同年12月1日起执行的《关于提取住房公积金有关问题的补充通知》规定：

①购买自住住房提取住房公积金的，当所购房产所有权发生变化，提取人不再拥有该房产所有权时，因该项购房行为而产生的提取资格将自动丧失。

②租房自住申请提取住房公积金的,按以下规定执行:

a.在广州市行政区域内无自有产权住房,且所租房屋在本市行政区域内。

b.在广州市行政区域内租房自住的,自签订租赁合同之日起半年内提出申请,逾期视为自动放弃,以后每半年提取一次,至租赁期满。累计提取的住房公积金不超过自签订租赁合同之日起实际发生月份的房租总额。月提取额度按以下规定计算:

- 住房公积金月提取额不得超过当月租金;
- 所租房屋建筑面积超过 90 m² 的,超出部分的面积不计入可提取额度;
- 住房公积金月提取额不超过上年度本市职工月平均工资 2 倍的 30%。

c.因购买自住住房申请提取本人住房公积金的,每次提取时均需提供房屋产权证(或借款合同、商品房买卖合同)及购房发票(或契税完税证)等房屋产权证明材料;因租房自住申请提取本人住房公积金的,每次提取时,需提供房屋租赁合同及租金发票。

(5)2006 年 4 月 7 日,广州市住房公积金管理委员会发布的《关于调整住房公积金缴存比例和缴存基数的通知》(穗公积金管委会[2006]2 号)规定,每个单位只能选择一个单位缴存比例,个人缴存比例应当等于或高于单位缴存比例。

业务咨询

1.失业阶段买房,能不能申请公积金贷款?

2.在住房公积金管理中心缴存住房公积金,能否申请公积金贷款购买商铺?

3.符合贷款条件的借款人能否多次享受住房公积金贷款?

4.二手楼公积金贷款与一手楼有什么区别?

5.具备怎样的条件,夫妻才能贷到 80 万元的公积金贷款?

6.职工大修承租的住房或只拥有使用权的住房,可否提取住房公积金?

7.大修的具体含义是什么? 装修能否提取住房公积金?

8.本市户口职工到本市以外地区工作,能否提取住房公积金?

9.非本市户口职工与所在单位终止劳动关系的,可否支取住房公积金?

10.职工购买、建造、翻建、大修房屋的,其家庭成员可否提取各自名下的住房公积金?

11.同户的直系血亲可否提取他们自己的住房公积金支援其亲属买房?

技能训练

1.如果客户需要用住房公积金贷款 1 万元,贷款期限为 7 个月,采用到期一次还本付息的方式,则到期时还款额为多少?

2.请向客户简述住房公积金个人住房抵押贷款的办理流程。

3.假如有一职工,男 35 岁,符合公积金贷款条件,申请公积金贷款时上个月公积金汇储额为 420 元,住房公积金账户余额为 3 500 元,离法定退休年龄还有 25 年,若要购买一套 40 万元的二手商品房,按现行住房公积金个人贷款政策规定,可以申请住房公积金贷款多少元?

4. 假定一个女大学生开始工作是 24 岁,经过 2 年的工作想要购买一套二手房,每月工资是 3 000 元。公司和个人都选择只交 7% 的公积金比例,那么每月的公积金缴存数为多少,可贷公积金为多少,有没有达到最高个人可贷额度?

5. 假定有一对年轻夫妇,男 28 岁、女 25 岁,申请公积金贷款时上个月公积金汇储额分别为 230 元和 200 元,两人名下住房公积金本息金额分别为 2 100 元和 1 800 元,离法定退休年龄分别是 32 年和 30 年,若要购买一套 50 万元的一手商品房,按现行住房公积金个人贷款政策规定,可以申请住房公积金贷款多少元?

工作任务三　商业银行个人住房抵押贷款业务办理

任务场景

王女士现有一套福利房需在年底前缴纳首付款 20 万元,所以急需现金。她在天河区有一套物业本想出售,但售价一直不理想。这套物业曾在农行做过一次贷款,贷款结清且还款记录良好,如果将此物业作抵押物,房产评估价约为 65 万元。王女士希望通过抵押她名下的这套物业以获得现金交福利房的首付款,并希望利用银行利率下浮的优惠政策,减少供款压力。现在王女士来到中介公司就此向房地产经纪人咨询该怎么处理该套物业。

任务描述

请根据上述背景资料,以房地产经纪人的身份,帮助客户王女士办理商业银行个人住房抵押贷款业务。因此,本模块要求学生完成以下学习任务:a. 熟悉商业银行个人住房抵押贷款的申请条件及贷款流程;b. 能够协助客户做好商业贷款申贷资料的准备工作;c. 能够回答客户关于贷款额度和贷款期限、首付款比率及贷款利率等相关咨询;d. 熟悉目前银行推出的主流房贷新品;e. 能够帮助客户选择合理的还款方式和贷款方案。

相关知识

一、基本情况介绍

商业银行个人住房抵押贷款,又称"个人住房按揭贷款",是银行用其信贷资金所发放的自营性贷款,主要用于支持个人在中国大陆境内城镇购买、大修住房。此外,各大银行也相继推出了许多房贷新品,以满足客户多种融资需求。

住房公积金贷款方式限于交纳了住房公积金的单位职工使用,限定条件比较多。

所以,未缴存住房公积金的人以及已缴存住房公积金但不符合公积金申贷条件的人无缘申贷,但可以申请商业银行个人住房抵押贷款,也就是银行按揭贷款。只要购房人在贷款银行的存款余额占购买住房所需资金额的比例不低于30%,并以此作为购房首期付款,且有贷款银行认可的资产作为抵押或质押,或有足够代偿能力的单位或个人作为偿还贷款本息并承担连带责任的担保人,那么就可申请使用银行按揭贷款。与住房公积金贷款相比,商业银行个人住房抵押贷款具有办理手续简便、贷款用途广泛、担保方式简单、还款方式灵活、还款选择自由等特点。

由于各商业银行各自不同的市场定位,其贷款的发放也有各自的特点,并在贷款对象、贷款金额、贷款方式、贷款利率、效率流程上都存在一定差异,但总体来说,各商业银行贷款基本上都遵循相同的贷款政策和原则,即《贷款通则》和《担保法》来发放贷款。下面以中国工商银行为例对商业银行个人住房抵押贷款政策进行简要介绍。

二、贷款对象及申请条件

(一)贷款对象

个人住房抵押贷款的借款人应是:

(1)具有完全民事行为能力的自然人,年龄在18(含)~65(不含)周岁,并且借款人具有良好的信用记录和还款意愿。

(2)外国人以及港、澳、台居民为借款人的,应在中华人民共和国境内居住满一年并有固定居所和职业,贷款用于购房的,还须满足我国境外人士购房有关政策。

(二)申请条件

(1)具有完全民事行为能力的自然人,年龄在18(含)~65(不含)周岁;外国人以及港、澳、台居民为借款人的,应在中华人民共和国境内居住满一年并有固定居所和职业,贷款用于购房的,还须满足我国境外人士购房有关政策。

(2)具有合法有效的身份证明、户籍证明(或有效居留证明)及婚姻状况证明(或未婚声明)。

(3)具有良好的信用记录和还款意愿,无不良信用记录。

(4)具有稳定的收入来源和按时足额偿还贷款本息的能力,借款人每月的总负债(借款人名下全部贷款的合计还本付息额)最高不得超过其月均收入的50%,还款方式为非分期还款的,借款人贷款期间本息合计不得超过其同期累计收入的50%,或具有足以覆盖到期还款本息的个人金融资产。

(5)有明确的贷款用途,贷款用途符合国家法律、法规及有关规定,承诺贷款不以任何形式流入证券市场、期货市场和用于股本权益性投资、房地产项目开发,不用于借贷牟取非法收入,以及其他国家法律、法规明确规定不得经营的项目。

(6)能提供工商银行认可的合法、有效、可靠的房屋抵押或担保。

(7)在工商银行开立个人结算账户。

(8)银行规定的其他条件。

三、贷款额度和贷款期限

(一)贷款额度

贷款额度由银行根据借款人资信状况及所提供的担保情况确定具体贷款额度。

(1)以个人住房抵押的,贷款金额最高不超过抵押物价值的70%。

(2)以个人商用房抵押的,贷款金额最高不超过抵押物价值的60%。

(二)贷款期限

贷款期限最长不超过5年,对贷款用途为医疗和留学的,期限最长可为8年(含),不展期。

说明:房地产经纪人在实际工作时,应从客户的实际情况出发,为客户选择合理的贷款期限。从实际角度看,期限越长的抵押贷款所支付的利息占贷款总额的比例就越高,而且随着收入增长,过长的期限会造成过小的每月付款额,从而带来不必要的利息支出。因此,对资金充裕、并有投资意愿的人来说,长期贷款比较有利,可以借入长期资金,同时对外作出短期投资,回报足以偿还长期借贷并有盈余;对于资金紧张的购房人,除了还贷以外,没有更多的钱做其他投资,所以应首先考虑避免支出过多利息,应以中短期(10~15年)贷款比较合适。

四、贷款利率和还款方式

(一)贷款利率

目前,商业银行个人住房抵押贷款利率按照《中国人民银行关于下调金融机构人民币存贷款基准利率和人民银行对金融机构存贷款利率的通知》(银发[2008]339号)中规定的同期同档次期限利率执行,具体见表4.3、表4.4。

表4.3 金融机构人民币贷款基准利率表

项 目	利率/%
	2008年12月23日
一、短期贷款	
六个月以内(含六个月)	4.86
六个月至一年(含一年)	5.31
二、中长期贷款	
一至三年(含三年)	5.40
三至五年(含五年)	5.76
五年以上	5.94

表4.4　个人住房商业贷款利率以及等额本息法万元供款一览表

年限	期数	下限利率			基准利率		
		月利率/‰	年利率/%	月供款额/元	月利率/‰	年利率/%	月供款额/元
1	12	3.098	3.717	850.21	4.425	5.31	857.50
2	24	3.15	3.78	433.27	4.5	5.4	440.51
3	36	3.15	3.78	294.26	4.5	5.4	301.51
4	48	3.36	4.032	225.93	4.8	5.76	233.75
5	60	3.36	4.032	184.31	4.8	5.76	192.21
6	72	3.465	4.158	157.17	4.95	5.94	165.45
7	84	3.465	4.158	137.42	4.95	5.94	145.80
8	96	3.465	4.158	122.63	4.95	5.94	131.12
9	108	3.465	4.158	111.15	4.95	5.94	119.76
10	120	3.465	4.158	102.00	4.95	5.94	110.72
11	132	3.465	4.158	94.53	4.95	5.94	103.36
12	144	3.465	4.158	88.32	4.95	5.94	97.27
13	156	3.465	4.158	83.09	4.95	5.94	92.16
14	168	3.465	4.158	78.62	4.95	5.94	87.80
15	180	3.465	4.158	74.76	4.95	5.94	84.06
16	192	3.465	4.158	71.40	4.95	5.94	80.82
17	204	3.465	4.158	68.45	4.95	5.94	77.98
18	216	3.465	4.158	65.84	4.95	5.94	75.48
19	228	3.465	4.158	63.51	4.95	5.94	73.27
20	240	3.465	4.158	61.43	4.95	5.94	71.30
21	252	3.465	4.158	59.56	4.95	5.94	69.54
22	264	3.465	4.158	57.87	4.95	5.94	67.95
23	276	3.465	4.158	56.34	4.95	5.94	66.53
24	288	3.465	4.158	54.94	4.95	5.94	65.24
25	300	3.465	4.158	53.66	4.95	5.94	64.06
26	312	3.465	4.158	52.49	4.95	5.94	63.00
27	324	3.465	4.158	51.41	4.95	5.94	62.02
28	336	3.465	4.158	50.42	4.95	5.94	61.13

续表

年限	期数	下限利率			基准利率		
		月利率/‰	年利率/%	月供款额/元	月利率/‰	年利率/%	月供款额/元
29	348	3.465	4.158	49.51	4.95	5.94	60.32
30	360	3.465	4.158	48.66	4.95	5.94	59.57

说明：① 本表个人住房商业贷款利率从 2008 年 12 月 23 日开始执行,表中的下限利率是相应
期限档次贷款基准利率的 0.70 倍。
②本表月供款额依据等额本息还款方式计算。
③本表仅供参考。

(二)还款方式

(1)贷款期限在 1 年(含)以内的,可采用按月还息,按月、按季、按半年或一次还本的还款方式。

(2)贷款期限超过 1 年的,借款人可选择等额本息、等额本金等多种还款方式,按月偿还贷款本息。

五、申贷资料及贷款流程

(一)申贷资料

借款申请人向银行提出申请,书面填写申请表,同时提交如下资料:

(1)有效身份证件。

(2)常住户口证明或有效居住证明,及固定住所证明。

(3)婚姻状况证明。

(4)收入证明或个人资产状况证明。

(5)房屋抵押的相关资料:

①抵押房屋的房屋所有权证,抵押房屋财产所有人(含法定共有人)的身份证件、婚姻状况证明、同意抵押的书面证明;

②按规定需对抵押物价值进行评估的,应提供评估报告;

③抵押住房免于评估的,应提供符合免于评估条件的相关证明材料,包括交易合同或上一次评估报告等。

(6)贷款用途使用计划或声明。

(7)银行要求提供的其他资料。

说明:随各银行具体要求的不同,应提交的材料会有所不同。

(二)贷款流程

(1)客户申请。客户向工商银行提出申请,填写书面申请表,同时提交相关资料。

（2）签订合同。工商银行对借款人提交的申请资料审核通过后,双方签订借款合同、担保合同,视情况办理相关公证、抵押登记手续等。

（3）发放贷款。经工商银行审批同意发放的贷款,办妥所有手续后,工商银行按合同约定以转账方式向借款合同约定用途的交易对象或借款人指定个人结算账户发放贷款。

（4）按期还款。借款人按借款合同约定的还款计划、还款方式偿还贷款本息。

（5）贷款结清。贷款结清包括正常结清和提前结清两种:

①正常结清:在贷款到期日（一次性还本付息类）或贷款最后一期（分期偿还类）结清贷款。

②提前结清:在贷款到期日前,借款人如提前部分或全部结清贷款,须按借款合同约定,提前向工商银行提出申请,由工商银行审批后到指定会计柜台进行还款。

贷款结清后,借款人应持本人有效身份证件和工商银行出具的贷款结清凭证领回由银行收押的法律凭证和有关证明文件,并持贷款结清凭证到原抵押登记部门办理抵押登记注销手续。

六、房贷新品介绍

由于我国存在利率管制,各家商业银行在利率水平上没有多少竞争空间,因此纷纷在还款方式等方面做文章,推出了各种类型的房贷新产品,如"固定利率"、"双周供"、"接力贷"、"直客式",等等。这些产品可以更灵活地适应不同客户的还款需求,有些产品还可以起到变相降低实际贷款利息的作用。这些房贷产品从功能上可以分成五大类:一是省利息;二是减轻资金压力;三是帮客户避免多余支出,如罚息;四是边供房边理财;五是固定利率避免风险、稳健理财。房地产经纪人应广泛收集各家银行的贷款政策,认真加以比较,并根据客户自身的经济情况,为客户量身打造最适合的房贷方式,减轻客户的供房压力。

（一）省利息,可选择"短贷低供"

目标:减轻前期还款压力,享受短贷优惠利率。

一般情况下,贷款期限越短,月供金额越多。但从中国人民银行公布的金融机构人民币贷款基准利率来看,贷款年限短的,执行的房贷利率相对低些。据此,目前一些银行推出了看似"违背常规"的"短贷低供"产品。而这类产品尤其适合新入职的白领人士,这类人收入高,但存款少;他们有提前还贷意愿,暂时又没有提前还贷能力,但可以在未来5～10年里攒到这笔钱。

例如:深圳发展银行的"气球贷",客户可以选择一个较短的贷款期限（3年、5年或10年）,但却可以和银行约定以较长的期限（如30年）来计算每月还款额。由于"气球贷"的期限较短,客户可以享受对应的较低贷款利率,每月还款压力自然减少,实现轻松还贷。同时,客户要在贷款到期日（3年、5年或10年）一次性偿还剩余本金和利息。招商银行的"自主供"也属于此类产品。

（二）资金紧张的，可选择"入住还款"

目标：入住前只还利息不还本金，解决短期内资金不足的问题。

如果客户已办理好了贷款手续，但还需要一段时间进行装修才能入住，可以选择一些银行推出的"入住还款法"。如招商银行的"入住还款"法，贷款人可以在办理住房贷款时，与银行约定半年到1年的宽限期，在此期间，客户只需还利息不用还本金，并可按月或按季付息，期满后再回复正常的按揭贷款的还本付息。其他银行也推出了类似的贷款产品，如浦发银行的"多样性还款"、中国农业银行的"还款假日计划"等，都可以提供此类贷款产品。

（三）边供房边理财，可选择"随借随还"

目标：房贷还款后可再借出来，买理财产品赚利差。

现在很多银行都推出了与房贷挂钩的理财产品，即把还给银行的钱再借出来理财，赚取中间利差。例如：民生银行的"随借随还"产品，在客户需要资金时，可随时把提前还贷的部分支取出来，为客户节省贷款利息的同时，满足客户临时资金需求。光大银行的"天天省"住房贷款、招商银行的"个人贷款随借随还"业务、深圳发展银行的"循环贷"也都有类似的理财功能。

（四）放宽还款期限，可选择"还款宽限"

目标：根据客户收入变化，放宽还款限制，把还款时间点变时间段。

有的商业银行推出了根据客户收入变化来选择还款方式的产品，如兴业银行推出的"随薪供"产品，如果客户受到经济形势下滑的影响面临着收入下降的风险，就可以向银行提出申请，在一定期限内暂缓偿还本金，这一期限可以长至3年。这样，在应对危机的日子里，还款压力可以得到暂时缓解，使正常生活不受影响。同时，也避免了客户因不能及时还款所造成的罚息及不良信用记录等损失。

（五）锁定利率挑战期权

目标：提前锁定利率，规避未来利率风险

为避免未来房贷利率变动的风险，购房者可选择各大银行推出的"房贷利率期权"业务，提前锁定利率，让个人财务预算更加稳健、清晰。借款人在与银行签订贷款合同的同时，即设定好固定的利率和对应的固定期间，不论固定期间内银行利率如何变动，借款人都按照合同约定的固定利率支付利息。例如：中国银行"固定利率"贷款、光大银行"固定利率"贷款等。

当然，除了上述5种目前常见的买房贷款理财方式外，各大银行还根据客户的不同特点陆续推出了其他类型的房贷产品。这些住房贷款产品无所谓好和坏，适合客户自身的特点就是最好的。以下就以广州为例，对各大银行的住房政策做一个简单比较，见表4.5。

表4.5 各大银行个人住房贷款政策一览表

贷款银行	最高期限/年	成 数	贷款利率	可选择的还款方式
中国工商银行	30	首套房最高八成;二套及以上房最高六成	首套下调30%;二套利率上浮10%	等额本息;等额本金;个人贷款自由行等
中国银行	30	首套房144 m²以下最高八成;二套及以上房最高七成	普通自住首套下调30%;二套以上下浮动5%~15%	等额本息;等额本金;固定利率贷款等
中国建设银行	30	首套最高为八成	普通自住首套利率下调30%	等额本息;等额本金;等额递增还款法等
中国农业银行	30	普通自住首套最高八成;非普通住房不超75%,非自住不超七成	普通自住房首套下调30%;非普通住房不下调	等额本息;等额本金;等额递增;等额递减等
深圳发展银行	30	最高八成	普通自住房首套利率下调30%	等额本息;等额本金;循环贷;存抵贷;双周供;气球贷等
广东发展银行	30	首套最高七成;二套最高六成,二套以上55%	普通自住房首套利率下调30%;二套上浮10%,三套上浮15%	等额本息;等额本金
上海浦发银行	30	首套最高八成	普通自住房首套利率下调30%	等额本息;等额本金还款法
招商银行	30	首套最高八成	普通自住房首套利率下调30%	等额本息;等额本金;随借随还;自主月供等
中国光大银行	30	首套与二套最高八成;三套最高七成	首套下调30%,二套下调18%;第三套按基准利率执行	等额本息;等额本金还款法等
中国民生银行	30	首套最高八成;二套及以上最高六成	首套利率下调30%;二套及以上利率上浮10%	等额本息;等额本金;组合还款法;个人自助循环贷款等
兴业银行	30	首套最高八成;二套及以上最高六成	首套利率下调30%;二套及以上利率上浮10%	等额本息;等额本金还款法等

续表

贷款银行	最高期限/年	成　数	贷款利率	可选择的还款方式
花旗银行	15	最高六成	可专享房贷特别优惠	等额本息;等额本金还款法等
东亚银行	30	最高为房产评估价的七成	执行中国人民银行规定的同档次住房贷款利率	等额本息;等额本金还款法等

资料来源:http://product.hpmoney.cn。

需要注意的是,银行的个人住房贷款政策会经常发生变化,并且同一家银行不同分行的贷款政策都可能不同,具体的办理方式需要房地产经纪人与客户协商并选定银行后,再就具体事项与客户进行进一步地沟通。

七、相关政策及规定

(1)2008 年 3 月 20 日,《中国人民银行关于下调金融机构人民币存贷款基准利率和人民银行对金融机构存贷款利率的通知》(银发〔2008〕339 号)。

(2)2007 年 9 月 27 日,《中国人民银行、中国银行业监督管理委员会关于加强商业性房地产信贷管理的通知》(银发〔2007〕359 号)。

①对个人购买自住住房贷款的相关规定:

a. 商业银行应重点支持借款人购买首套中小户型自住住房的贷款需求,且只能对购买主体结构已封顶住房的个人发放住房贷款。

b. 商业银行应提请借款人按诚实守信原则,在住房贷款合同中如实填写所贷款项用于购买第几套住房的相关信息:

● 对购买首套自住房且套型建筑面积在 90 m^2 以下的,贷款首付款比例(包括本外币贷款,下同)不得低于 20%;

● 对购买首套自住房且套型建筑面积在 90 m^2 以上的,贷款首付款比例不得低于 30%;

● 对已利用贷款购买住房、又申请购买第二套(含)以上住房的,贷款首付款比例不得低于 40%,贷款利率不得低于中国人民银行公布的同期同档次基准利率的 1.1 倍;

● 贷款首付款比例和利率水平应随套数增加而大幅度提高,具体提高幅度由商业银行根据贷款风险管理相关原则自主确定,但借款人偿还住房贷款的月支出不得高于其月收入的 50%;

● 商业银行不得发放贷款额度随房产评估价值浮动、不指明用途的住房抵押贷款。

　　• 对已抵押房产,在购房人没有全部归还贷款前,不得以再评估后的净值为抵押追加贷款。

　　②对商业用房购房贷款的相关规定:

　　a. 利用贷款购买的商业用房应为已竣工验收的房屋。

　　b. 商业用房购房贷款首付款比例不得低于50%,期限不得超过10年,贷款利率不得低于中国人民银行公布的同期同档次利率的1.1倍,具体的首付款比例、贷款期限和利率水平由商业银行根据贷款风险管理相关原则自主确定;

　　c. 对以"商住两用房"名义申请贷款的,首付款比例不得低于45%,贷款期限和利率水平按照商业性用房贷款管理规定执行。

　　(3)2007年12月5日,《中国人民银行、中国银行业监督管理委员会关于加强商业性房地产信贷管理的补充通知》(银发〔2007〕452号)规定:

　　①以借款人家庭(包括借款人、配偶及未成年子女)为单位认定房贷次数。

　　②对于已利用银行贷款购买首套自住房的家庭,如其人均住房面积低于当地平均水平,再次向商业银行申请住房贷款的,可比照首套自住房贷款政策执行,但借款人应当提供当地地产管理部门依据房屋登记信息系统出具的家庭住房总面积查询结果。当地人均住房平均水平以统计部门公布上年度数据为准。其他均按第二套房贷执行。

　　③已利用住房公积金贷款购房的家庭,再次向商业银行申请住房贷款的,按前款规定执行。

八、个人住房组合贷款

　　住房公积金管理中心可以发放的公积金贷款有一个最高限额,如果购房款超过这个限额,不足部分要向银行申请商业银行个人住房抵押贷款,这两种贷款形式合在一起称之为个人住房组合贷款。此项业务可由同一家银行的房地产信贷部门统一办理。个人住房组合贷款利率较为适中,贷款金额较大,因而较多地被贷款者选用。

　　借款人在申请个人住房组合贷款时,应注意以下几点:

　　(1)所购住房应该符合申请银行的住房公积金个人住房抵押贷款和商业银行个人住房抵押贷款的购房贷款范围。

　　(2)借款人应同时具备住房公积金个人住房抵押贷款和商业银行个人住房抵押贷款的申请资格和申请条件。

　　(3)申请个人住房组合贷款的最高额度不得超过所购房价的70%。

　　(4)申请个人住房组合贷款中住房公积金个人住房抵押贷款部分,按个人住房公积金贷款利率计算;商业银行个人住房抵押贷款部分,按选定银行具体住房贷款政策中规定的房贷利率计算。

业务咨询

1. 魏先生今年 35 岁,在一家国企上班,因为每个月单位都会帮他缴存公积金,因此几年下来他的公积金存折里已经攒下好几万元。现在想再买一套二手房,魏先生问,如果他选择用商业贷款,可不可以把公积金存折里的钱支取出来交首期? 如果他采用的是公积金贷款,银行是否每个月会自动从公积金存折里面扣取月供,不需要他在银行存折里存钱供楼? 如果你接到魏先生的咨询电话,你将如何回答?

2. 曾先生今年 56 岁,现已退休,每月有 2 000 多元的退休金,除了自己住的房子外,另外有两套房子在出租,每月有固定的租金收入 5 000 多元。同时,曾先生在银行账户上还有定期存款 30 万元左右。最近,曾先生想贷款购买一套住房以做投资之用。请问,曾先生能否向银行申请房贷? 银行在审批贷款时依据什么样的标准?

3. 刘先生在银行本来已有三笔住房贷款,现在想用另外三套房子办理抵押贷款,他的要求是:贷款年限一定超过 10 年,贷款利率一定要下浮,贷款金额 150 万 ~ 200 万元,资金用途是想购买商铺。如果你是一名房地产经纪人,你如何帮助刘先生找到合适的贷款方案?

4. 林先生是一间服装加盟店的经营者,由于该店还处于起步阶段,因此急需一笔资金以缓解目前流动资金不足的现状。林先生现在有三套房贷在供,其中有一套锦绣香江的物业在押于深圳发展银行,贷款期限是 10 年,还款压力比较大,林先生希望能增加贷款期限来降低供款压力,你能帮助他吗?

5. 陈先生想购买一套价值 37 万元的物业,但他名下的公积金贷款只能贷 25.9 万元,加上手头资金还是不够房款,同时他还有一套物业在天河区,如果你是房地产经纪人,如何为其进行抵押贷款,并使其享受利息下浮的优惠政策?

6. 谢先生想购买一套成交价 180 万元、123 m^2 的房子,并想用住房公积金贷款。公积金最高贷款成数为七成,谢先生尚需首付 54 万元,但目前手头资金不够支付这笔款项。谢先生曾于 2005 年购买过一套房子,这套房曾向中国银行贷款,并于 2007 年还清该笔贷款。现在,谢先生想用这套房做抵押,贷款来支付首期,想向房地产经纪人咨询一下是否可行及相关的规定。

7. 王先生在某经纪公司看中了一套价值 56 万元的二手房,随即他与业主马先生签订了房屋买卖合同。因为王先生的资金不足,因此在合同中约定王先生先支付 25 万元的首付款,其余款项将由王先生以所购房屋作为抵押品,向银行申请房屋抵押贷款后付给业主马先生。但是,由于马先生的这套二手房楼龄过长,王先生申请了几家银行都被拒绝了,目前看来贷款获得审批通过的可能性微乎其微。王先生无奈便想与马先生解除合同,要回首付款,但是马先生认为这是王先生违约,应该按约定支付他双倍的定金,而王先生却认为房贷被拒属于不可抗力,不能按违约计算赔偿金。作为一名房地产经纪人,如果你遇到此类问题,你应如何回答客户的咨询? 或者为客户防范此类风险?

技能训练

1. 一套总价为 35 万元的住房,购房者选择七成 15 年的住房抵押贷款,年利率为 4.65%,请问:购房者需要贷款多少万元? 每月等额还本付息额为多少?

2. 某客户采取商业银行住房抵押贷款 30 万元,贷款期限为 15 年,年利率为 5.31%,每月等额还本付息额为多少? 其中利息为多少?

3. 一般情况下,贷款期不到一年(含一年)的,银行一般会采用一次还本付息的方式,请你为客户列出相应的计算公式。

4. 余先生打算购买一套面积 89 m² 、成交价 95 万元的二手房,并预计短期内会再购买第二套二手住房,余先生的具体情况如下:①已婚,且夫妻双方之前都没办过贷款;②余先生月缴公积金 750 元妻子月缴公积金 700 元;③购房首付预算 40 万元,预期贷款金额 55 万元;④夫妻家庭月收入合计在 15 000 元以上。余先生想咨询一下房地产经纪人,商业性贷款和公积金贷款,哪种方式更适合他? 请从首付款、公积金贷款额度、月供、二套房贷政策等方面为客户作出选择,并阐述你的理由。

5. 指导学生通过网站、电话咨询或到银行调查等途径,了解不同银行推出的住房抵押贷款的品种及相关规定,并对银行推出的这些房贷产品的目的、适合人群、特色、优缺点等方面进行分析、比较。

6. 请向客户简述住房公积金个人住房抵押贷款和商业银行个人住房抵押贷款在贷款额度、利率水平、办理程序等方面的区别以及各自的优缺点。

工作任务四　转按揭业务办理

任务场景

汤小姐准备购买业主陈先生名下的一套商品房,该房屋在中国银行有 15 万元的按揭贷款没有还清。双方就房屋价格及物业交接方面已经达成一致,但最后在付款方式上产生了分歧。买方汤小姐准备以一次性付清的方式来取得该房屋的所有权,她不愿意替业主归还银行的剩余贷款,希望业主可以自己解决,并且可以在房屋正常过户之后再由她支付全部房款。汤小姐主要是担心自己在替房主还清贷款以后,房主不配合过户或者出现其他导致无法过户的情形,致使自己的财产发生损失。

业主陈先生卖房是为了筹集流动资金,没有多余的钱来偿还银行贷款,并且质疑买方汤小姐的付款能力,担心过户后汤小姐不能履行承诺支付全部房款,所以拒绝过户后再付款。如果你是处理该业务的房地产经纪人,请你为该案例提供一套合理、有效的解决方案。

任务描述

请根据上述背景资料,以一名房地产经纪人的身份,帮助客户汤小姐和陈先生处理个人住房抵押贷款的转按揭业务。因此,本模块要求学生完成以下学习任务:①了解转按揭业务的办理形式、办理流程以及申请资料等;②能够帮助客户进行转按揭业务的风险分析。

相关知识

一、基本情况介绍

转按揭是指已在银行办理个人住房抵押贷款的借款人,将抵押给银行的个人住房出售或转让给第三人时,向贷款银行申请并经银行同意,将个人住房抵押贷款的借款人变更为房屋的购买人或新业主的贷款。

发生转按揭的情况主要有两种:一种是借款人无力偿还贷款,房产转由银行进行处置所发生的贷款主体的变更;另一种则是由房产的转让发生了产权关系变化,使贷款主体发生改变。

由于转按揭业务涉及新、旧两笔按揭贷款的变更,对买方来说,其购房资金的安排和贷款方案相对于普通按揭贷款来说要复杂一些,并且转按揭需要考虑卖方的未还清贷款,因此买方应该申请多少贷款、可以申请到多少贷款都存在较大的变数。因此,办理转按揭业务的房地产经纪人需要具备较强的专业知识和灵活应变的能力,可根据客户的实际情况,为客户提供合理、便捷的转按揭操作方案。

二、转按揭业务的办理形式

一般情况下,转按揭业务大致有 4 种办理方式,客户可根据自己的实际情况进行选择。

(1)原业主自筹资金,提前一次性还清银行欠款,解除抵押的方式。这种方式在业主资金充裕、有能力自己还清银行欠款的情况下,双方签订房地产买卖合同之后,由房东自筹资金,一次性提前归还尚欠银行的全部贷款余额,取得还款证明后,持证明到当地政府设立的办理房产过户的房地产管理机购办理房屋注销抵押登记的手续。房东取得了该房屋的完全产权后,双方即可按照一般的二手房交易流程完成房屋买卖。这种方法的优点是,在房东取得完全产权之前,买方没有支付房款,因此买方资金的安全性高,且不需支付很多的转按揭办理手续费。

(2)双方签订房地产买卖合同之后,买方用应当支付的首期房款帮助房主归还贷款余额,解除抵押。这种方法的优点是,充分利用了资金的流动价值,盘活了买方的首期房款,双方合力解决了交易的最大障碍。但缺点是,买方的首期房款存在一定风险,如果遇到信用不良的房主,利用买方的资金帮他还贷,进而取得房屋的完全产权,再将该房屋转卖他人,买方既不能取得房屋产权,又损失了首付房款。因此,在用这种操作方法时,最好找一个双方都信任的第三方,如信誉好的中介公司、律师事务所或其他担保机构,全程控制每一个环节,消除交易风险。房东还可以委托一家担保机构提供垫资服务,补足差额,客户只需支付一笔合理的垫资服务费,就可实现融资,进而完成交易。

(3)同行转按揭。双方签订房地产买卖合同之后,共同向房东的原贷款银行申请办理转按揭手续。这种方法的优点是,无须筹措资金提前还贷,没有融资的压力,而是将房东原有的还贷义务转由买方承受,通过变更抵押登记,将抵押人从卖方变更为买方。缺点是,转按揭手续较为复杂,且不是所有银行都会受理这项业务。

(4)跨行进行转按揭。跨行转按揭,即上家原先是在一家银行贷款,而下家需要在另外一家银行申请贷款,这时由担保公司或中介公司作阶段性担保,先为买方办理贷款申请,然后用银行为下家发放的贷款资金为上家还清银行欠款,解除抵押后,买卖双方再办理房产过户手续,同时为下家进行新的房屋抵押登记。这种方法的优点是,买卖双方资金风险与成本都较小,但银行承担的风险大,因此,银行的审批手续很严,对担保机构的资质要求也很高,并且不是每一家银行都接受这项业务的,也不是每一家中介机构都能拥有办理这项业务的资质。

各地法规政策及不同银行对转按揭的态度不尽相同。例如上海、广州等城市二手房交易市场很早就开始推行转按揭业务,但是由于2005年政府开始调控房地产市场,并于2007年明令禁止取消转按揭和加按揭贷款后,转按揭业务沉寂了相当长一段时间。转按揭在实际操作中也被各大银行所禁止,力图遏制快进快出、短线炒房行为。而随着目前房贷利率进一步调低,不少未能申请到下浮30%优惠利率的客户,为获取更低利率,急于将房贷转移至其他低利率银行,部分银行为争夺这部分存量房贷客户,对这种"同名异行"的转按揭业务也已悄然解禁。

三、办理流程及申请资料

(一)申请资料

1. 买方

(1)夫妻双方的身份证、户口本、结婚证原件。

(2)买卖双方签订的买卖合同原件(2份)。

(3)夫妻双方的收入证明(含营业执照副本的复印件加盖公章,且经年检)。

(4)借款人提供学历证明(大专或大专以上)。

(5)如离异需提供离婚证。

(6)如丧偶需提供丧偶证明。

(7)外地人购房需提供暂住证原件。

2. 卖方

(1)夫妻双方的身份证、户口本、结婚证。

(2)共有人同意出售证明。

（3）卖方的按揭合同、所售房产的房产证（原按揭银行已收押的提供完整的复印件）。

（4）卖方原贷款银行的还款明细。

（5）无产权共有人的提供相应证明材料。

（6）外地人需提供暂住证。

3.注意事项

（1）贷款年限：一般情况下，普通住宅不超过 30 年；公寓、别墅不超过 10 年。有的银行还规定，房龄＋贷款年限≤35 年，其中房龄不超过 25 年。

（2）年龄：贷款人年龄＋贷款年限≤65 年。

（3）贷款额度：普通住宅不超过 70%；公寓、别墅不超过 60%。如房龄超过 5 年，则贷款额度不超过 50%。

（4）贷款利率：普通住宅按中国人民银行发布的同期个人购房贷款利率执行。

（5）还款方式为月还款（等额本息还款法和等额本金还款法任选一种）。

（6）签署所有文件必须使用黑色的签字笔或钢笔。

（二）转按揭的具体贷款流程

（1）买卖双方提供相关资料并签署银行相关的法律文书。

（2）买卖双方提供相关资料并签署担保公司相关的法律文书。

（3）银行及担保公司受理并审查该笔赎楼贷款业务。

（4）银行受理无误后出具《贷款承诺书》。

（5）售楼方与担保公司一同去公证处办理委托公证，全权委托担保公司办理赎楼及过户等手续。

（6）担保公司根据银行提供的《贷款承诺书》、《公证书》等资料，向银行出具《保证担保合同》。

（7）银行根据担保公司提供的《保证担保合同》及买卖双方签署的相关资料，审查后发放赎楼贷款。

（8）贷款发放后，立即根据借款人签署的《划款委托书》将贷款划到担保公司指定的账户。

（9）担保公司持《公证书》及售楼方提供的存折等资料到原按揭贷款银行办理提前还贷。

（10）原按揭贷款银行办理提前还贷手续，并到房地产管理部门办理《房地产证》注销抵押登记手续。

（11）担保公司持《公证书》到原按揭贷款银行领取注销抵押登记后的《房地产证》。

（12）担保公司持《公证书》及已办理注销抵押登记的《房地产证》与购楼方一同去房地产管理部门办理过户，过户后由担保公司取回《过户回执》。

（13）办妥过户后，担保公司持《过户回执》与购楼方一同去房地产管理部门领取办妥过户后的《房地产证》。

（14）银行与购楼方到房地产管理部门办理抵押登记手续，银行持《抵押回执》，一般情况下与领取过户后的《房地产证》同步进行。

（15）办妥过户后，银行持《过户回执》到房地产管理部门领取办妥抵押的贷款合同及《房地产证》；如果属于提前向购买方发放贷款赎楼的，到此时业务已完结，在向售楼方发放赎楼贷款的情况下，银行发放二手楼按揭贷款，并收回赎楼贷款。

（16）银行根据办妥抵押登记的贷款合同及《房地产证》发放二手楼按揭贷款。

（17）银行根据购楼方签署的《划款委托书》将贷款划至售楼方指定的账户。

（18）银行从售楼方指定的账户收回赎楼贷款。

四、转按揭业务的风险分析

转按揭贷款手续与普通的二手房按揭贷款手续的不同之处在于：普通的二手房按揭贷款，银行一般都是在房产办理完过户之后才放贷给卖主以支付买方的购房款。但是在转按揭中，由于卖方的房屋仍处在抵押期间，无法进行二次抵押，因此需要先发放第二笔贷款，用于还清卖方的第一笔贷款，解除抵押、取得房产证明后，才能进行房屋产权过户。因此转按揭涉及的法律关系非常复杂，对买卖双方来说，风险都很大。一般而言，在转按揭过程中容易出现以下风险：

（1）首付交尾款后，业主临时变卦不卖。转按揭流程是需将尚未还清尾款的房产解抵押，然后才能够办理接下来的流程。这里就容易产生风险，一旦业主无自行还款能力，客户需先将首付交由业主垫付尾款，此时如果业主临时变卦不卖，客户就会"哑巴"吃黄连有苦无处诉。

（2）提前还贷时间长，客户风险大。一般来说，提前还贷需要向银行预约时间，如果银行方面同意其提前还贷，借款人即可准备材料进入提前还贷的步骤，这个过程长则十天半月，最短也要 5～7 个工作日。如果遇到业主手续准备不齐全，提前还贷的时间可能会更长些。提前还贷时间越长，对于办理转按揭的客户来说风险也就越大，因为其中可变因素太多，将无法保障借款人预先支付业主首付还尾款的资金安全性。

（3）办理转按揭过程中可能无法批贷。在办理转按揭的过程中可能因为借款人个人原因导致无法批贷。尤其是在现阶段银行房贷政策从紧的背景下，转按揭业务很有可能会因为借款人信用不良或资质不合格而被银行拒签，最终导致贷款批不下来，借款人需要支付房价的全额购买房屋，资金压力会突然变大。

（4）遇到产权纠纷可能会无法过户。办理转按揭过程中，客户需要先用首付款偿还业主剩余尾款，贷款还清后才能过户。在此过程中也会有无法过户的情况出现，例如客户过户时发现购买的房屋被法院冻结或者该房屋的产权归属有问题等，这些因素都将导致买卖双方无法过户甚至会产生纠纷。

因此，房地产经纪人在办理转按揭业务时，应认真防范转按揭中有可能发生的各种风险，并凭借专业优势与银行资源，为客户进行逐一选择及匹配，让借款人避免舟车劳顿的同时尽可能地保障借款人利益不受损害。

五、相关政策及规定

(1)2007 年 9 月 27 日,中国人民银行、银监会发布了《关于加强商业性房地产信贷管理的通知》规定:

①商业银行不得发放贷款额度随房产评估价值浮动、不指明用途的住房抵押贷款。

②对已抵押房产,在购房人没有全部归还贷款前,不得以再评估后的净值为抵押追加贷款。

(2)2007 年 12 月 11 日,中国人民银行副行长刘士余在加强商业性房地产信贷管理专题会议上,明确要求要坚决取消转按揭和加按揭贷款。不得发放无指定用途、无真实交易的转按揭住房贷款。

业务咨询

背景介绍:业主刘女士手中有一套贷款 27 万元的房屋,该房屋在建设银行仍有 18 万元的贷款没有还清。由于急需用钱,刘女士将该房屋委托给房地产中介机构代其出售。客户周先生欲购此房,双方通过该中介公司签订了房屋买卖合同,同意以 30 万元的价格成交该套房屋。周先生先支付 10 万元作为购房首付款。然后,业主刘女士前往建设银行办理"按揭变更"手续,即申请提前还款,并由中介公司担保。同时,周先生也在××发展银行申请办理了 20 万元的二手房按揭贷款。然后,由××发展银行提前放贷,支付给建设银行 18 万元用于刘女士提前还贷,并解除抵押。其后,业主刘女士与中介公司办理房屋过户全权委托并予以公证。待过户成功后,中介公司将产权证重新抵押并登记,然后将房产证明交予周先生,并将周先生向广东发展银行申请的 20 万元贷款中剩余款 2 万元交予刘女士。

咨询活动:在本案例中,业主刘女士须先还清其在建设银行的剩余 18 万元房屋按揭贷款,才能进行房屋产权的过户。而买方周先生需先申请贷款并由银行提前放贷后,才能为刘女士还清其在建行的贷款,而此时刘女士的房屋产权过户手续尚未办理。作为一名房地产经纪人,如果由你来办理房屋转按揭业务,请你分析在办理的过程中会出现哪些风险?

技能训练

2007 年 4 月份购买的一套 100 万元的房子,首付 30% 后,贷款额为 70 万元,贷款期限 20 年。按等额本息还款法计算,房子的月供为 5 031.18 元,20 年利息总支出高达 507 485.08 元。从 2008 年 1 月 1 日起将执行新的利率 6.655 5%,房主决定提前还贷。请你以此案为例,对目前市场上存在的 5 种提前还贷方式进行比较,看哪种方式最经济、实惠?

第 1 种:将所剩贷款一次还清。

第 2 种:部分提前还贷,月供不变,缩短还款期限。

第 3 种,部分提前还贷,减少月供,还款期限不变。

第 4 种,部分提前还贷,减少月供,缩短还款期限。

第 5 种,部分提前还贷,增加月供,缩短还款期限。

项目五
房地产居间业务基本职业能力训练

教学目标

最终目标：能回答客户各种关于房地产居间业务问题的咨询，并能根据客户要求，按照相关政策规定进行房地产租赁居间业务、转让居间业务的处理。

促成目标：

■ 熟悉现行的房地产居间业务相关政策规定。

■ 能够正确接待客户，并根据客户需求进行配对。

■ 熟练掌握谈判技巧，促成居间业务。

■ 学会签订租赁居间合同及转让居间合同。

■ 能够准确结算房地产居间业务佣金。

工作任务

■ 认识房地产居间业务。

■ 房地产租赁居间业务处理。

■ 房地产转让居间业务处理。

工作任务一　认识房地产居间业务

任务场景

房地产市场进入二手房时代，二手房成交量超过一手房并在楼市中所占比重不断增大。二手房因其地理位置较好，价格较新房容易接受，成为许多人的第一选择。但是二手房买卖过程复杂，各个环节环环相扣，涉及买方、卖方、中介方，方方都需谨慎。小李是一名刚参加工作不久的房地产经纪人员，由于工作经验相对欠缺，面对客户提出的有关房地产居间业务方面的问题，常常感到不好处理，无所适从。

任务描述

房地产居间是最典型的一种经纪活动，由于其具有业务内容广、专业性强、涉及买卖双方等特点,在实际工作中容易产生法律纠纷。因此,本模块要求学生完成以下学习任务:a. 熟悉房地产居间的相关概念、种类以及特点;b. 能够协助客户签订房地产居间合同;c. 初步了解房地产居间业务的操作流程,为下阶段的实操训练做准备。

◈ 相关知识

一、居间的含义及特点

(一)居间及居间人的含义

在现代经济生活中,居间是指向委托人报告订立交易合同的机会或者提供订立交易合同的媒介服务,并收取委托人合理佣金的行为。

居间人是为委托人介绍订约对象或提供订约机会的人,其主要任务是在委托人与相对人之间为他们订立合同起媒介作用。居间人因从事居间活动付出一定的劳务,有权向委托人收取报酬。但是,居间人仅在委托人与第三人之间充当媒介,而无权在当事人之间的民事活动中表达自己的意志;居间人既不是委托人与第三人所订立合同的当事人,也不是任何一方的代理人,而是按约定为委托人介绍第三人,并促成委托人与第三人交易或签约的中间人。

(二)居间活动的特点

(1)居间活动服务具有商业性质。当买卖双方在居间人的居间服务作用下成交时,享受此种服务的委托人或买卖双方都要支付一定的佣金。但居间活动本身不是商品生产,不能提供实体性商品。

(2)居间活动是非连续性的活动。一旦委托事项完成,委托关系亦随之终止,不存在长期固定的合作关系。这要求居间活动尽力圆满完成委托业务工作事项。

(3)居间活动具有经营风险。由于居间活动主要是为委托方提供信息服务,居间人被委托人"甩掉"的风险比较大,易在时间、精力上遭受损失。

(4)居间活动法律性强。活动内容和行为都要符合法律规定,并受到法律保护。在活动中违反活动约定和法律规范,都要承担相应的民事责任。

二、房地产居间的含义及特点

(一)房地产居间的含义

房地产居间是指向委托人报告订立房地产交易合同的机会或者提供订立房地产交易活动的媒介服务,并收取委托人佣金的行为。如在房地产租赁交易中,经纪人向出租方、承租方提供信息,促成交易、收取佣金,就是典型的居间活动。

在房地产居间活动中,有三方参与人:一方当事人为委托人,即委托居间业务与居间人签订居间合同的当事人;另一方为居间人,即房地产经纪机构,报告订立房地产交易合同的机会或提供订立房地产交易合同的媒介人;第三方为相对人,即委托人的交易方,居间成功后与委托人签订转让、租赁或者其他合同的当事人。从中我们可以看出,居间活动成功共需签订两个合同:委托人与房地产经纪机构签订的居间合同,委托人支付居间人的佣金;委托人与相对人签订的转让、租赁等合同,双方根据合同承担各自的权利与义务。

(二)房地产居间活动的特点

1.只能以自己的名义进行活动

房地产居间中经纪人只以自己的名义为委托人报告订约机会或替交易双方媒介交易,并不具体代表其中任何一方。因此,居间人没有代为订立合同的权利。如果经纪人代理委托人签订合同,这时经纪人的身份就不是居间人,而是代理人。代理人与相对人签订合同只能以被代理人的名义,而不能以代理人自己的名义。房地产经纪人在居间活动中的法律地位与其在代理中的法律地位是不一样的。

2.房地产居间活动业务内容广

房地产居间活动可以渗透到房地产经济活动的整个过程,从房地产项目的筹划开始就可以涉足,在融资筹资、地块选取、规划设计、施工、销售各个阶段,都可以发挥牵线搭桥的作用。房地产居间业务可以包括房屋买卖居间、房屋租赁居间、房屋置换居间、土地使用权转让居间。目前我国房地产经纪还局限于房地产流通领域,即房地产的买卖、租赁居间。

3.介入房地产交易活动程度较浅

房地产居间人介入交易双方的交易活动较浅,只是向委托人报告成交机会或撮合双方成交,起到穿针引线、牵线搭桥的作用,其服务内容较为简单,参与双方交易过程的时间也比较短。

4.是一种有偿的商业服务行为

房地产居间提供的是一种有偿的商业服务,只要房地产经纪人完成了约定的居间活动,促成交易双方成交,经纪人就有权收取佣金。由于房地产的价值大,因此经纪人的佣金收入较高。

5.房地产居间业务专业性强

房地产是一种特殊的商品,交易双方投入的资金比较大,当事人对这种不动产的交易行为都比较慎重。房地产居间活动要求经纪人具有丰富的房地产业务知识及有关法律和税务知识;熟悉当地社区环境、经济条件,把握市场行情;消息灵通,反应灵敏,判断力强;诚实可靠,信誉良好,坚守职业道德。

三、房地产居间的类型

房地产居间类型的划分大致有两种标准,一是委托内容,二是交易类型。

(一)按所委托内容不同划分

依据居间人所接受委托内容的不同,可分为指示居间和媒介居间。

指示居间是指居间人仅为委托人报告订约机会的居间。所谓报告订约机会是指居间人接受一方委托人的委托，寻觅、搜索信息报告委托人，从而提供订立合同的机会。德国民法典、瑞士债务法等称此类居间人为报告居间人或指示居间人。

媒介居间是指为促成委托人与第三人订立合同进行介绍或提供机会的居间。所谓提供订立合同的媒介服务是指介绍双方当事人订立合同，居间人不仅要向委托人报告订约机会，还要进一步周旋于委托人与第三人之间，努力促成其合同成立。

(二) 按交易类型划分

目前，我国最常见的房地产居间业务是房地产租赁居间和房地产转让居间。

1. 房地产租赁居间业务

房地产租赁居间，是指房地产经纪人为使承租方和出租方达成租赁交易而向双方提供信息和机会的居间业务。房地产租赁主要包括：新建商品房的期权预租、新建商品房现房出租、存量房屋的出租和转租。目前房地产租赁居间业务多是存量房屋出租居间。

2. 房地产转让居间业务

房地产转让居间是指房地产经纪人为使转让方和受让方达成交易而向双方提供信息和机会的居间业务。转让报告买卖、赠与、交换、遗赠等，但房地产经纪人从事的房地产转让居间业务主要是指房地产买卖居间。房地产买卖可分为新建商品房买卖和二手房买卖。目前，房地产买卖居间业务以二手房地产居间业务为主，主要包括房地产委托出售、房地产委托购买两种形式。

四、房地产居间业务合同

(一) 房地产居间业务合同的含义和性质

1. 房地产居间业务合同的含义

根据《中华人民共和国合同法》第 424 条的规定：居间合同是居间人向委托人报告订立合同的机会或者提供订立合同的媒介服务，委托人支付报酬的合同。

房地产居间业务合同是指房地产经纪人接受委托，为委托方报告房地产成交机会或撮合委托人与他方成交，委托方给付佣金的合同。

2. 房地产居间业务合同的性质

房地产居间合同是以促使交易双方订立合同、达成交易为目的的委托合同，具有诺成性、双务性、不要式性和有偿性等法律特征。

房地产经纪人是中间人，既不能以一方的名义，也不能以自己的名义或为委托人的利益而充当与第三人订立合同的当事人。房地产经纪人只能按照委托人的指示和要求从事居间活动。居间合同的委托人的给付义务具有不确定性，即房地产经纪人只有促成委托人之间交易合同的成立，委托人才能支付报酬的义务。

(二) 房地产居间业务合同的主要条款

(1) 居间合同应明确双方当事人的名称(姓名)，法人单位应写明单位地址及法定代表人姓名,公民个人应写明其身份证号码。

(2)居间合同要明确委托的居间事项。委托事项须具体约定所约定的是提供订约机会,还是媒介合同的成立,所约定的事项应明确、具体。

(3)居间合同要明确居间业务的报酬以及报酬的计算方式、支付时间、支付方式。居间合同是有偿合同,居间人的报酬是居间合同的核心内容。居间人所获得的报酬习惯上称为佣金或居间费。

(4)违约责任。违约责任的形式有违约金、赔偿金。如有特殊要求,当事人可以约定保密条款等。

(5)争议解决的处理办法以及其他补充条款。

注:不同类型房地产居间合同范本可参见《房屋出售委托协议》、《房屋出租委托协议》、《房屋承购委托协议》、《房屋承租委托协议》,可登录中国房地产估价师与房地产经纪人学会网站或重庆大学出版社资源网查询、下载。

(三)不同类型房地产居间合同的注意事项

1.房地产租赁居间合同的注意事项

由于租赁交易双方权利义务关系存续时间较长,相互之间会产生较为复杂的债权债务关系,因此在房屋租赁居间合同中应补充限制性条款,以便明确房地产经纪机构与委托人各自的权利义务。

2.房地产转让居间合同的注意事项

(1)要写明转让居间房地产的详细坐落情况,尤其应标明委托房地产的产权证号、其他权利情况。已设定抵押权,权属状况不明确,被法院查封、冻结等的房地产不得转让。

(2)在佣金标准、数额、收取方式、退赔等方面要有详细规定。对居间方未完成居间合同事项的,怎样退还佣金要有明确说明。

(3)明确三方违约责任的处理办法,以避免违约条款不完善而发生纠纷。

五、房地产居间业务佣金

房地产居间活动要付出劳动,佣金即为经纪人付出劳动的代价。提取佣金比率,合理的规则是:交易额越小,提取的比例越大;交易额越大,提取的比例也就越小。

关于经纪人佣金的取得,具体可分为三个方面:

(1)在多数情况下,是由卖主支付经纪人佣金。有时买主急于寻购某一地区特定的房屋,可以与经纪人订立由买主支付佣金的代理合同。这与市场行情密切相关。如果在房地产市场上,房地产商品供大于求,买主有充分的选择余地,处于有利地位,卖主却处于不利地位时,多半由卖主雇佣经纪人来推销房地产,经纪人的佣金也就由卖主支付。反之,经纪人佣金则由买主支付。

(2)经纪人的佣金多少取决于达成交易的资金数量大小,由委托人与经纪人双方商谈或根据国家和地方有关规定来决定。同时,佣金率还应同经纪人所提供的服务质量优劣相联系。

（3）支付佣金的时间和条件，由经纪人与委托人在签订经纪合同中予以规定。在多数情况下，委托人会坚持在商品成交后支付佣金，因此经纪人在许多未成交的交易中，尽管做了大量工作，但不能得到报酬。

目前，我国对房地产居间服务的报酬没有制定统一标准。有关房地产中介服务的收费标准仅有 1995 年 7 月 17 日国家计划委员会和建设部联合发布的《关于房地产中介服务收费的通知》（计价格〔1995〕971 号）。该文件规定对房屋租赁代理和房屋买卖代理的房地产中介收费实行政府指导价。实际操作中，房地产居间服务的收费是参照代理业务的收费标准执行的。各地方也是参照以上通知自行制定相关规定。例如《重庆市物价局、重庆市国土资源和房屋管理局关于印发规范房产经营性服务收费的通知》（渝价发〔2000〕358 号）规定：房屋租赁代理收费，应本着合理、公开、诚实、信用的原则，接受自愿委托，双方签订合同，由中介服务机构与委托人协商确定租赁代理服务费；房屋买卖代理收费，按不超过成交价的 2% 计收。

技能训练

1. 举例说明现实社会中存在哪些居间活动？
2. 结合实际说说房地产居间活动与房地产销售的区别。
3. 拟订一份房地产居间合同文本，并对合同条款进行简要说明。
4. 通过走访各房地产经纪公司以及上网查询相关政策规定，了解本地房地产居间业务佣金的收费标准。

拓展案例

房地产经纪公司三连环业务

客户甲因为新购买位于天河区某花园的复式商品房住宅，为支付购房首付款和装修费，于 2005 年 3 月委托某房地产置换公司 A 店出售其位于东山区的物业。该物业为 20 世纪 80 年代末建造的多层住宅楼（共 9 层）的 6 楼，房型为一室一厅，建筑面积为 49 m²，朝向东南，三年前装修，权属为个人产权，该物业以 22 万元在"××置换网"挂牌出售。

客户乙因为工作调动和子女读书的关系，于 2005 年 5 月委托该房地产置换公司 B 店为其置换房屋，欲将其在海珠区的住宅置换到东山区或越秀区附近一房一厅或两房一厅的产权房，价格在 25 万元以下。其委托出售的房屋位于天河区 20 世纪 70 年代末建造的 6 层新村住宅的一楼，户型为一室户，居住面积 18 m²，朝向南，权属为个人产权，上网出售价格为 9 万元。

客户丙是初来广州工作的技术人员，他希望在天河区交通较为方便的区域购买一处面积不一定大，价格限定在 10 万元以下的房屋。

A 店和 B 店的业务员接到上述委托后马上在电脑上完成了初步配对，希望通过经纪业务活动，使客户丙购买客户乙的住宅，客户乙购买客户甲的住宅，以完成三笔委托。

业务员首先与客户丙联系，向其推荐了客户乙的住宅，实地看房后客户丙相当满意,对价格也没有太多异议;业务员趁热打铁马上告诉客户乙,他的住房有下家看中,同时为其介绍了客户甲位于东山区的一室一厅,客户乙前往看房也比较满意,看来这个三连环马上就可以解套。

然而进入实质性谈判阶段时,三位客户都提出了特殊要求:客户甲要求客户乙补贴其房屋2万~3万元的装修费;客户乙要求办理抵押贷款来支付部分房款,同时希望房价再降一点;客户丙要求签约后延期一个月交款。这些条件的提出使得谈判陷入僵局。

有关业务员没有气馁,一起对三位客户的要求进行了认真分析,分别找到每位客户需求的关键所在的突破点,分别是:客户丙肯定是要购买客户乙的房屋了,突破点是房款付款时间;客户乙愿意将住房卖给丙,但希望其尽快付清房款,因为他要用这笔房款支付购买客户甲住房的首付款,另外他同意补贴一部分装修费,但坚持只补贴1万元;客户甲对客户乙的付款方式没有意见,但对装修费的要求比较高。

分析清楚上述事实后,业务员们准备对每位客户实行各个击破,业务员A负责做甲的工作,给他分析装修价格的补贴计算方法,并站在其立场上分析应尽快出售房屋防止老房型再跌,说服他将装修费再做一些让步,尽快地促进交易;业务员B负责做丙的工作,经过多次协商,丙答应看到预定合同即付款;业务员C负责做乙的工作,为其查询公积金账户,审核其贷款资格,并也力图说服他将装修费再抬高一点。

通过业务员们分头做工作,又经过近一个月的谈判,在三方分别让步后终于在2005年6月初步达成协议,签订了有关交易合同,完成了这笔三连环业务,并为经纪机构获得了可观的佣金。

（资料来源:周柳.房地产经纪[M].北京:中国建筑工业出版社,2007.）

课后实践

以6~7人为小组,调查本地某房地产经纪公司房地产居间业务的操作流程、服务佣金及业务处理情况,并形成一份关于调查报告。同时,拟订一份发言提纲在课堂上进行交流,谈谈对房地产经纪目前的现状以及将来发展前景的认识。

工作任务二　房地产租赁居间业务处理

任务场景

初到重庆工作的张先生,需要在渝中区解放碑一带求租一套二居室住宅,来到××置业总部门店,委托房地产经纪人小陈为其寻找合适的房源。

李先生在渝中区解放碑某小区有闲置二居室住宅一套,高档新装修,家具设施配套齐全,计划以3 200元/月出租。于是李先生走进××置业总部门店,提出要挂牌出租其物业。

任务描述

房地产租赁居间是房地产居间业务中比较常见的类型,包括求租客户接待、出租客户接待、客户配对、物业查勘、邀约带看、回报议价、签订房地产租赁居间合同、佣金结算、售后服务9个业务操作环节。请根据上述背景资料,以一名房地产经纪人的身份,帮助客户办理房地产租赁居间业务。为此,本模块要求学生完成以下学习任务:a.初步了解房地产租赁居间业务的操作流程,为实操训练做准备;b.能够协助客户签订房地产租赁居间合同;c.能够对房地产租赁居间业务中的操作要点及风险进行分析、总结。

房地产租赁居间业务操作流程主要包括9个步骤,如图5.1所示。下面就其具体的业务操作内容逐一进行介绍。

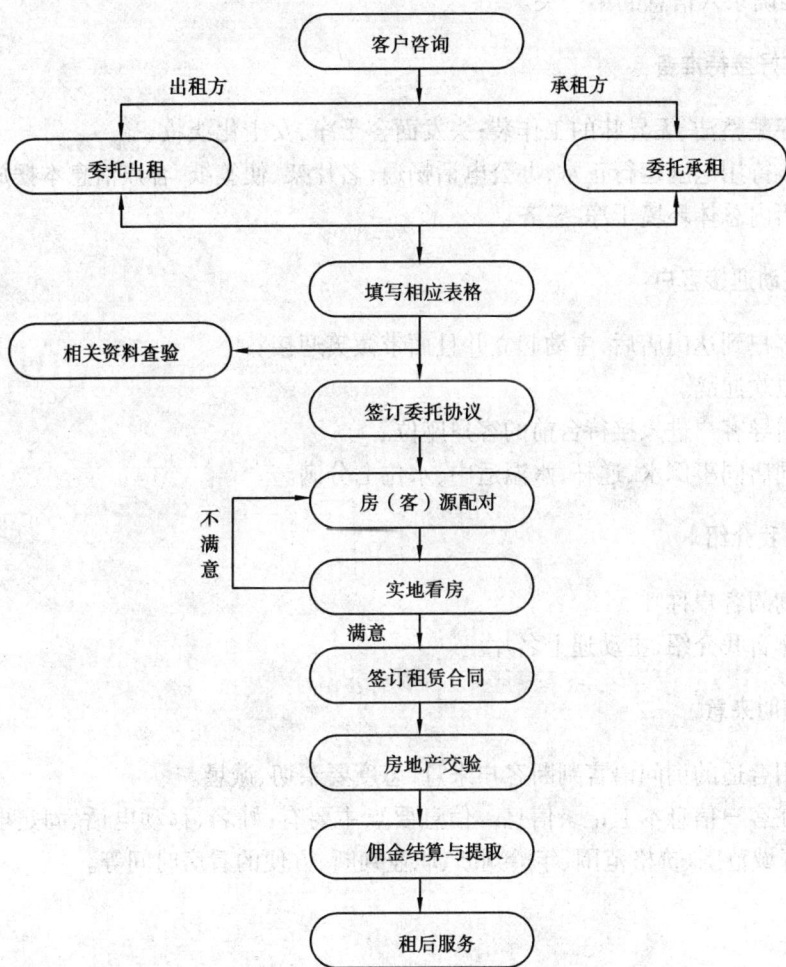

图 5.1 房地产租赁居间业务操作流程

业务操作一　求租客户接待

业务描述

假如你是房地产经纪人小陈,请你根据所学的业务知识和技巧接待求租客户张先生,了解张先生的求租需求,并签订委托协议。

业务知识

客户接待是置业顾问树立良好的第一印象,建立与客户之间相互信任关系的第一步,是准确录入信息的第一关。

一、做好接待准备

(1)穿戴整洁、无异味的工作装;头发面容干净,女士化淡妆。
(2)接待用电脑运行正常,办公电话畅通,名片架、便签纸、客户信息本摆放整齐。
(3)店内总体环境干净、整齐。

二、主动迎接客户

(1)客户到达门店后,主动起立并且面带微笑迎接。
(2)致欢迎辞。
(3)引导客户进入接待台前的客户座位。
(4)同店同事倒水、递杯,水温适中,水位七分满。

三、自我介绍

(1)询问客户称呼。
(2)作自我介绍,主动递上名片。

四、问明来意

(1)用合适的询问语言判断客户来意,态度要亲切、诚恳。
(2)在客户信息本上记录信息。信息要点主要有:姓名、移动电话、固定电话、求租来意、区域范围、价格范围、年龄判断、职业判断、方便的看房时间等。

［示例1］　　　　　　　　委托求租房屋情况登记表

※ 求租区域：＿＿＿＿＿＿＿＿＿（如沙坪坝区、江北区等）	
※ 户　型：□平层 □复式 □跃式＿＿＿室＿＿＿厅＿＿＿卫＿＿＿阳台	
※ 面　　积：＿＿＿＿＿＿＿ ～ ＿＿＿＿＿＿＿m²	
※ 求租价：＿＿＿＿＿＿＿ ～ ＿＿＿＿＿＿＿元／月	
※ 楼层要求：＿＿＿＿＿＿＿＿＿　※朝向要求：＿＿＿＿＿＿＿＿＿	
※ 物业类型：□高层住宅 □小高层住宅 □多层住宅 □别墅 □公寓 □商铺 □写字楼 □其他 ※ 装修情况：□高档 □中档 □一般 □毛坯 ※ 新旧程度：□6成新 □7成新 □8成新 □9成新 □全新	
※ 基本设施：□煤燃气管道 □独电表 □独水表 □宽带 □有线电视 □电梯 □防盗门 　　　　　　□车库 □车位	
※ 电器设施：□热水器 □电视机 □抽油烟机 □洗衣机 □电冰箱 □灶具 　　　　　　□空调（＿＿＿台）□电话 ※ 家　　具：□桌椅（＿＿＿套）□衣柜（＿＿＿个）＿＿＿床（＿＿＿张） ※ 其　　他：＿＿＿＿＿＿＿＿＿	
※ 看房时间：＿＿＿＿＿＿＿＿	
※其他补充说明：＿＿＿＿＿＿＿＿＿＿＿＿	
※联系人：＿＿＿＿＿＿＿　※联系电话：＿＿＿＿＿＿＿＿	

五、委托签订

（1）确定委托关系，签订《求租房屋委托协议》。《求租房屋委托协议》一般包括：求租房屋需求、委托期限与方式、双方承诺、中介服务费、违约条款、纠纷处理等。

（2）向客户解释其有疑问的协议条款。

［示例2］　　　　　　　　求租房屋委托协议

编号：

委托方（以下简称甲方）：＿＿＿＿＿＿　身份证号：＿＿＿＿＿＿＿＿＿

受托方（以下简称乙方）：重庆××置业有限公司

甲、乙双方本着自愿、平等、诚实信用的原则，经双方共同协商，就甲方委托乙方按下列条件居间求租房屋事宜达成如下协议：

一、求租房屋需求

区域范围	建筑面积	户　型	楼层范围	装修要求	建筑类型	价格范围
					□多层□高层 □小高层□排屋 □别墅□均可	元/月

二、委托期限与方式

□非独家委托,期限自委托日起至房屋交易成功时止。

□独家委托,期限自委托日起至_____年_____月_____日止,在此期间甲方不能同时委托其他中介机构从事与乙方相同的活动。

甲方同意乙方在需要时可委托第三方或与第三方共同完成委托的事务。

三、甲方代理人承诺:具有甲方求租房屋的书面委托。

四、甲方(包括关联方)承诺

在乙方居间服务过程中,不得做损害乙方权益的行为(如:与乙方经纪人带看的出租方交换联系方式、私下签订租赁合同、经第三方居间签订租赁合同等)。甲方委托乙方代为收取并保管出租方交付的定金,待甲方与出租方签订正式租赁合同后,再由出租方取回或按居间协议处理。

五、乙方承诺:积极为甲方寻找合适的房屋,并促成成交,保证不赚取非法差价,保证所发布的信息与出租方提供的信息一致。

六、中介服务费:按重庆市物价局制定的渝价〔2000〕358号文件房产经纪服务收费标准执行。

七、违约条款:甲方违反本协议约定的,按照委托求租房屋年租价的10%作为违约金。在甲方与乙方介绍的出租方达成交易意向并支付交易定金后,出租方违约的,甲方同意将没收的交易定金的50%支付给乙方作为服务补偿。

八、关联方:包括甲方配偶、父母、子女、代理人及看房随行人员。

九、协议生效:本协议一式两份,甲、乙双方各执一份,经双方签字或盖章后生效。

十、纠纷处理:本协议在履行过程中发生争议,协商不成,甲、乙双方同意提交重庆市仲裁委员会仲裁。

十一、其他条款:_____

甲　　方:_____　乙　　方:_____

代 理 人:_____　代 表 人:_____

联络地址:_____　联络地址:_____

电　　话:_____　电　　话:_____

签约时间:_____　签约地址:_____

(3)特别提醒客户阅读店内明示的房屋经纪收费佣金标准。

(4)在以上协议的门店联后一般附有《客户服务服务确认书》,房地产经纪人员每次带看房服务时需带上此确认书,在"时间"、"带看房屋地址"、"置业顾问"处填写完整后,请看房客户和房主分别在"客户签名"、"房东签名"处签字确认此次服务已经完成。如果看房人不是客户本人,而是客户的亲戚、朋友等关联方,则在"关联方/代理人"一栏签字。

技能训练

假设你是房地产经纪人小陈,请以上述任务场景为例,完成以下实操训练:

1. 正确接待客户张先生。

2. 制定一份《客户信息表》。

3. 填写示例2中的《求租委托协议》。

4. 制定一份《客户服务服务确认书》,尽可能完整地将确认内容、求租方/求购方的承诺等相关信息编入。

业务操作二　　出租客户接待

业务描述

假如你是房地产经纪人小陈,请你根据所学的业务知识和技巧接待出租客户李先生,了解李先生的出租需求,并为李先生提供帮助。

业务知识

前面一至四的工作程序和要求与"求租客户接待"基本相同:做好接待准备——主动迎接客户——自我介绍——问明来意。

[示例3]　　　　　　　　委托出租房屋情况登记表

※ 房屋地址:_____ ※ 所在小区:_____(请填写所在的或附近的小区楼盘)
※ 面　积:_____m² ※ 户　型:□平层 □复式 □跃式 ____室____厅____卫____阳台 ※ 物业类型:□高层住宅 □小高层住宅 □多层住宅 □别墅 □公寓 □商铺 □写字楼 □其他 ※ 装修情况:□高档 □中档 □一般 □毛坯 ※ 所在楼层:_____ ※ 最高楼层:_____ ※ 房屋朝向:_____ ※ 建成年份:_____年

续表

※ 基本设施：□煤燃气管道 □独电表 □独水表 □宽带 □有线电视 □电梯 □防盗门 □车库 □车位
※ 电器设施：□热水器 □电视机 □抽油烟机 □洗衣机 □电冰箱 □灶具 □空调(_____台) □电话
※ 家 具：□桌椅(_____套) □衣柜(_____个)_____床(_____张)
※ 其 他：_____
※租 金：_____元/月 ※付款方式：_____
※其他补充说明：_____
※联系人：_____ ※联系电话：_____

五、委托签订协议

(1)确定委托关系,签订《出租房屋委托协议》。

(2)《出租房屋委托协议》一般包括:房屋基本状况、委托期限与方式、双方承诺、中介服务费、违约条款、纠纷处理等。

(3)向客户解释其有疑问的协议条款。

[示例4]　　　　　　　　出租房屋委托协议

编号:

委托方(以下简称甲方):_____ 身份证号:_____

受托方(以下简称乙方):重庆××置业有限公司

甲、乙双方本着自愿、平等、诚实信用的原则,经双方共同协商,就甲方委托乙方按下列条件居间出租房屋事宜达成如下协议:

一、房屋基本状况

1.房屋坐落:_____;建筑面积:_____ m²;建成年份:_____;

土地使用证编号:_____;户型:_____室_____厅_____卫;权属:□私房 □房改房 □经济适用房;

2.装修状况:_____,附属设施:_____
_____

3.抵押情况:□无 □有;租赁情况:□无 □有(租期至_____年_____月_____日)

4.挂牌总价/租价:人民币_____万元(￥_____元)/每月人民币_____元(￥_____元)

5.沉降情况:□无 □有;

6. 其他：＿＿＿＿＿＿＿＿＿＿＿＿＿＿＿＿＿＿＿＿＿＿＿＿＿＿

二、委托方式与期限

□非独家委托，期限自委托日起至房屋交易成功时止。

□独家委托，期限自委托日起至＿＿＿＿年＿＿＿月＿＿＿日止，在此期间甲方不能同时委托其他中介机构从事与乙方相同的活动，同时甲方将获得兴旺置业出售方顾客服务保证书上的所有服务。

甲方同意在乙方需要时可委托第三方或与第三方共同完成甲方委托的事务。

三、甲方/代理人确认

甲方确认：具有出租房屋的权利，无权利纠纷，并经共有权人一致同意出售上述房屋。

代理人确认：甲方及共有权人一致同意出租上述房屋，无权利纠纷，同时具有甲方书面的转委托的委托书。

甲方/代理人对其所提供的房屋信息的真实性、准确性负责。

四、甲方（包括关联方）承诺：在乙方居间服务过程中，不得做损害乙方权益的行为（如：与乙方经纪人带看的承租方（包括关联方）交换联系方式、私下签订租赁合同、经第三方居间签订租赁合同）。甲方委托乙方代为收取并保管承租方交付的定金。

五、乙方承诺：乙方发布的信息与甲方提供的信息一致。妥善保管三证，积极为甲方寻找合适的承租方，促成交易，保证不赚取非法差价。

六、中介服务费：按重庆市物价局、重庆市国土资源和房屋管理局制定的渝价〔2000〕358号文件房产经纪服务收费标准执行。

七、违约条款：甲方违反本协议约定的按照出租房屋年租价的10%作为违约金。在甲方与乙方介绍的承租方达成交易意向并支付交易定金后，承租方违约的，甲方同意将没收的交易定金的50%支付给乙方作为服务补偿。

八、关联方：包括甲方配偶、父母、子女、代理人及看房随行人员。

九、协议生效：本协议一式两份，甲、乙双方各执一份，经双方签字或盖章后生效。

十、纠纷处理：本协议在履行过程中发生争议，协商不成的，提交重庆市仲裁委员会仲裁。

十一、其他条款：＿＿＿＿＿＿＿＿＿＿＿＿＿＿＿＿＿＿＿＿＿＿＿

甲　　　　方：＿＿＿＿＿＿＿＿＿　　乙　　　　方：＿＿＿＿＿＿＿＿

代　理　人：＿＿＿＿＿＿＿＿＿　　代　表　人：＿＿＿＿＿＿＿＿

联络地址：＿＿＿＿＿＿＿＿＿　　联络地址：＿＿＿＿＿＿＿＿

电　　　　话：＿＿＿＿＿＿＿＿＿　　电　　　　话：＿＿＿＿＿＿＿＿

签约时间：＿＿＿＿＿＿＿＿＿　　签约地址：＿＿＿＿＿＿＿＿

除了协议最后的"甲方签字"处由客户签名外，其他部分均由房地产经纪人员填写。为了保证"委托方"、"身份证号"填写准确,房地产经纪人员应用合适的语气请客户出示身份证等有效证件,据此填写。

(4)特别提醒客户阅读店内明示的房屋经纪收费佣金标准。

六、即时勘察

(1)房地产经纪人员提出即时勘察物业的要求,并说明原因。

(2)进行即时现场勘察:

①核实物业地址、装修情况、户型结构等基本情况。

②审核产权归属。要点主要是产权人、建筑面积、土地性质、共有权人、抵押记录、产权获取方式。

③用数码相机拍摄物业内、外图片。

(3)绘制物业的户型图。标明墙体、门、窗的位置,标注朝向、物业名称。

(4)调查物业所在小区的基本情况,并绘制小区物业调查图,在图中注明小区名称、位置、通道、花园、楼幢等。

七、送走客户

八、信息录入

将房源信息、物业图片、物业户型图和物业评价录入房地产经纪信息管理系统。

技能训练

假设你是房地产经纪人小陈,请以上述任务场景为例,完成以下实操训练:

1. 正确接待客户李先生。

2. 填写示例 4 中的《出租委托协议》。

3. 以某物业为例,学习即时勘察技巧,包括核实基本情况、审核产权归属、绘制户型图及小区物业调查图,并将调查到的房源信息、物业图片、物业户型图和物业评价等信息正确录入房地产经纪信息管理系统。

业务操作三　客户配对

业务描述

以上述任务场景的背景资料为例,进行客户配对业务操作,为张先生、李先生提供帮助。

业务知识

一、需求挖掘

客户需求要素分为基本信息、需求信息、深度信息 3 个层次。

（1）基本信息（见表 5.1）

表 5.1　基本信息表

姓　名	年　龄	电　话	地　址	籍　贯	职　业	获知途径
张先生	32 岁	13567896××	重庆市渝中区五一路××号	上海	企业销售人员	网络

（2）需求信息（见表 5.2）

表 5.2　需求信息表

所需房型	所需面积范围	价格承受	满意程度	租房原因	目标区域	付款方式
2 室 1 厅	60~80 m²	2 500~3 500 元/月	比较满意	自住	渝中区解放碑200 米内	季付或年付均可

（3）深度信息（见表 5.3）

表 5.3　深度信息表

租房动机	干扰因素	决策人
居住需求	市场变化、观望心理	本人

二、需求分析

对需求信息进行深层次分析，分析该需求背后的原因，为客户配对与谈判打基础。

三、信息匹配

匹配的信息搜索顺序一般如下：置业顾问本人记忆信息；所在门店信息；本公司记录信息；外围网站。小陈在本店房源中，发现房主李先生位于渝中区解放碑附近的物业与张先生的需求非常匹配，于是当天马上联系李先生，约定看房时间并做好相关准备工作。

四、客户分类

较好的客户分类方法是把客户的购买力、决策权利、需求缺口这三个指标作为依据。对有一定经济实力、有急迫需求、有决策权的客户,要重点或优先跟踪,应每天跟踪两次。

业务操作四　物业查勘

业务描述

对上述任务场景中李先生的相关物业进行查勘,为今后带客看房做好准备。

业务知识

一、确定查勘方式

物业查勘方式常见的是物业现场查勘,也可以采用电话查勘、同户型查勘等方式。

二、明确查勘目的

信息核实:核实信息系统中登入信息的真实性,例如面积录入是否有误差,产权归属是否清晰,房龄、采光情况等。

权属审核:审查物业权属状况,主要是物业权属的类别与范围、房地产其他权利设定情况、房地产的环境状况,包括标的物业相邻的物业类型、周边的交通、绿地、生活设施、自然景观、污染情况、房屋抵押等;检查房屋结构和设备、上下水系统和供电系统是否正常,物业环境是否清洁等。

三、做好查勘准备

(1)资料整理:通过浏览搜房网、焦点网、新浪网、各大中介网、房管局网站等,掌握物业状况及周边情况。

(2)工具准备:地图、指南针、手机、数码照相机、笔记本、铅笔等。

四、现场查勘

在进入物业所在小区后,主要了解小区状况、楼栋分布、单元分布、特殊因素,并进行实景拍摄。具体查勘内容如下:

(1)了解物业的外部配套、四周道路、建筑、小区入口。

(2)进入小区的方式,是否刷卡。

(3)了解小区的楼栋分布、规划图、物管、保安分布。

(4)记录楼栋分布情况,含指南针标向、楼层、门牌号,有无复跃式、单元数。

(5)进入楼栋,了解道具、单元分布、有无电梯、特殊房号、户型。

（6）记录内部配套情况，含商场、超市、车位、医院、幼儿园、泳池等。

（7）对以下内容及部位拍照，如楼盘外景、门牌号、正门、公交站、交通、路牌、平面图、绿化、配套设施、楼栋外观、楼名、物管、房号、车库、景观等。

（8）记录特殊因素，小区周围的学校、批发市场、商圈、公园，是否临江，有无地铁、铁路、高架桥、河流等。

五、询问物业情况

向小区物管、入住居民等了解物管费、房价、楼龄、户型及其他情况。

六、内业操作

对已有资料、查勘资料、询问资料进行综合分析，为邀约带看作准备。

技能训练

以小组或个人为单位，运用上述物业查勘的方法和技巧，对本地的某物业进行现场查勘，并在课堂上介绍查勘情况、结果和切身体会。

业务操作五 邀约带看

业务描述

以上述任务场景为例，与李先生、张先生约定好看房时间，并在约定时间里带李先生看房。

业务知识

邀约带看由"邀约"与"带看"两个部分组成。"邀约"阶段重点突出物业的优势，这些优势在"带看"阶段得到证实与强化。

一、明确邀约技巧

邀约时要注意突出优势，引起客户的关注以后，再向客户介绍物业的其他信息。例如本案例中，房地产经纪人员在向张先生邀约的时候，可以首先说明物业离张先生的公司非常近，步行5分钟左右能够到达，可免除早高峰塞车之苦。租金3 200元，比较适中。该物业是精装全配，可以拎包入住。

二、避开邀约误区

（1）夸大其词。向客户介绍时，不切实际的夸大物业优点。

（2）胡乱承诺。为了促成看房，应对客户的要求，作兑现不了的承诺，为谈判设置障碍。

（3）不守时。没有确定明确的看房时间。邀约时间应确定到几时几分见面,并且确定标志性约见地点。

（4）房主与客户约见在同一地点见面。一般而言,房主在物业中等待,客户与房地产经纪人员约见在物业附近的标志性地点。

三、清楚客户目的

客户看房的目的主要是想了解物业房型、面积结构、采光景观、设施配套、家庭装潢、周边环境等。

四、准备看房工具

看房前,房地产经纪人员应准备好看房工具,主要包括笔记本、笔、鞋套、名片、计算器、税费计算表、指南针、两份以上租赁合同、《看房确认书》等。

五、看房方案设计

（1）看房时间设定。上午看房——针对东边套房源;下午看房——针对西边套房源;晚上看房——采光略欠的房源。

（2）看房路线设定原则。避免看房路途中的不利因素;展现小区的有利面;不宜在物业中停留时间过长。

（3）看房数量设定。通常情况下,看房数量以三套为宜;安排一个好坏对比突出的带看顺序,用辅助房源衬托主打房源。

（4）看房结束要点。

①签字确认《客户服务确认书》。

《客户服务确认书》是房地产经纪人员对客户进行过此项服务的证明,房地产经纪人员需要谨慎对待,认真填写。

[示例5]　　　　　　　　　客户服务确认书

编号:＿＿＿＿＿　□求购 □求租　　　　　客户姓名:＿＿＿＿＿

经出售/出租方同意,居间方＿＿＿＿＿＿＿＿＿将下列房屋推荐给求购/求租方,并按照下列时间与地点带求购/求租方(包括关联方)实地察看房屋。求购/求租方接受居间方的居间服务,并确认:在此次带看房屋前,没有任何一家中介代理机构及个人向求购/求租方推荐和带看过下列表所列房屋。

带看时间	房屋地址	客户签名		经纪人签名
		求购/求租方	关联方/代理人	
年 月 日				
年 月 日				
年 月 日				

求购/求租方承诺：

（1）在带看服务前，同意出示有效证件并签订本服务确认单。

（2）不做任何损害居间方利益的行为，若有交易意向和居间方联系，由居间方出面商谈。

关联方：是指与求购/求租方关系密切的人员，包括配偶、父母、子女、代理人等以及看房随行人员。

求购/求租方（签字）：　　　　　　　　　身份证号：

关联方（签字）：　　　　　　　　　　　身份证号：

②获得本次看房的结果，根据获得的客户反馈，制定下一步是谈判或是继续配对。

小陈获得的看房结果是，张先生对本套物业基本满意，但是希望价格能够降到3 000元/月。小陈制定的下一步目标是，与房主李先生协商，把价格降到张先生的期望价格。

③一送到底，防止客户走"回头路"。

业务操作六　回报议价

业务描述

掌握与客户回报议价的技巧，达成房地产租赁居间业务目标。

业务知识

一、明确客户下定因素

（1）物业与客户需求相符合。

（2）客户非常喜爱物业的各项优点。

（3）经纪人能将物业的优点及周边大小环境的价值宣传得很好，让客户认为本物业的价值超过了"表列价格"。

二、把握议价原则

（1）对"表列价格"要有充分信心，不轻易让价。

（2）不要有底价的观念。

（3）一定要在客户携带足够现金能够下定，能够做租赁决定权利的情况下进行，否则不要做"议价谈判"。

（4）让价要有理由。让价是非常困难的,而且杀价越往后,难度越大,额度越小。

（5）制造无形的价值（风水、人文、名人效应等）。

三、抑制客户杀价念头

（1）坚定态度,信心十足。

（2）强调产品优点及价值。

技能训练

以小组为单位,以上述任务场景为例,模拟房地产回报议价环节。

业务操作七   签订房地产租赁居间合同

业务描述

以上述任务场景为例,签订房屋租赁合同,为客户提供帮助。

业务知识

一、准备材料

合同数份、黑色签字笔数支、印泥、合同附件数份、复印机完好、税费计算准确等。

二、约定时间和地点

与客户、房主、签约工作人员、收款工作人员约定签约时间与地点,并提醒其需要携带的证件物品。

（1）房主需要携带:房屋权属证书、土地使用证书、有效身份证明（身份证、护照、军官证等）、户口本、婚姻证明。

（2）客户需要携带:有效身份证明（身份证、护照、军官证等）、户口本、婚姻证明。

三、把握合同签订原则

（1）完善仔细、速战速决。

（2）合同签订完毕后,要及时收取服务佣金及代收税费。

［示例6］   房屋租赁居间合同

出租人（以下简称甲方）：＿＿＿＿＿＿＿　　身份证号：＿＿＿＿＿＿＿

承租人（以下简称乙方）：＿＿＿＿＿＿＿　　身份证号：＿＿＿＿＿＿＿

居间方（以下简称丙方）：＿＿＿＿＿＿＿

根据国家有关法律法规和本市有关规定,经丙方居间,甲、乙双方在自愿、平等、诚信的基础上,就甲方将其合法拥有的房屋出租给乙方使用,乙方承租使用甲方房屋事宜订立本合同。

一、房屋位置及权属基本情况

1. 甲方自愿将其合法拥有的坐落于＿＿＿＿＿＿＿＿＿＿的房屋出租给乙方使用。该房屋建筑面积共＿＿＿＿＿m²,房产性质＿＿＿＿＿,证号为＿＿＿＿＿＿＿＿＿。

该房屋抵押情况:＿＿＿＿＿＿＿＿＿＿＿＿＿＿＿＿。

2. 房屋附属设施及水电气表读数

水表:＿＿＿＿＿＿＿。电表:＿＿＿＿＿＿＿(其中峰数:＿＿＿＿＿＿＿,谷数:＿＿＿＿＿＿＿)。气表:＿＿＿＿＿＿＿。

二、租赁用途

1. 乙方租赁该房屋作为＿＿＿＿＿＿＿使用。

2. 在租赁期限内,未事前征得甲方同意,乙方不得擅自改变该房屋的使用用途。

三、租赁期限

1. 该房屋租赁期为＿＿＿＿个月,自＿＿＿＿年＿＿＿＿月＿＿＿＿日起,至＿＿＿＿年＿＿＿＿月＿＿＿＿日止。

2. 租赁期满,甲方有权收回全部出租房屋,乙方应如期交还。乙方如要求续租,则必须在租赁期满前的1个月向甲方提出,甲方在同等条件下应优先考虑乙方的续租要求。

四、租金及支付方式

1. 该房屋的月租金为人民币＿＿＿＿＿＿大写＿＿＿＿＿＿;

年租金为人民币＿＿＿＿＿＿大写＿＿＿＿＿＿;

总租金为人民币＿＿＿＿＿＿大写＿＿＿＿＿＿。

2. 双方约定租金支付方式为＿＿＿＿＿＿。

五、其他费用

1. 乙方在租赁期内实际使用的水费、电费、煤气费、电话费、宽带费、有线电视费、物管费(含公摊费用)＿＿＿＿＿＿应由乙方自行承担,并按单如期缴纳。

2. 若需要电话及宽带,可由甲方代为申请,费用由乙方承担。

六、甲方的权利与义务

1. 该房屋及附属设施所有权属甲方所有,若是乙方后来因需要添加的设施不属甲方所有。

2. 甲方需按时将房屋及附属设施交付乙方使用。

3. 甲方应负责对房屋和设施进行维修保养(须提前15天通知乙方)。

4. 甲方应保证所出租房屋权属清楚,无任何债务纠纷;房屋共有人对出租该房屋完全同意,并同意由甲方全权处理。

5. 在甲方将房屋交给乙方使用之前,应确保房屋内的电器及所提供的各种设施性能完好。

6. 租赁期间,甲方如将房屋所有权转移给第三人,须提前3个月通知乙方。转移给第三人后,该第三人成为本合同的当然甲方,并拥有原甲方的权利及义务。(合同另有约定除外)

七、乙方的权利与义务

1. 乙方有权在租赁期限内使用该房屋,但不得损坏房屋及附属设施。

2. 乙方在承租期限内若损坏房屋结构及附属设施,应负责照价赔偿。但因自然损坏或不可抗力因素造成损坏,乙方不承担责任。

3. 乙方在租赁期内保证在该租赁房屋内的所有活动均能合乎中国的法律及该地点管理规定,不作任何违法之行为。

4. 乙方应按合同的规定,按时支付租金及其他各项费用。

5. 未经甲方同意,乙方不能改变租赁房屋的结构装修,乙方不得转租房屋。

八、租赁期满后,甲乙双方须清点屋内设施,房屋内有乙方增设的附属设施,乙方自行拆除带走,并将房屋恢复原样。

九、押金及违约金

1. 甲乙双方同意本合同的押金(保证金)为人民币 _____ 大写 _____ 。在本合同到期时,房屋无损坏且各项费用结清后 3 日内退还给乙方。

2. 甲、乙双方如有特殊情况需提前终止合同,必须提前 3 个月通知对方,需双方同意后,方可办理退房手续。若甲方违约,除退还给乙方保证金外,还需支付给乙方上述金额的违约金,反之,若乙方违约,则甲方有权不退还保证金。

3. 如遇不可抗拒因素中止合同,甲乙双方互不承担违约责任,租金及费用按实计算,多退少补。

4. 凡在执行本合同或与本合同有关的事情时双方发生争议,应首先友好协商,协商不成,可向房屋所在地人民法院提起诉讼。

十、其他条款

1. 中介信息服务费

(1)合同签订之日,甲方按本合同月租金的 50%,一次性向丙方支付中介信息服务费,即 _____ 元大写 _____ 。

(2)合同签订之日,乙方按本合同月租金的 50%,一次性向丙方支付中介信息服务费,即 _____ 元大写 _____ 。

2. 本合同未尽事宜,经双方协商一致,可订立补充条款,本合同及其补充条款和附件设备清单内空格部分填写的文字与打印文字具有同等效力。

3. 本合同一式三份,均具有同等效力。甲乙丙各执一份。签字生效。

甲　方:　　　　　乙　方:　　　　　丙　方:

经办人:　　　　　经办人:　　　　　经办人:

电　话:　　　　　电　话:　　　　　电　话:

签约日期:　　　　年　　月　　日

技能训练

1. 请将示例 6 中《房屋租赁居间合同》填写完整,并对合同条款进行简要介绍。

2. 请对签订房屋租赁居间合同时存在的风险进行分析,并指出关键控制要点。

业务操作八　房地产租赁业务佣金结算

业务描述

①了解本地房地产租赁居间业务佣金的政策规定。

②根据本地房地产租赁居间业务的基准收费标准,计算租赁居间业务佣金。

业务知识

　　房地产租赁居间业务佣金的收费项目、标准及有关政策规定,各地差异很大,下面仅以上海和杭州为例,对房地产租赁业务佣金结算业务操作进行简要说明。

一、上海市居住房屋租赁中介经纪服务项目及收费标准(见表5.4)

表5.4　上海市居住房屋租赁中介经纪服务项目及收费标准

基本服务项目	基本服务内容	最高收费标准	
		承租方	出租方
租赁中介经纪服务	①向房地产交易中心调查、征询所交易房屋权利的来源、现状,并做好书面记录; ②收集、调查、征询房屋坐落环境,使用年限,有否隐瞒缺陷,房屋内的顶、墙、地、门、窗及设备等是否需要检测或修复等; ③向物业管理单位查询有无租赁、违章搭建、相邻关系侵权、套内使用面积等情况; ④收集、调查、征询租赁价格的行情比较、租赁双方的心理价格比较、有关政策规定等; ⑤进行各种形式的信息发布活动等; ⑥约定洽谈时间、沟通租赁双方的成交意向; ⑦陪同双方当事人实地踏勘房屋、设备、环境; ⑧出示和认定权籍资料、确定当事人身份等; ⑨为成交双方选择合同文本,进行签约指导、见证,如实告知成交双方租赁合同的约定条款和注意事项、履行方式、支付租金的方式等	1个月租金的35%	1个月租金的35%

续表

备注:
①经纪机构接受委托,提供租赁经纪服务并收取中介经纪费,不得就同一委托事项再收取咨询费。
②经纪机构在完成租赁中介经纪服务项目,办理好房屋租赁入住手续之后,额外提供的其他延伸服务,应明码标价,并由客户自愿选择,不得强制或诱导提供服务并收费。
③经纪机构办理房屋租赁过程中,涉及政府规定应由委托人支付的税、费,不包含在经纪费中。
④经纪费原则上由租赁双方平均分摊,租赁双方也可书面协商约定租赁中介经纪服务费的分摊办法。

资料来源:沪价商〔2003〕036 号文件《关于规范上海市居住房屋买卖、租赁中介经纪服务收费的通知》。

二、杭州市房地产租赁居间代理服务佣金标准(见表5.5)

表5.5　杭州市房地产租赁居间代理服务佣金标准

服务项目	基本收费标准		备　注
	出租方	承租方	
租赁居间服务	月租金的40%	月租金的40%	根据杭价服〔2007〕22 号文件规定:上浮不超过25%,下浮不限。

资料来源:浙江市物价局浙价服〔2007〕24 号文件《杭州市房屋经纪服务收费管理办法》。

技能训练

1.张先生通过上海某房地产经纪公司出租一套住房,月租金为 6 000 元。请结合上海市居住房屋租赁中介经纪服务收费标准,计算张先生需要支付给该经纪公司多少服务佣金?

2.杭州某房地产经纪公司促成了一笔房地产租赁居间业务,月租金为 4 000 元。请结合杭州房地产租赁居间业务基准收费标准,计算该经纪公司可以获得多少服务佣金?

业务操作九　售后服务业务操作

业务描述

协助房主李先生与客户张先生办理钱款、物业的交割工作。

业务知识

一、钱款交割

协助房主与客户办理租金、押金等钱款交割事项。

二、物业交割

首先，房地产经纪人员协助房主与客户双方携带身份证明原件、婚姻证明原件、户口证明原件到房管局进行身份核实。然后，房主、客户、房地产经纪人员三方根据合同中填写的物业附件，清点屋内设施，并试用家电用具，抄清楚水表、电表、煤气表的度数，填写《售后服务单》，最后交付钥匙与余款。

技能训练

假设你是房地产经纪人小陈，请以上述任务场景为例，完成以下实操训练：

1. 制定一份《售后服务单》。

2. 列出在房地产租赁居间业务的售后服务中的注意事项。

拓展案例

违约方是否应代替守约方支付中介佣金

2007 年 6 月 26 日，原告（经纪方）、被告（乙方）及第三人（甲方）签订了《房屋租赁合同》，约定被告和第三人通过原告租赁深圳市南山区天利中央广场某物业。合同第 6 条约定，自本合同生效时起，甲乙双方就该物业之租赁关系确立，基于经纪方在促成租赁中所提供之服务，于签署合同同时，甲方同意支付经纪方人民币 4 630 元作为佣金，乙方同意支付人民币 4 630 元作为佣金。合同第 7 条约定，自本合同生效时起，甲乙双方任何一方违反本合同不租赁该物业的，则违约方向经纪方支付除向经纪方支付前款约定之佣金外，还须代替无过错方直接支付前款约定的无过错方应付经纪方之佣金。

上述租赁合同签订后，被告未依约向第三人承租合同中约定的物业，被告亦没有和第三人签署正式的《深圳市房地产租赁合同书》及办理登记备案手续，被告亦明确表示不想承租。

［问题］

（1）被告未入住，是否应付佣金？

（2）因被告违约未入住，违约方是否应该代替守约方支付佣金？

［判决］

（1）原被告及第三人签订的《房屋租赁合同》虽系格式合同，但系当事人的真实意思表示，内容不违反法律、行政法规的强制性规定，合法有效。根据《合同法》第426 条的约定，居间人促成合同成立的，委托人应当按照约定支付报酬。故原告促成被告租赁合同成立,收佣条件成就,被告应当按约向原告支付佣金 4 630 元。

(2)原告为《房屋租赁合同》的订立提供了居间服务,根据合同约定享有取得利益的权利。被告在合同签订并生效后,拒绝承租约定的物业,已构成违约,应承担违约责任。根据合同的约定,在合同生效后而被告不租赁约定的物业的,其不仅应当向原告支付约定的佣金 4 630 元,并且应当代第三人向原告支付佣金 4 630 元,故原告要求被告支付人民币 9 260 元的诉讼请求,符合法律规定。

2007 年 10 月 24 日,深圳市南山区人民法院作出一审判决:被告应向原告支付佣金 9 260 元及按同期贷款利率支付利息。

[评析]

(1)当一方违约不租时,虽然在法律上经纪方有向租赁双方收取佣金的权利,但经纪方于此时仍收取守约方的佣金虽于法有据却于理不合。故在合同中可以约定如本案中"租赁双方任何一方违反本合同不租赁该物业的,则违约方向经纪方支付除向经纪方支付前款约定之佣金外,还须代替无过错方直接支付前款约定的无过错方应付经纪之佣金"类似的条款,则对于守约方而言,则显得比较公平;对于违约方而言,更具威慑力;对于经纪方而言,则也能保障己方利益。

(2)对于经纪方而言,除约定上述条款外,同时应收集一方违约的证据,进行至诉讼程序时,可列守约方为第三人,以利于法院查明违约事实。

(3)对于租赁双方而言,为更好保障己方利益,当然也可以在合同中约定,如租赁合同未在租赁所登记备案则不付佣金或未实际承租居间方应免收佣金等条款,以免日后发生争议。

(资料来源:华律博客网,作者:广东创基律师事务所　骆训文)

📝 课后实践

1. 由学生 A 扮演出租方,学生 B 扮演居间人,先由 A 向 B 委托租赁某住宅,要求填写委托出租房屋情况登记表,B 需对委托出租的房屋进行查验,协助 A 填写委托协议,并为其寻找客户,然后互换角色。训练目的:使学生熟练掌握房屋出租居间业务操作。

2. 由学生 A 扮演承租方,学生 B 扮演居间人,先由 A 向 B 委托承租某住宅,要求填写委托承租房屋情况登记表;B 根据 A 要求为其配比房源,促成交易,然后互换角色。训练目的:使学生熟练掌握房地产承租居间业务操作。

3. 由学生 A 扮演出租方,学生 B 扮演承租方,学生 C 扮演居间方,三方就房屋租金、支付方式、押金等事宜进行沟通,C 撮合 A、B 方达成交易。

工作任务三　房地产转让居间业务处理

任务场景

王先生在重庆沙坪坝区××小区有一套80 m² 二居室住宅,高档新装修,家具设施配套齐全,计划60万元出售该物业。于是王先生走进××置业沙坪坝门店,委托房地产经纪人小朱为其挂牌出售。

余先生刚来到重庆市沙坪坝区一家上市公司工作,也委托××置业沙坪坝门店,在沙坪坝一带求购一套80 m² 精装的二居室住宅。

任务描述

请根据上述背景资料,以一名房地产经纪人的身份,帮助客户办理房地产转让居间业务。为此,本模块要求学生完成以下学习任务:a. 初步了解房地产转让居间业务的操作流程,为实操训练做准备;b. 能够协助客户签订房地产转让居间合同;c. 能够对房地产转让居间业务中的操作要点及风险进行分析、总结。

业务操作一　房地产转让居间业务操作流程

业务描述

以上述任务场景为例,准确掌握房地产转让居间业务操作流程,为客户王先生、余先生提供相应的帮助。

业务知识

房地产转让居间业务操作流程主要包括14个步骤,如图5.2所示。下面将房地产转让业务操作流程的具体内容介绍如下:

一、寻找客户

(1)与客户候选人联系,确定显示的买主或卖主。与客户联系可以用电话、信函、邮件等。如与客户候选人并不熟悉,一般要求居间人登门拜访,当面会晤。

(2)在竞争中争取更多的客户。可以采用直接拜访法,即先以电话、信函或邮件联系后登门拜访;介绍拜访法,即通过亲戚、朋友、同学等介绍,然后进行拜访;其他方法,即通过扩大自己的交际圈,增进人际关系,搜集新客户信息。

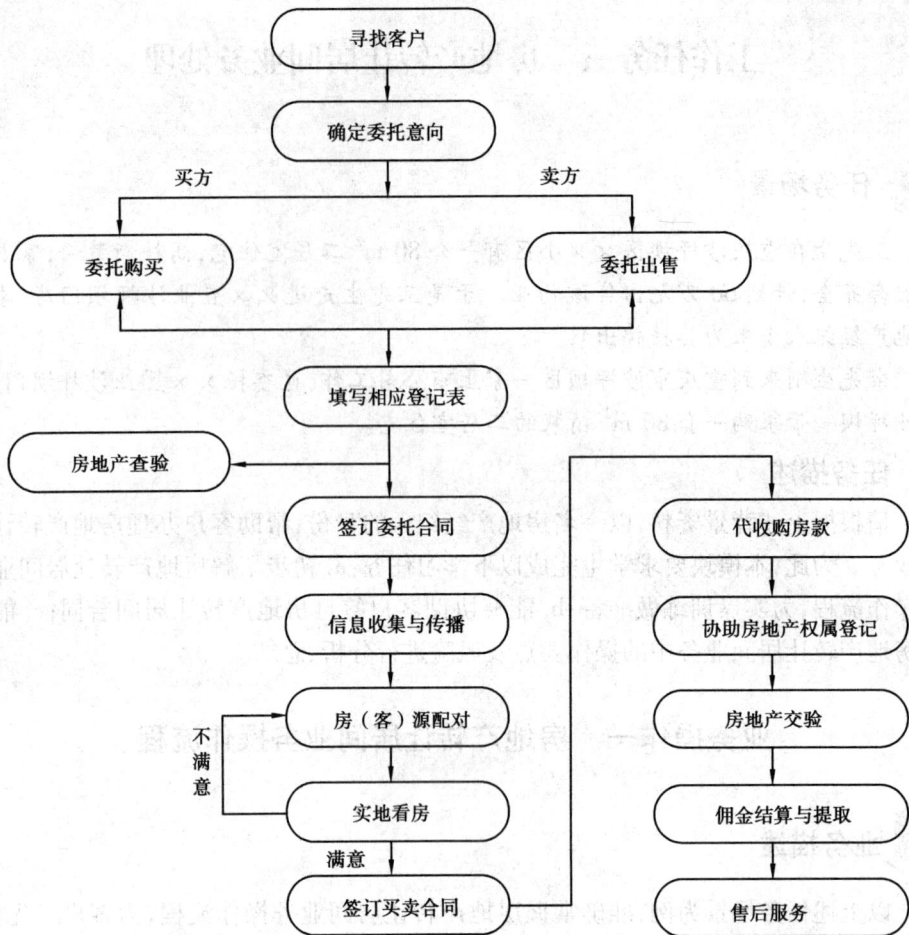

图 5.2　房地产转让业务操作流程

二、确定委托意向

（1）了解委托人的意图和要求，确定是委托购房还是委托售房。

（2）当确定委托意向后，居间人需要查验有关证件，如身份证明、公司营业执照、房地产权证等相关证明文件，了解委托人的主体资格、生产经营状况及信誉。

（3）向客户告知自己的姓名及房地产经纪机构的名称、资格，以及按房地产经纪执业规范必须告知的所有事项。

（4）双方就居间方式、佣金标准、服务标准以及拟采用的居间经纪合同类型及文本等关键事项进行协商。

三、填写相应表格

明确委托意向后，需要委托人填写相应表格（见示例 7、示例 8），居间人将表格内容输入数据库。

[示例7]　　　　　　　　委托出售房屋情况登记表

※ 国　　家：_____　※ 城　　市：_____　※ 地　　区：_____	
※ 房屋地址：_____ ※ 所在小区：_____ ※ 建成年份：_____年	
※ 面　　积：□ 建筑面积 □ 使用面积_____m² ※ 户　　型：□ 平层 □ 复式 □ 跃式 ____室____厅____卫____阳台 ※ 房屋朝向：_____　※ 楼　　型：□ 高层小高层 □ 多层别墅 □ 其他 ※ 所在楼层：_____　※ 最高楼层：_____　※ 结　　构：_____	
※ 产权状况：□ 两证齐全 □ 购房合同 □ 产权正在办理 □ 使用权公房 ※ 领证时间：_____年 ※ 物业管理费：_____元/(m²·月) ※ 权证登记：房产证：_____ 　　　　　　土地证：_____	
※ 基本设施：_____煤燃气管道_____独电表_____独水表_____宽带_____有线电视 _____电梯	
※ 价　　格：_____万元 ※ 税费承担方式：_____	
※ 装修及该房屋其他说明：	
推荐人：_____　会员编号：_____	

[示例8]　　　　　　　　委托购买房屋情况登记表

※ 求购区域：_____(如沙坪坝区、江北区等)	
※ 求购地段：_____	
※ 面　　积：_____~_____m²	
※ 户　　型：□ 一室一厅 □ 二室一厅 □ 三室二厅 □ 四室二厅 □ 别墅 □ 其他	
※ 装修要求：□ 无 □ 简单装修 □ 中档装修 □ 高档装修	
※ 楼层要求：_____	
※ 房　　龄：_____	
※ 价　　格：_____~_____万元	
※ 其他要求：	
推荐人：_____　会员编号：_____	

四、房地产查验

（一）对买卖主体的审查

1.买方主体的审查

二手房购买人可以是中华人民共和国境内外的自然人、法人和其他组织。基于各种财产目的和利益，购买人可以以自己的名义购买，也可以以他人的名义购买，还可以设定房屋信托持有和管理房屋。

2.卖方主体资格审查

二手房转让人应当是依法登记在房地产权证登记簿上，房屋所有权证书记载的房屋所有权人。转让人可以是中华人民共和国境内的自然人、法人，也可以是境外的自然人、法人或者其他组织。

（二）对房屋产权的调查和审核

1.权属审查

经纪人应当审查二手房的权属证明及相关文件，最好向房地产登记机关调查核实权利证书及其记载内容的真实性、同一性，了解拟交易的房屋是否有产权争议，没有依法进行产权登记并取得房地产权证书的房屋，不得买卖。

2.共有财产审查

在审查房屋所有权证书时，应当关注拟交易的房地产是否具有共有权人，经纪人应当查明房屋是否具有共有权人。二手房属于两个及以上主体共有的，应当审查、提交共有权人同意转让的真实书面证明。

3.权利限制审查

二手房交易前，要审查司法机关有无依法裁定查封的情况及行政机关有否决定查封或者以其他形式限制二手房房屋所有权的情况。

4.他项权利设置审查

主要审查二手房有无抵押等他项权利设置或是否为正在出租的房屋等情况。是抵押房屋的，要通知抵押权人；如果房屋出租的，应当通知承租人，不能取得承租人的书面同意，买卖合同也可能被宣告无效。提前通知的合理期限一般为3个月。

5.优先购买权审查

共有的二手房买卖时，在同等条件下，二手房共有人享有优先购买权。已经出租的二手房买卖时，在同等条件下，二手房承租人享有优先购买权。经纪人应当审查二手房优先购买权人有无放弃优先购买权的证明。如果没有取得优先购买人的放弃优先购买权的书面文件，买卖合同可能被宣告无效。

6.二手房买卖的禁止

下列情形的二手房禁止买卖：司法机关和行政机关裁定，决定或者以其他方式限制二手房权利的；依法收回土地所有权的；共有二手房，未经其他人书面同意的；权属有争议的;未依法登记领取权属证书的;已抵押的,但没有将出卖情况书面通知抵押权人的;法律、行政法规规定禁止转让的其他情形。

若是已购共有住房和经济适用住房买卖,还要审查已购公有住房和经济适用住房有无下列禁止买卖情形之一:以低于房改政策规定的价格购买且没有按照规定补足房价款的;住房面积超过省、自治区、直辖市人民政府规定的控制标准,或者违反规定利用公款超标准装修,且超标部分未按规定退回或者补足房价款及装修费用的;处于户籍冻结地区并已列入拆迁公告范围内的;上市出售后形成新的住房困难的;擅自改变房屋使用性质的;法律、法规及县级以上人民政府规定其他不宜出售的。

已购买经济适用住房的家庭未住满5年的,不得按市场价格出售住房。确需出售的,可出售给符合经济适用住房购买条件的家庭或由政府相关部门收购,出售单价不得高于购买时的单价。

已购买经济适用住房的家庭住满5年的,可以按市场价格出售。由出售人到房屋所在地区、县国土房管局,按成交额的10%缴纳综合地价款。

(三)对房屋整体状况的查验

1. 区域环境查验

与标的房屋相邻的物业类型、周边交通、市政配套、自然景观、污染情况等。

2. 楼盘情况查验

(1)地理位置,如片区、方位、街道或交叉口、标志性建筑等。

(2)交通情况,如公交、地铁或城铁出入口、与重要地点的距离等。

(3)小区规模,如占地面积与建筑面积、栋数、分布、一梯几户、层数、容积率、楼间距、绿地/绿化率等。

(4)标的房屋情况,如房屋建筑结构,户型,房屋面积,装修档次,价格,朝向,水、电、气及通讯、电视、网络状况等。

(5)配套设施,如园林、教育、医疗、商业娱乐配套等。

(6)物业产权,如开发商、产权、车库、物业管理等。

五、签订委托合同

房地产居间合同的当事人双方既可以都是自然人或法人,也可以一方是自然人另一方是法人。自然人必须具有完全民事行为能力。

房地产经纪公司可采用中国房地产估价师与房地产经纪人学会推荐合同文本(见附录七和附录九),也可以参照推荐合同文本,由双方当事人自行拟订。

签订委托合同时要注意以下3点:

(1)写明转让居间房地产的详细坐落情况,尤其应标明委托房地产的产权证号、其他权利情况。已设定抵押权,权属状况不明确,被法院查封、冻结等的房地产不得转让。

(2)在佣金标准、数额、收取方式、退赔等方面要有详细规定。对居间方未完成居间合同事项的,怎样退还佣金要有明确说明。

(3)明确双方违约责任的处理办法,以避免违约条款不完善而发生纠纷。

六、信息收集与传播

房地产经纪人受理委托业务以后,首先应收集房地产标的物的信息、与委托房地产相关的市场信息和委托人信息,在此基础上对信息进行辨别、分析、整理后,经纪人对委托标的物可能的成交价格就会有一定把握。

接下来是进行信息传播,以吸引潜在的交易对象。信息传播的主要内容为:委托标的物和委托方的信息。传播方式:通过报纸、电视广告、经纪机构门店招贴、人员推介、网络、邮发函件、邮件等进行信息的采集及传递。

七、房(客)源配对

在对客户相关资料进行核验,签订委托协议后,房地产经纪人应根据信息数据库中的资料积极为其寻找合适的买家和卖家,将信息提供给委托方。

八、实地看房

当客户对居间人推荐的房源初步满意时,需要由居间人引领客户实地看房。通过实地看房,使客户进一步了解房屋的质量、装修、区位、室内格局等。在此阶段,房地产居间人应善于发现房子的优缺点,结合客户的购买需求有针对性地进行解释。

在实地看房时要注意以下事项:查看是否有私搭私建部分;确认房屋的准确面积;观察房屋的内部结构及装修状况;考核房屋的市政配套;确认房子的供电容量,避免高温下空调无法启动的现象;了解房屋的历史与邻居组合;查验物业管理的水平;了解以后居住费用问题等。

九、签订买卖合同

实地看房后,有些客户对客源不满意,此时居间人需要重新为购房者配对客源。有些客户对房源基本满意,但对某些问题难以与售房者达成一致,如成交价格、合同条款等,这需要房地产居间人以专业人士的身份和经验协调双方的认识,促使双方达成交易共识。

居间人作为中介人应参与签订买卖合同的全过程。需要注意的是,居间人既不是委托人与第三人所订立合同的当事人,也不是任何一方的代理人,而是按约定为委托人介绍第三人,并促成委托人与第三人交易或签约的中间人。即使居间人在合同上签字,其身份的性质也并未改变,居间人对其签字只承担见证责任。

十、代收购房款

买卖双方签订购房合同时,要求买房缴纳一定数额的定金,并由经纪公司代为保管。定金的数额没有明确规定,但我国法律规定收取的定金不能超过房价20%。当交易达成后,定金可抵充购房款。若此后卖方毁约,则应双倍返还定金;当买方毁约,卖方不退还定金。

交纳定金后,经纪公司通常要求买方在约定时间内将剩余房款等存入经纪公司指定账户,由公司代为保管。而经纪公司则在房屋过户后将购房款交付卖方。

十一、协助房地产权属登记

房地产是不动产,其交易行为的生效必须要通过权属转移过户、登记备案来实现。在这一阶段,房地产居间人要协助交易双方办理权属登记备案工作,如告知登记机关的工作地点、办公时间、必须准备的材料等。

需要注意的是,在房地产代理业务中,房地产经纪人要代理委托人办理房地产权属登记备案。但在房地产居间业务中,除非交易当事人正式委托代办事宜,否则居间人不能亲自代理委托人进行房地产权属登记备案,只能协助其办理相关手续。

十二、房地产交验

物业交验是交易过程中容易暴露问题和产生矛盾的一环。房地产居间人应在交易合同所约定的交房日之前,先向转让方确认交房时间,然后书面通知受让方。物业交接时,居间人要协助受让方核对物业实际情况是否与合同约定相符,如房屋质量、设备、装修规格等。

十三、佣金结算与提取

房地产交易过程完成后,房地产经纪人应及时与交易双方进行佣金结算,金额和结算方式应按合同约定来确定。房屋转让居间一般以房屋的成交价按一定比例提取佣金,主要有在成交前提取、在买卖双方成交后提取、根据口头协议在成交后提取3种方法。

十四、售后服务

售后服务是房地产经纪机构提高服务、稳定老客户、吸引新客户的重要环节。居间业务的售后服务内容包括三个主要方面:第一是延伸服务,如作为买房居间人,可为买方进一步提供装修、家具配置、搬家等信息咨询服务;第二是改进服务,即了解客户对本次交易的满意程度,对客户感到不满意的环节进行必要补救;第三是跟踪服务,即了解客户是否有新的需求意向,并提供针对性的服务。

技能训练

以3人为小组,由学生A扮演房屋业主,学生B扮演房屋买家,学生C扮演房地产经纪人,3人模拟进行房屋转让居间业务操作,C撮合A、B方达成交易。之后,再进行角色互换。

1.假设你是房屋的业主,请完成如下操作:

(1)填写一份物业委托申请。

(2)准备房屋产权证、身份证及产权共有人同意出售的证明材料及相关证明备查。

(3)将委托申请书交给经纪公司。

(4)房屋评估机构对待售物业进行实地勘察评估,确定物业的各项指标和市场价格。

(5)认可评估结果,与经纪公司签订正式的委托协议书。

2.假设你是房屋的买家,请完成如下操作:

(1)在经纪公司填写一份物业需购登记。

(2)带好身份证及相关证件备验。

3.假设你是房地产经纪人员,请完成如下操作:

(1)根据业主和买家的需求进行物业配对。

(2)带领买家实地看房。

(3)撮合业主和买家确定买卖的条件,包括房屋价格、入住时间、房产证,以及双方所要承担的责任和义务等。

(4)签订居间合同和买卖合同,协助到房地产交易中心办理过户手续,完成对物业的交割。

业务操作二　房地产转让居间业务佣金结算

业务描述

1.了解本地房地产转让居间业务佣金的有关政策规定。

2.根据本地房地产转让居间业务基准收费标准,计算转让居间业务佣金。

业务知识

房地产转让居间业务佣金的收费项目、标准及有关政策规定,各地差异很大,下面仅以上海和杭州为例,对房地产转让业务佣金结算业务操作进行简要说明。

一、上海市居住房屋买卖中介经纪服务项目及收费标准(见表5.6)

表5.6 上海市居住房屋买卖中介经纪服务项目及收费标准

序号	基本服务项目	基本服务内容	最高收费标准	
			买方	卖方
1	权籍调查	①向房地产交易中心调查、征询所交易房屋权利的来源、现状、有无抵押、有无权利限制等,做好书面记录; ②调查、征询涉及权利人的处分要求和条件,核实处分资格、权利人和相关人的身份及权利等	房产交易中心登记成交价的1%	房产交易中心登记成交价的1%
	使用状况调查	①收集、调查、征询房屋坐落环境,使用年限,有否隐瞒缺陷,房屋内的顶、墙、地、门、窗及设备等是否需要检测或修复,设备转让价格及有关费用的结清情况等; ②向物业管理单位查询有无租赁、违章搭建、相邻关系侵权,以及维修基金的缴纳和使用情况等		
	行情调查	①收集、调查、征询买卖价格的行情比较、税费结算、房屋户型比较、买卖双方的心理价格比较、有关政策变动的影响等; ②进行各种形式的信息发布活动等		
	确定成交意向,订立交易合同	①陪同双方当事人实地踏勘房屋、设备、环境; ②约定洽谈时间、沟通买卖双方的成交意向,出示和认定权籍资料、确定当事人身份等; ③为成交双方选择合同文本,进行签约指导、见证,如实告知成交双方买卖合同的约定条款和注意事项、履行方式、支付房款的方式等		
	办理产权过户	双方当事人过户手续资料收集、报告、确认、确权时间约定,代收代付应由客户支付的税、费,完成所有交易过户、户口迁移、房屋入住手续		
2	办理房屋入住有关手续	水、电、煤、电话、有线电视等过户和结算手续等	200 元	200 元
3	代办贷款	提供阶段性贷款担保,办理房地产抵押贷款及登记手续	400 元	

续表

序号	基本服务项目	基本服务内容	最高收费标准	
			买方	卖方
4	单独办理产权过户	双方当事人过户手续资料收集、报告、确认、确权时间约定,代收代付应由客户支付的税、费,完成所有交易过户、户口迁移、房屋入住手续	300元	

备注:

①经纪机构接受委托,提供买卖中介经纪服务并收取中介经纪费,不得就同一房产交易再收取咨询费。

②经纪机构办完产权过户、户口迁移等手续后,方可收取经纪服务费。经纪服务费原则上由买卖双方平均分摊,买卖双方也可书面约定经纪费分摊办法。

③经纪机构办理产权过户、房屋入住、代办贷款过程中,涉及政府规定应由委托人支付的税、费,不包含在中介经纪费中。

④经纪机构不可强制要求进行房产价格评估。有关单位要求强制评估的,经纪机构应向客户提供相关法规依据。

⑤经纪机构提供的其他延伸服务项目,须按服务项目逐一明码标价,并由客户自愿选择,不得强制或诱导提供服务并收费。

资料来源:沪价商〔2003〕036号文件《关于规范上海市居住房屋买卖、租赁中介经纪服务收费的通知》。

二、杭州市房地产转让居间代理服务佣金标准(见表5.7)

表5.7 杭州市房地产转让居间代理服务佣金标准

服务项目	房地产成交价格	基准收费标准/%		备注
		买方	卖方	
房地产转让居间服务	50万元(含)及以下	1	1	根据杭价服〔2007〕22号文件规定:上浮不超过25%,下浮不限
	50万~100万元(含)	0.7	0.7	
	100万~200万元(含)	0.4	0.4	
	200万元以上	0.25	0.25	
按房屋成交价格分档累计计费				

资料来源:浙江市物价局浙价服〔2007〕24号文件《杭州市房屋经纪服务收费管理办法》。

技能训练

1.王先生通过上海某房地产经纪公司购买一套住房,房款总额为150万元。请结合上海市居住房屋买卖中介经纪服务收费标准,计算王先生需要支付给该经纪公司多少服务佣金?

2.杭州某房地产经纪公司促成了一笔房地产转让居间业务,转让价格为80万元。请结合杭州市房地产转让居间业务基准收费标准,计算该经纪公司可以获得多少服务佣金?

业务操作三　房地产转让居间业务纠纷处理

业务描述

了解房地产转让业务中常见的纠纷类型,初步掌握常见房地产转让交易纠纷的处理方式。

业务知识

一、房地产转让业务纠纷类型

(1)产权纠纷:

①买卖不准出售的房屋,如被法院查封的房屋,与学校教学区不能分割的房屋,属于拆迁范围的房屋,已作为抵押物的房屋等。

②夫妻双方仅一方同意出售或夫妻离异后对房产判决不明的房屋。

③同一居所人员未能具结或子女经父母(产权人)同意出售的房屋。

(2)房款纠纷。定金或房款已经支付,但产权证迟迟办不下来,房屋不能如期交付或是房屋交付但拿不到钱。

(3)物业纠纷。卖方户口没有及时迁出,物业管理费用结算不清,水、电、气、电话、有线电视等费用没有结算等。

(4)出售方无故毁约。

(5)中介机构操作不规范、不细致,买卖成交后买方领不到相关产权证明而纠纷。

(6)与中介机构收费纠纷。

二、常见纠纷的处理方式

1.**房价上涨过快,卖家毁约引起的纠纷**

(1)如果《居间协议》或《定金协议》已明确了房产买卖的主要条款,含价格、房屋位置、付款时间、过户时间、交房时间等,则可视为《买卖合同》,买家有权要求卖家继续履行该合同。

(2)如果双倍返还定金还不能弥补买家的损失,买家可以要求赔偿实际损失(房价上涨的差价)。

(3)更简单的办法是直接适用《定金合同》或《居间协议》中的定金罚则,即要求卖家双倍返还。

2. 买家贷款出现障碍引起的纠纷

(1)买家应该尽早向银行咨询贷款事宜,问清楚是否能申请贷款,可以贷多少,不能只听信中介对贷款情况的估计,最好直接向银行咨询。

(2)在合同中约定:若因贷款未获批或未足额获批造成买家付款能力出现严重问题的,任意一方有权解除合同,卖家应返还已收房款,双方互不承担违约责任。

3. 交易税费计算出现误差而产生的纠纷

(1)双方未约定,那么应按照法律规定,各自承担应付的税费。

(2)约定由买家来承担所有税费,卖家只管"到手价"。这种约定对买家有一定风险,如果签约后到交易期间,税收发生变化,增加的税收只能由买家承担。

(3)若买卖双方为降低交易成本将正式买卖合同中的房价做低,被税务部门认为合同价过低而要求按评估价缴税,买卖双方为增加的税收由谁承担产生纠纷,但一方不得以做低房价为由,主张买卖合同无效。

4. 由于支付定金而引起的纠纷

(1)付了定金以后,其中一方违约,守约方可按照定金罚则处理,即买家违约的话,卖家可以没收定金;卖家违约的话,买家可以要求双倍返还定金。

(2)付了定金以后,双方对定金合同以外的其他内容不能达成一致,而这些内容与履行合同有密切的关系,比如付了定金后买家才知道房屋还有抵押,而卖家又需要用买家的房款来提前还贷,如不能协商一致,这时买家就可以要求解除定金合同,卖家应当返还定金(不是双倍返还)。但要注意的是,这些在定金合同中未作约定并且在事后不能协商一致的内容应当根据诚信原则和交易习惯来确定,而不能是一方故意提出苛刻的条款造成的。如卖家要求签订正式买卖合同一年后再交房,这种要求违反了诚信原则和交易习惯,在不能协商一致时应当认为是卖家违约。

(3)付了定金以后,定金并没有交到卖家手上,而是根据定金合同或居间协议交给中介保管。如果定金合同约定定金由中介保管的,那么定金合同就生效了,卖家不能以自己没收到定金为理由,主张自己可以不受定金合同约束。

5. 中介费支付引起的纠纷

(1)由第一家中介带看房并签了《看房确认书》,但价格没有谈下来,后来看到这套房子在其他中介也挂牌,而且价格也能谈下来,这样通过其他中介成交。此时,第一家中介如果说你利用他的房源成交,要求付他佣金。除非《看房确认书》中约定独家委托了这家中介,否则不能成立。

(2)《居间协议》上这样写:若一方违约,除承担定金罚则外,还应向中介公司支付房屋总价2%的违约金。如果后来买卖双方协商一致解除了居间协议,中介能不能向双方主张要求付2%的佣金?如果由于一方违约导致买卖合同无法签订,中介能不能要求违约方付2%的佣金?在前一种情况下,中介应当能要求部分报酬,因为他毕竟提供了一定服务;在后一种情况下,有的法院会支持中介全部的佣金请求,因为违约方的行为造成了中介的预期利益也就是2%佣金的损失。

（3）"跳中介"行不行？买卖双方为了节省交易成本，在通过中介建立了买卖意向后，避开中介，私下成交过户。这种行为严重违反了诚信原则，损害了中介作为居间方的利益，跳中介后可能被中介告上法院要求赔偿。

（4）能不能接受中介业务员"飞单"？中介业务员私下与客户达成协议，不通过中介公司而是私自收取少于中介公司的佣金。如果业务员收了钱后卷款走人，客户不能要求中介公司承担损失，因为中介公司并没有收到佣金。

6. 因户口问题引起的纠纷

（1）在买卖合同中约定不迁户口的违约金。按照逾期迁出的时间支付相应的违约金数额。但这种办法的缺点是如果卖家拖延的时间较长，计算出来的违约金会较高，法院可能只会支持其中一部分，所以对卖方的制约力不强。

（2）可将迁出户口作为支付尾款的前提条件。即约定付尾款前，卖家应将户口迁出，否则可以不付尾款，还可以追究卖家违约责任。买家可将尾款留得适当多一些，这样对卖家的制约会更大。

（3）约定如果卖家逾期不迁户口并且超过一定期限还不迁，买家可以解除买卖合同并追究卖家违约责任。这对卖家的约束会更大，如果买家买房的目的主要是为了落户，采取这个办法能有效制约卖家拖延时间。

技能训练

1. 客户买房后要求迁入户口，但是房主不愿意迁出户口怎么办？

2. 请对下述案例进行分析，并简要说明房地产转让业务中常见的纠纷有哪些？应该如何处理？

[案情]2004年6月，毛小姐为了购买住房，与某房产中介公司签订了一份《房地产买卖居间协议》，约定由中介公司作为居间人将庄先生的一套房介绍给毛小姐，房款为245万元，双方在《协议》中约定了付款方式、意向金的数额及处理办法等事项，其中，还在第10条中约定：由于毛小姐的原因导致房地产买卖合同未签订，毛小姐应向中介公司支付总房款3%的违约金。协议签订后，毛小姐按约支付给中介公司意向金5 000元，后由于毛小姐与卖方庄先生在付款问题上不能达成一致意见，买卖合同没有签成。中介公司遂诉至法院，以毛小姐拒绝签订买卖合同为由，请求判令毛小姐按照约定支付违约金7.35万元。

[问题]

（1）中介公司表示，由于毛小姐的原因导致房地产买卖合同未签订的，应向中介公司支付总房款3%违约金，因为根据《房地产买卖居间协议》中约定"如三方有任何一方不能履行协议约定的，应对对方承担违约责任"，符合《中华人民共和国合同法》第114条"当事人可以约定一方违约时应当根据违约情况向对方支付一定数额的违约金，也可以约定因违约产生的损失赔偿额的计算方法"的规定。那么中介公司可否据此追究毛小姐的违约责任，要求毛小姐向中介公司支付总房款3%的违约金？

（2）毛小姐认为，《协议》中约定，房屋买卖一旦不成，自己及卖家均应向中介公司支付违约金，显然是"霸王条款"，要求法院予以撤销。毛小姐的这一要求可否得到法院支持？

（3）在该案件中，解决争议的关键是什么？

（资料来源：中国法院网）

拓展案例

下家反悔不买房　意向金不能返还

[案情]秦某通过中介看中定西路一套二手房，并在《承购意向书》中同意房屋总价为36万元，一周后签订买卖合同。按意向书约定，秦某当天付了1万元意向金。一周后，秦某反悔，要中介退回意向金，遭到中介拒绝。为此，秦某把中介告上法庭。

[判决]法院经审理查明，秦某根据意向书付了1万元意向金，意向书对意向金的用途及处理方法作出明确约定："议价成功后，意向金转为购房定金，如承购方违约不买或不依约履行，则意向金由出售方没收"。庭审中，中介出示证据证明，在收到意向金次日，上家张某在承购意向书上签字确认并收取定金人民币1万元。据此，一审法院驳回了秦某的请求。秦某未上诉。

[评析]意向金的处理不同于定金，其遵循"合同自由"原则，根据双方的约定处理。在实践中，按照法院判决及行业惯例，意向书中对意向金的约定及上下家议价是否成功是意向金能否返还的关键。在议价成功前，按照规定，上下家均有权单方面终止对中介的委托，因此意向金应当返还。不过，上下家撤销委托给中介造成损害的，应承担赔偿责任。议价成功以上下家就买卖主要条款达成一致或定金支付为准。一般来说，上家收到中介转付的意向金后，上下家产生定金法律关系。这意味着任何一方拒绝交易，都要按"定金罚则"处理，即上家不卖房需双倍返还，下家不买房不能拿回意向金。在此，有两点需要说明：一是意向金的处理应当有明确的书面约定；二是中介方应当履行告知义务并遵守诚信原则，否则不能擅自把意向金转为定金。

所谓"不吉利"导致退房　下家要求退定金未获支持

[案情]吴某通过中介看中一套虹口区的二手房，经过中介的居间服务，吴某与上家朱某签订了《房地产买卖合同》。合同签订当天吴某付了定金1万元，上下家对交房、付款等条款作了约定。签约一周后，吴某反悔，并向中介发出书面通知，认为上家隐瞒了在一年内房屋里连续死亡两人的重要事实，造成重大误解，要求解除买卖合同。上家原本不同意解除买卖合同，经中介沟通后同意解除买卖合同，但对定金返还不能达成一致。两个月后，上家将房屋另售他人，并因定金退赔问题与吴某闹上法庭。

[判决]庭审中，下家吴某认为，房屋内发生过死人情况，不吉利，因上家没有告知而产生误解，合同解除归咎于上家。上家认为，生老病死属人之常理，下家没有询问，自己没有告知的义务，合同解除应归咎于下家。法院判决将合同解除归咎于下家，驳

回了吴某的诉讼请求。

[评析]买卖合同签订后,因为"不吉利"的原因要求退房一案为什么会败诉呢?主要有三个原因:(1)人员死亡的事实是否应当告知存在争议。多数人认为,除非下家事先有特别要求,否则上家对屋内死过人的情况没有法定的事先告知义务。(2)没有证据证明上家或中介有欺诈行为。欺诈通常是指故意告诉对方虚假情况或者故意隐瞒真实情况,诱使对方作出错误决定的行为。(3)重大误解之说难以成立。重大误解通常是指行为人对行为的性质、内容、行为对象或其他直观信息认识错误,导致行为的后果与自己的意思相悖的情形。在庭审中,下家提出其购房目的是用作婚房,但由于无证据证明在合同签订前有过约定或要求,且其同意接受房屋内原有设施、家具,法院据此没有采纳他的辩解。但笔者认为,如果有证据证明,下家购房的确是用作婚房,法院应酌情采纳吴某的请求,至少应免除双方的缔约过失。

(资料来源:上海音果律师在线)

课后实践

1. 由学生 A 扮演出售方,学生 B 扮演居间人,先由 A 向 B 委托出售某住宅,要求填写委托出售房屋情况登记表,B 需对委托出售的房屋进行查验,协助 A 填写委托协议,并为其寻找客户,然后互换角色进行训练。训练目的:使学生熟练掌握房屋委托出售的居间业务操作。

2. 由学生 A 扮演购买方,学生 B 扮演居间人,先由 A 向 B 委托购买某住宅,要求填写委托购买房屋情况登记表;B 需根据 A 要求为其配比房源,促成交易,然后互换角色进行训练。训练目的:使学生熟练掌握房屋房屋委托购买的居间业务操作。

3. 由学生 A 扮演出售方,学生 B 扮演购买方,学生 C 扮演居间方,三方就房屋价格、支付方式等事宜进行沟通,C 撮合 A、B 方达成交易。

项目六
房地产代理业务基本职业能力训练

教学目标

最终目标：能回答客户各种关于房地产代理业务交易和合同方面的咨询，并能按照相关政策，协助客户办理各种房地产代理业务。

促成目标：

■ 掌握房地产代理的基本概念及业务类型。

■ 熟悉房地产销售、租赁代理业务的操作流程和主要事项。

■ 了解签订房地产代理合同的主要内容及注意事项，能独立签订房地产代理合同。

工作任务

■ 了解房地产代理业务。

■ 房地产销售代理业务训练。

■ 房地产租赁代理业务训练。

工作任务一　了解房地产代理业务

任务场景

如果你是某房地产经纪公司的一名房地产经纪人，受业主张先生的委托出售其房产，你如何根据所学到的房地产专业知识和市场信息，为委托人进行详细规划，例如评估欲出售房产的价值、投资回报率，预计需交纳的费用以及需要办理的手续等。如果你的委托人需要购置新房，你应该如何根据委托人的需要向他推荐合适的房源，如何考虑户型、大小、位置、价位、费用等问题。

任务描述

请根据上述背景资料,以一名房地产经纪人的身份,帮助客户张先生办理房地产代理业务。为此,本模块要求学生完成以下学习任务:a. 了解房地产代理的含义及业务分类;b. 掌握房地产代理业务的操作流程;c. 能够签订房地产代理合同;d. 能够快速测算房地产代理业务佣金。

相关知识

一、房地产代理的含义及业务分类

(一)房地产代理的含义

根据《民法通则》第63条的规定,代理是指代理人在代理权限内,以被代理人的名义实施民事法律行为,被代理人对代理人的行为承担民事责任。而一般民事代理活动可采用书面或口头合同形式确立,但代理活动一般要采用书面合同形式。

房地产代理是房地产经纪业务的一种主要形式。房地产代理是指以委托人的名义,在代理权限范围内,为促成委托人与第三方进行房地产交易而提供服务,并收取委托人佣金的行为。

(二)房地产代理业务的分类

房地产代理业务形式较多,根据不同的划分标准,可将其划分如下:

1. 根据服务对象分类

根据服务对象不同,房地产代理可分为买方代理和卖方代理。

房地产卖方代理是指房地产经纪机构(或经纪人)受委托人委托,以委托人的名义出租、出售房地产的经济行为。房地产卖方代理的委托人为房地产开发商、存量房的所有者或是出租房屋的业主。卖方代理是最主要的代理业务。

房地产卖方代理业务按委托人的不同,可分为以下3类:

(1)商品房销售代理。商品房销售代理是指房地产经纪机构(或经纪人)受房地产开发商的委托,按委托人的基本要求进行商品房销售并收取佣金的行为。房地产经纪机构(或经纪人)必须经房地产开发商委托,在委托范围内(如价格浮动幅度、房屋交付使用日期等)替开发商行使销售权。目前,商品房销售代理主要有独家代理、共同代理、参与代理3种形式。

(2)房屋出租代理。房屋出租代理按房屋存在形式,可分为现房出租代理、在建商品房预租代理、商品房先租后售代理等。

(3)二手房出售代理。在存量房出售代理业务中,房屋置换代理是一种比较常见的房地产代理方式。房地产买方代理是指房地产经纪机构(或经纪人)受委托人委托,以委托人的名义承租、购买房地产的经纪行为。房地产买方代理的委托人为需要购买或承租房屋的机构或个人,即购房者或租房者。

目前,房地产买方代理业务的发展还不是很成熟,且这方面的业务主要集中在境外公司和个人在中国境内承租房屋的代理。从业务总量上来看,房地产买方代理业务远远少于房地产卖方代理业务。

2.根据代理业务客体的交易形式分类

根据代理业务客体的交易形式不同,房地产代理可划分为:销售代理、租赁代理、抵押代理、置换代理、房产权属登记代理及其他代理业务。

3.根据代理运作方式的不同分类

根据代理运作方式的不同,房地产代理主要有一般代理、总代理、独家代理、差额佣金代理等形式。

一般代理也叫开放性代理,即卖主选择多家经纪人,给若干经纪人一个平等竞争、获得佣金的机会,但佣金只属于成功完成代理业务,使买卖双方达成交易的经纪人。如果由被代理人自己售出物业,则可以不支付佣金。总代理是指被代理人通常只与一个经纪人确定代理关系,如果被代理人自己售出物业,则有权不支付佣金。独家代理是指经纪人有独家销售该物业的权利,在代理合同的有效期内,其他任何人包括业主售出该物业,独家代理人仍有权获得佣金。独家代理是美国运用最广泛的一种代理形式。差额佣金代理允许经纪人获得的佣金为物业的实际卖价与业主期望的卖价之间的差额。目前,在我国,房地产代理业务以一般代理为主,运作方式比较单一。

二、房地产代理业务的基本操作流程

(一)私人客户代理业务的操作流程

1.确定委托代理关系

房地产经纪人与委托人签订委托合同,得到委托人的授权委托,取得代理人的身份,并在委托合同中明确代理方式、佣金的支取方式及数额等。

2.房地产查验

房地产经纪人取得代理人身份后,就应着手进行房地产查验。房地产查验的目的是使房地产经纪人员对代理的房地产有充分的了解和认识,做到知己知彼,为以后有效进行代理工作打下良好基础。

(1)房地产查验的主要内容:

①委托房地产的物质状况,包括所处地块的具体位置和形状、朝向、房屋建筑的结构、设备、装修情况、房屋建筑的成新。

②委托房地产的权属情况:

第一,权属的类别与范围。在房地产代理业务中,一般被代理的房地产都是所有权,在存量房出售代理业务中,一定要搞清楚标的房地产是所有权还是使用权房。如果是所有权,要注意如果房地产权属归两人或两人以上所有,该房地产即为共有房地产。对共有房地产的转让和交易,须得到其他共有人的书面同意。

第二,房地产他项权设定情况。即是否设定抵押权、租赁权? 如果有,权利人是谁? 期限如何确定? 诸如此类的情况,对标的物交易的难易、价格、手续均会产生重大影响,必须事先搞清楚。

第三,环境状况。包括标的房地产相邻的物业类型、周边的交通、绿地、生活设施、自然景观、污染情况等。

(2)房地产查验的基本途径:

①文字资料了解。

②现场实地察看。

③向有关人员了解。

房地产经纪人员可以向已入住的业主了解房屋使用情况,业主往往是房屋质量的第一见证人。

3.进行市场交易的可行性论证

房地产查验完毕,房地产即可着手开展市场销售的分析与论证工作。经纪人应从代理项目所处的区位、地段、投资结构、平面布局、环境等进行市场可行性论证,把握市场消费趋势及特点。

4.制订促销计划

经纪人在进行可行性论证的基础上,针对确定的消费层次制订促销方案,并确定物业的销售价格。

5.与客户接洽、谈判、签约

(1)接受客户的咨询,介绍所代理的物业。首先要了解客户所需物业的性质及类型,然后针对客户需求有选择地向客户推荐自己所代理的物业。

(2)与客户签订购房意向书或购房委托书。客户如有购房意向,首先应要求其与经纪人签订《购房意向书》或《购房委托书》,然后可带客户去现场看房。这是代理中介活动具有实质意义的关键一步。

(3)现场看房。在客户已有明确的购房意向后,就可以带客户到现场看房。带客户看房时,代理人可以在一旁作好现场解说,使客户尽快下定购房决心。

(4)签约、付款。在客户正式选中房屋后,就应该要求客户签订购房协议。代理人代表业主签订售房协议必须要有业主的《授权委托书》。合同签订后,在买方付清房款后,双方应到房地产交易机构办理登记过户手续。

6.收取代理费

(二)公司客户代理业务的操作流程

1.房地产代理业务开拓

代理业务开拓的关键是争取客户。要想赢得客户,最重要的是要切实为客户提供高质量代理服务,合理收取佣金,认真履行合同,促成代理成功,以诚信获得顾客信任。从长远来看,房地产经纪机构必须重视自身的品牌战略,以良好的企业品牌来吸引和稳定客户群,这是业务开拓的根本途径。

2. 房地产代理业务洽谈

首先,业务洽谈时要认真倾听客户的陈述,充分了解客户意图与要求,向客户询问拟代理项目的基本情况。同时衡量自身接受委托、完成任务的能力。

其次,要查清委托人是否对委托事务具备相应的权利,要查验委托人的有关证件,如个人身份证、公司营业执照等,并查清委托房地产的产权证、工程规划许可证、施工许可证、预售许可证等相关资料。此外,还要了解委托人的主体资格、生产经营状况及信誉。

再次,要向客户告知房地产经纪机构的名称、资格、代理业务优势以及按房地产经纪执业规范必须告知的其他事项。

最后,就经纪方式、佣金标准、服务标准以及拟采用的代理合同文本内容等关键事项与客户进行协商,若双方达成一致,房地产经纪机构或经纪人即可接受委托,受理该项委托服务业务。

3. 签订房地产代理合同

为保护自身权益,避免纠纷发生,房地产经纪机构或经纪人在接受客户委托,正式受理委托业务后,应与客户签订书面的房地产代理合同。代理合同应注明委托代理项目和内容、委托代理条件和服务标准、委托时间、服务佣金及支付方式等。签订的代理合同应交至当地的房地产管理机构进行合同备案登记。

4. 与客户谈判,提供技术服务,促成交易

在委托方和代理方签署房地产代理合同后,房地产经纪机构或经纪人要按照合同中委托的项目服务内容和标准进行业务操作,如代理销售业务的,要通过市场调查、制定广告计划等,寻找买主;如代理租赁业务的,则要收集信息,寻找出租和求租房屋的客户;如代办手续、代领证件的,则要及时到主管部门提出申请,办理相关手续,领取有关证件。

5. 收取佣金

房地产经纪机构或经纪人在完成代理业务后,应及时与委托人或交易双方进行佣金结算,佣金金额和结算方式应按经纪代理合同的约定来定。

6. 售后服务

售后服务是房地产经纪机构提高服务,积攒老客户的重要环节。售后服务主要包括延伸服务、改进服务及跟踪服务。

三、房地产代理合同

(一)房地产代理合同的含义

房地产代理合同是房地产经纪机构或经纪人与委托人约定,是房地产经纪机构或经纪人可以在授权的范围内,以委托人的名义与第三方进行房地产交易,处理相关事务,并由委托人支付酬劳的合同。

（二）房地产代理合同的特征

房地产代理合同应具有以下特征：

（1）房地产代理合同签订的目的是使房地产经纪机构或房地产经纪人为合法的委托人，代为处理委托事务。房地产代理合同使房地产经纪机构或房地产经纪人有权为委托人代理进行房地产销售、租赁、产权登记等交易或事务。当委托事务完成后，则由委托人支付相关代理费用。

（2）房地产代理合同的订立以委托人和代理人之间的相互信任为前提。委托人和代理人之间如果没有相互信任和了解，代理合同难以成立。即使建立了委托代理关系，也难以巩固。

（3）房地产代理合同是诺成合同和不要式合同。当房地产代理合同的双方当事人意思表示一致，合同即告成立。同时，房地产代理合同虽为不要式合同，但因房地产买卖、租赁、置换等是涉及房地产权益的重大处理，所以为避免合同纠纷应当采用书面形式确定下来。

（三）房地产代理合同的主要条款

（1）合同双方当事人的基本情况。

（2）代理房地产标的物的状况，如地理位置、面积、总价款、相关证照及资料清单等。

（3）代理服务事项与服务标准，如完成标准、双方权利义务等。

（4）代理服务报酬或酬金条款，如薪酬标准、支付方式、支付时间等。

（5）合同履行期限。

（6）违约责任。

（7）解决争议的方式。

（8）合同签订的时间、地点、当事人。

注：各类房地产经纪代理业务合同样本，如《商品房销售代理合同》、《房屋出租代理合同》、《二手房出售代理合同》、《二手房承购代理合同》，可登录重庆大学出版社教学资源网站下载。

四、房地产代理业务佣金

房地产经纪人的佣金应当向委托人收取而不能向交易相对人即第三方收取，收费标准应遵守《国家计委、建设部关于房地产中介服务收费的通知》（计价格〔1995〕971号）所规定的收费标准。通知规定：房地产经纪收费是房地产专业经纪人接受委托，进行居间代理所收取的佣金。房地产经纪收费应根据代理项目的不同实行不同的收费标准。

（1）房屋租赁代理收费：无论成交的租赁期限长短，均按半月至一月成交租金额标准，由双方协商议定一次性计收。

（2）房屋买卖代理收费：按成交价格总额的 0.5% ~ 2.5% 计收。

（3）实行独家代理的，收费标准由委托方与房地产经纪机构协商，可适当调整，但最高不超过成交价格的 3%。

（4）土地使用权转让代理收费办法和标准另行规定。

上述规定的房地产价格评估、房地产经纪收费为最高限标准。对经济特区的收费标准可适当规定高一些，但最高不得超过上述收费标准的 30%。

拓展案例

易居中国谋划以特许加盟珠三角

2009 年 12 月 12—13 日两天，2009 年第二届中国房地产策划师年会暨中国房地产营销创新模式论坛在上海浦东星河湾酒店举行。全国百强房企 2009 年总销售面积 20% 来自于三四五线城市，但 37% 的土地储备却位于此，三四五线城市将成为未来房地产开发的主战场。而易居中国正在谋划以特许加盟模式，抢占三四五线城市营销代理市场，珠三角也将成为其布局的重要目标。

易居中国董事兼 CEO 臧建军用一组数据来佐证三四五线城市成为房地产开发主战场的趋势。这些数据显示，在过去 5 年，三四五线城市交易金额上升了 321%，交易价格平均上升了 71%。而全国百强房企 2009 年总销售面积 20% 来自于三四五线城市，但却有 37% 的土地储备位于这些城市。全国百强房企布局三四五线城市，将引起代理行业版图的改变。据易居中国统计，2009 年全国代理的比例平均是 47%，而三四五线城市代理比例在 30% 以下，而且主要是当地房地产公司的自产自销。

易居中国 2009 年度截至 11 月底已实现销售面积超过 1 000 万 m^2，稳坐中国房地产代理行业的头把交椅。而帮助星河湾在浦东创下开盘当日销售 40 亿元的营销纪录正是易居中国。出于对三四五线城市发展趋势的敏锐"嗅觉"，在本次策划师年会上，易居中国提出特许加盟模式，以图提前抢占三四线城市的份额。臧建军分析广州、深圳两个城市，易居中国将以直营的方式进入，而珠三角城市将以特许加盟的形式进行渗透。

（资料来源：http://gcontent. nddaily. com/c/b8/cb8acb1　dc9821bf7/Blog/e06/f89a69. html，南都网）

课后实践

1. 请调查全国或本地某著名房地产代理公司在前一年的代理销售额、销售面积、营销模式等情况，并分析房地产代理业的发展前景。

2. 请调查当地房地产代理公司对营销、企划、销售人才的需求情况，以及代理公司对这些人才基本能力和素质的特殊要求。

工作任务二　房地产销售代理业务

任务场景

小陈是××房地产营销策划公司拓展部的一名新兵,目前他最大的问题就是如何尽快熟悉并顺利开展房地产销售代理业务,例如房地产销售代理业务的接待、洽谈、办理等工作,还有通过怎样的途径才能接到房地产销售代理项目。

任务描述

请根据上述背景资料,以一名房地产经纪人的身份,帮助客户办理房地产销售代理业务。因此,本模块要求学生完成以下学习任务:a.了解新建商品房销售代理的相关业务环节;b.会填写房地产销售代理合同及认购书;c.能独立进行房地产销售资料的准备;d.熟悉房地产销售代理业务的工作流程和注意事项;e.逐步形成良好的服务意识。

相关知识

一、房地产销售代理

房地产销售代理指房地产经纪机构(或经纪人)受房地产开发商及房地产所有权人的委托,以委托人的名义对所有房地产代行销售的经纪行为。

商品房销售代理是我国目前房地产代理活动的主要形式,包括两类,即商品房现房销售和商品房预售。

1.商品房现售代理

商品房现售代理是指房地产经纪机构受房地产开发企业委托,将已通过竣工验收的商品房进行出售的经纪行为。

2.商品房预售代理

商品房预售代理是指房地产经纪机构受房地产开发企业委托,将正在建设中的商品房进行预先出售的经纪行为。

二、房地产销售代理业务的流程

房地产经纪机构与房地产开发商或房屋所有权人签订房地产销售合同后,主要需要完成的工作如下:

1.代理项目相关信息收集

房地产经纪人员应收集以下信息:

(1)委托方信息,包括委托方的资质及信誉情况等,如房地产开发企业的法人营业执照、房地产开发企业的资质证书等。另外还要对代理项目(新建商品房项目)的土地使用权证书、建设规划许可证、施工许可证、预售许可证等进行查验,二手房则要查验房屋所有权证书。

(2)代理项目的基本信息,如代理物业自然状况(房屋数量、面积、格局、装修情况、建筑风格等)、权属状况、基础设施配套情况等信息。

(3)与代理项目相关的市场信息,如代理物业所属的房地产细分市场的供求信息、价格信息、竞争楼盘状况等。

2.方案设计,完成销售准备工作

方案设计指的是房地产经纪机构针对代理项目的特点,制订房地产营销方案。另外,还要进行销售准备工作,如销售团队的组织、销售案场的布置等。

3.销售方案执行

销售方案执行,主要包括广告投放、宣传品发放及公关活动宣传等。

4.客户接待、洽谈、签约

购房是客户的一次大的消费,房地产经纪人要根据客户的需求为其推荐物业,介绍物业的面积、户型、层次、朝向、价格、建筑类型、材料等,并附赠相应的楼书、户型图、价目表等。另外还需带客户到现场看房,让客户清楚地了解物业情况,做出理性的购房判断。当客户决定购买时,房地产经纪人员应代表委托方及时与客户签订房地产买卖合同,交易合同既可采用政府制订的规范文本,也可以由交易双方自行协商制订。

5.房地产交易价款收取与管理

房地产买卖合同签订完毕,房地产经纪机构要代理委托人收取房地产交易价款。交易价款的支付时间在房地产交易合同中明确约定。交易价款收取后,房地产经纪机构还要向客户出具正式的发票。收取的价款先暂由房地产经纪机构妥善保管,以后再按代理合同所约定的方式交给委托人。

6.房地产权属登记

在房地产买卖合同签订后,如客户已付清所有房款,房地产经纪机构需代表委托人到房地产交易市场及产权监理处办理登记过户手续。

7.房地产交验入住及客户回访

房地产交验时,买方要对物业实际情况进行核查,检查是否与合同中所说明的情况相符,如设备、装修的规格、质量等。此时,房地产经纪人员须充分协助买方客户进行核对,以避免日后发生纠纷。

8.佣金结算

佣金一般是按销售总房款的一定比例计算。佣金结算方式有3种:现场结款、周期结算和清盘结算。其中,现场结款是指按照佣金标准,每实现一次销售回款现场提取佣金。周期结算是指按照佣金标准,每周或每月结算一次。清盘结算则是指按照代理合同标准,完成代理销售任务后一次性结算佣金。

9.售后服务

良好的售后服务,既可以提高服务质量,稳定老客户,又可以通过口碑相传吸引更多的新客户。

三、新建商品房销售代理

我们把新建商品房销售代理业务分为两个阶段:销售准备阶段和销售实施阶段,并对这两个阶段进行业务操作训练。

第一阶段:销售准备

(1)房地产代理合同的填写。

(2)模拟房地产销售资料的准备。

(3)认购书填写训练。

(4)销售队伍的组建。

(5)销售现场准备训练。

第二阶段:销售实施

(1)售楼现场咨询模拟训练。

(2)按揭款项的计算练习。

(3)模拟售楼。

(4)新建商品房权证的办理实训。

(5)客户异议处理训练。

业务操作一　填写房地产销售代理合同

业务描述

熟悉房地产销售代理合同的格式、条款等内容,并学会填写房地产销售代理合同。

业务知识

某房地产咨询策划有限公司独家销售代理合同

委托方(甲方):＿＿＿＿＿＿＿＿＿＿＿＿＿＿＿＿＿＿＿＿＿＿＿＿＿＿

法 定 地 址:＿＿＿＿＿＿＿＿＿＿＿＿＿＿＿＿＿＿＿＿＿＿＿＿＿＿

乙　　　　方:＿＿＿＿＿＿＿＿＿＿＿＿＿＿＿＿＿＿＿＿＿＿＿＿＿＿

法 定 地 址:＿＿＿＿＿＿＿＿＿＿＿＿＿＿＿＿＿＿＿＿＿＿＿＿＿＿

甲、乙双方就甲方委托乙方代理销售＿＿＿＿＿＿＿＿＿＿＿＿项目事宜,经过友好协商达成一致意见,为明确双方的责任、义务、保障各方利益,特签订本合同,供双方共同遵守执行。

第一条 委托范围及内容

1.甲方现全权委托乙方独家代理销售位于_____市_____区_____路的_____项目(以下简称该项目)。

2.乙方代理销售甲方投资开发建设该项目所有可销售的住宅及车位,可销售面积约为_____ m^2 (其中单身公寓面积_____ m^2 ,多层住宅面积_____ m^2 ,车位及车库面积_____ m^2)。

3.本合同不包括可销售的商铺面积_____ m^2 。如有销售,销售佣金甲乙双方另行商定。

4.甲方对上述项目在委托期内不再委托其他公司代理销售。

第二条 合同有效期

_____年_____月_____日至_____年_____月_____日,为期_____个月。

第三条 销售价格

1.住宅销售底价由甲乙双方确定为_____元/ m^2 (按销售面积计算),销售总金额为_____元(大写:_____元)。

2.乙方根据此底价拟定一房一价《价目表》,并报至甲方审核确认,《价目表》作为本合同的附件与本合同具有同等法律效力。

第四条 甲方的责任

1.保证该项目的合法开发,并向乙方提供有效资料复印件作为合同附件。

2.甲方提供以下书面资料:项目背景、有关政府批文、红线图和其他相关资料等。

3.甲方对该物业本身的权属或资格的瑕疵而引致的纠纷承担全部责任。

4.甲方对项目操作进展的实际情况应及时与乙方沟通,以便乙方顺利开展及调整工作。

5.为方便乙方开展工作,甲方需为乙方提供相应的办公场地和售展场地及相关的办公设备及通信设备。同时甲方负责提供该项目的模型。

6.为保障乙方高效开展销售工作,甲方应做好以下工作。

(1)甲方应向乙方提供合法的各类销售文件,包括项目预售许可证、甲方营业执照复印件等。

(2)甲方应向乙方提供合法的销售面积、套内使用面积及公摊面积证明。

(3)甲方应保证甲方确认的该项目的工期进度及竣工交付时间,并及时向乙方通报工程实际进度,确保对客户的承诺。

7.合同中所涉及的费用,甲方必须按时与乙方结算。

8.甲方提供详细的产品策略、价格策略、营销策略、入市时机广告策略等,形成详细、切实、可行的策划报告书,并详细解释、解答报告有关内容。

9. 在乙方服务期限内,甲方必须根据乙方销售进度安排广告促销计划、印刷品的印制及各类有利于销售活动的设计与实施。

10. 乙方在开盘之日起 3 个月内销售达到 30% 时,甲方须将按本合同约定的代理费按时支付给乙方,之后根据实际销售情况按月支付。

第五条　乙方责任

1. 乙方从签约之日起就应组织专案小组,开展该项目的销售准备工作。同时,根据服务项目的深度,定期提供服务内容;乙方应在签订合同后_____日内派驻工作人员进场。

2. 乙方按服务范围向甲方说明销售进展情况,每阶段工作内容须经甲方审核后,最终以甲方签字认可为准,并严格按照工作进程的时间安排服务工作。

3. 在项目发展的全过程中,密切配合甲方实施策划方案。

4. 乙方负责组织项目的销售工作。

(1)乙方负责销售人员的组织、培训和管理工作。确保销售人员素质优良、行为规范统一,确保建立一支强有力的营销队伍。

(2)在销售过程中,乙方应严格按照甲方提供的项目资料进行销售,不得超越甲方授权向购房方作出任何承诺。

(3)乙方负责根据代理销售实施的其他各项管理工作(包括建立严密而完整的营销制度)和销售实施相关工作。

5. 乙方在项目销售代理过程中负责乙方人员的全部差旅费和人员工资、奖金和补贴。

6. 保守甲方提供的有关本项目的商业秘密,非经甲方同意不得将有关资料擅自公开或泄漏给他人,不得将该销售工作中的有关资料与内容使用于本项目以外的用途。

7. 本合同签订时,乙方应按销售期限制订销售计划表,若在开盘之日起 3 个月内销售达不到 30%,甲方有权中止合同,并不支付代理费用。

第七条　销售代理费用及溢价部分支付方式

1. 甲方按总销售额的 1.2% 支付代理费于乙方。在该项目开盘之日起 3 个月内销售达到 30% 时起付代理费,之后按月结算。若在开盘之日起 3 个月内销售达不到 30%。甲方有权解除合同,并不支付代理费用。

2. 完成 30% 销售率后的代理费按月支付,每月结算时甲方扣留 20% 作为履约保证金,若乙方在规定期限内完成了约定的销售率,甲方将在次月结算日全额支付给乙方,第二阶段的销售进度重新开始每月扣留 20%。各期代理费结算以此类推。

3. 结算对象以签订预售合同为唯一标准。结算日为每月 10 号。逾期 5 日以上,甲方按同期银行贷款利率支付乙方。

4. 乙方销售房屋的实际成交价高于均价部分为溢价,溢价部分不重复计入乙方的销售代理佣金。甲乙双方溢价部分分成比例为甲方 70%,乙方 30%。

5. 溢价部分结算时间:完成销售总额40%结算一次;完成销售总额60%结算一次;完成销售总额80%结算一次;撤场时全部结清。

6. 在合同有效期内,提前_____个月完成合同约定的销售额的,甲方再一次性给予乙方_____万元的奖励。

7. 在销售代理期限结束后一个月内,甲方应对乙方担任销售代理期间所受理的准客户(已付定金的客户)予以确认。确认的客户最终成交的,均视为乙方担任销售代理期间的工作成果,甲方应支付相应的费用。

第八条　违约责任

1. 在合同期内,任何一方提出中止合同,必须提前30天以书面形式通知对方,并在一个月内向对方支付违约金人民币_____万元整。如甲方单方面违约中止合同,则甲方应向乙方支付人民币_____万元赔偿费;如乙方单方面违约中止合同,则乙方应向甲方支付人民币_____万元赔偿费。

2. 在本合同到期时,双方若同意终止本合同,双方应通力协作妥善处理终止合同后的有关事宜,结清与本合同有关的法律、经济等事宜。本合同一旦终止,双方的合同关系即告结束,甲乙双方不再互相承担任何经济及法律责任,但甲方未按本合同的规定向乙方支付应付费用的除外。

第九条　其他条款

1. 若因承购方原因,未能如期与甲方签订预售合同,则承购方已付定金按预订合同的规定全额归乙方所有,不作为甲方向乙方支付佣金的销售业绩。

2. 乙方在合同有效期内完成销售率(含定金客户)95%(含)以上,甲方同意乙方可结案撤场。同时在30个工作日内结算完毕剩余的代理费。

3. 委托期内,乙方全权负责总销控。乙方同意甲方保留30套房屋自行销售,按实际销售额0.2%支付乙方代理费用。

4. 溢价部分乙方须经甲方确认。

5. 甲乙双方应指定代表人。负责本项目相关的协商工作,合同未尽事宜,双方可根据实际情况签订补充协议。本合同及附件具有同等法律效力。

6. 本合同一式肆份。甲乙双方各执贰份,均具有同等法律效力,经双方授权签署加盖公章即行生效。

甲　　　方:_____　　乙　　　方:_____
法定代表人:_____(盖章)　法定代表人:_____(盖章)
委托代理人:_____(盖章)　委托代理人:_____(盖章)
　　　_____年____月____日　　　　　_____年____月____日

业务操作二　准备房地产销售资料

业务描述

明确房地产销售资料包括法律文件、宣传资料和销售文件等,并能够迅速列出并一一准备。

业务知识

一、法律文件的准备

法律文件主要指如下几项:
(1)建设工程规划许可证和验收合格证。
(2)土地使用权出让合同。
(3)预售许可证或销售许可证。
(4)房地产买卖合同。
注意:开发经营企业进行商品房预售时,应当向承购人出示许可证。其商品房预售广告、售房宣传资料和说明均应载明预售许可证的批准文号。其许可证在售楼场所显著位置悬挂。未取得预售许可证的,不得进行商品房预售。

二、宣传资料的准备

宣传资料主要有楼书(分为形象楼书和功能楼书)、折页、置业锦囊、宣传单张等。宣传资料不一定每一种形式都具备,一般根据项目规范、档次、目标客户群等来选择某一种或多种组合,使其既能达到宣传房地产项目的效果,又能控制成本。

三、销售文件准备

销售文件主要指付款方式、价目表、按揭指引、交纳税费一览表、办理入住指引、认购合同、购楼须知等。
1. 付款方式(见表6.1)

表6.1　付款方式样本

付款方式	一次性付款	即供按揭	轻松按揭	建筑分期
优惠折扣	9.6折	9.7折	9.9折	原价
十天内签署《商品房预售合同》时付(扣除定金)	20%	10%(同时申请办理最高八成三十年银行按揭手续)	10%(同时申请办理最高八成三十年银行按揭手续)	20%

签署认购书时付定金	人民币：		万元		
一个月内	45%	10%			
两个月内	30%				20%
三个月内				5%	20%
四个月内					20%
六个月内					15%
发出入伙通知书十天内付清	5%			5%	5%

2. 楼盘价目表(见表6.2)

表6.2　楼盘价目表样本

房　号	套内面积	公摊面积	建筑面积	销售单价	储藏号	套内面积	公摊面积	建筑面积	储藏单价	累计总价

3. 入伙应付款项费用表(见表6.3)

表6.3　入伙应付款项费用表样本

项　目	备　注
有线电视安装费	
管道煤气初装费	
可视防盗对讲系统	

四、按揭指引

办理银行抵押贷款须知

(一)个人购房抵押贷款

1. 贷款对象：××银行提供房价最高70%最长30年的贷款限期,您可以在该范围内自由决定,但借款人年龄加上其借款年限不能超过65岁。××银行可为您提供住房公积金个人住房抵押贷款服务,年龄同上(注:如您申请的贷款期限为 30 年,则申请贷款时您的年龄不能超过 35 岁(男性)/30 岁(女性))。

重要提示:银行按揭贷款只贷到万元位,万元以下尾数款须在第一期楼款时交到发展商处。例如您向银行借的五成楼款为 155 800 元,您须将 5 800 元交给发展商,其余 150 000 元作为向银行申请的借款总额。

2.贷款最高限额:银行根据客户提供的资料,经过审查核实,本市户口贷款额最高可达房价的 7 成,非本市户口贷款额最高可达房价的 6 成,期限最长不超过 30 年,利率执行人民银行公布利率。

(二)申请银行按揭须具备的条件

1.具有完全民事行为能力的自然人,且具有城镇常住户口或者有效居留身份。

重要提示:××银行不单独受理 18 周岁以下 65 周岁以上人士抵押借款申请,暂不受理企业法人的抵押借款申请。

2.60 周岁以上的退休人士须有经济能力人作担保,并以有经济能力人名义购房借款。如坚持以老人名义购房的,则降低借款额、年限,最高为六成 10 年。

3.与发展商签订《商品房预售合同》,并同意用所购的房产作抵押。

4.有稳定的职业和收入,有按时偿还贷款本息的能力。

5.已按合同付款时间、付款方式向发展商付清首期款。

备注:

1.18 周岁以下人士可单独签署《房地产预售合同》,但不能单独签署《购房抵押借款合同》。

2.18 周岁以下人士可与具有完全民事行为能力的自然人共同签署《房地产预售合同》;如需签署《购房抵押借款合同》的,则需与符合银行借款条件的人士共同签署,及为未成年人代为办理。

3.每份《房地产预售合同》最多只能有 4 位购房人签名。

(三)申请银行按揭须向银行提供的资料

1.国内居民须提供身份证和户口原件及复印件 2 份,境外人士须提供护照或回乡证、身份证原件及复印件 2 份。

2.提供下列收入证明或财产情况证明:

(1)证明借款人的收入或家庭月总收入不低于每月供款额的 150% 的单位证明原件(例如月供款为 1 000 元,其收入应不低于 1 500 元);

(2)不低于贷款额 20% 的定期或活期存折原件及复印件 2 份;

(3)其他资产证明文件,如存折、国债、房产证、租约(主要提供国土房管局登记备案的长期租约,租金不低于借款的 200%)等原件及复印件 2 份;。

3.已缴楼款收据复印件 2 份。

4.《××楼盘认购书》原件及复印件 2 份。

5.《房地产预售合同》复印件。

重要提示:以上资料的原件和规格为 B5 的复印件,须在申请银行按揭时交××律师事务所(地址为:××市××路××号),律师:××,电话:××××××,以便审查、核对原件和复印件的真实性。

(四)办理银行按揭须缴交的费用

1.《购房抵押借款合同》公证费:每份 300 元。

2. 抵押备案登记费:每套 375 元。

3. 房产保险费:楼价×0.1%×按揭年限(注:按揭 2～5 年的,可获 9 折优惠;按揭 6～10 年的,可获 8 折优惠;按揭 10 年以上的,可获 7 折优惠)。

4. 印花税:贷款额×0.5%。

5.《购房抵押借款合同》的律师签约服务费及律师见证费:贷款 50 万元以下每笔收费 750 元;贷款 50 万～100 万元每笔收费 1 000 元,贷款 100 万～150 万元每笔收费 1 200 元;贷款 150 万元以上每笔收费 1 500 元。

6. 还款担保书收费:500 元(注:此项费用是为未成年人按揭作还款担保公证费用)。

(五)借款人申请银行按揭贷款流程

1. 与发展商签署《商品房预售合同》,并已向发展商缴交定金 1 万元,签署认购书 3 天内向银行提出贷款申请。

2. 在××律师事务所签署以下文件并由律师进行见证。

(1)《个人住房贷款申请审批书》。

(2)《购房抵押借款合同》。

(3)《借款凭证》。

(4)《抵押房屋保险协议书》。

(5)《委托书》。

(6)《公证申请表》。

(7)《他项权证登记申请书》。

(8)其他须签署的文件。

支付本《办理银行抵押贷款须知》第(四)点 1 至 5 项费用给××律师事务所。

3. 签署认购书 10 天内,与发展商签署商品房预售合同,并由发展商送至房管局进行合同登记鉴证。

4. 银行约见借款人,银行保管客户有关文件。

5. 律师行通知借款人已批出贷款。

6. 借款人按《购房抵押借款合同》中约定的时间(次月 15 日前)开始按时将还款存入银行存折。

7. 借款人还清所有按揭款项后,应到原抵押登记部门撤销抵押备案登记,取回《商品房预售合同》或《房地产权证》。

业务操作三　认购书的填写

业务描述

熟悉认购书的格式与条款,会熟练填写认购书。

业务知识

某咨询策划有限公司楼盘认购书

出卖人(以下简称卖方):＿＿＿＿＿＿＿＿＿＿　联系电话:＿＿＿＿＿＿＿＿＿＿＿

项目地址:＿＿＿＿＿＿＿＿＿＿＿＿　　　　　邮编:＿＿＿＿＿＿＿＿

买受人姓名	联系电话	身份证号码	住　址

预定住宅、营业房情况:

物业名称	幢号　室号	建筑面积(m²)	单　价(元/m²)	金　额(元)
住宅				
储藏室				
营业房				
付款方式				

　　1. **住宅房付款方式:**客户签订本认购书时付定金＿＿＿＿＿＿万元,于＿＿＿＿＿＿年＿＿＿＿＿＿月＿＿＿＿＿＿日前交纳首期房款＿＿＿＿＿＿万元整(包括定金),储藏室＿＿＿＿＿＿万元,合计＿＿＿＿＿＿万元;＿＿＿＿＿＿年＿＿＿＿＿＿月＿＿＿＿＿＿日余款＿＿＿＿＿＿万元与××银行签订按揭合同(按揭不含储藏室房款),超时按照买受人逾期付款违约责任处理。

　　2. **营业房付款方式:**客户签订本认购书时付定金＿＿＿＿＿＿万元,于＿＿＿＿＿＿年＿＿＿＿＿＿月＿＿＿＿＿＿日前交纳首期房款＿＿＿＿＿＿万元整(包括定金);＿＿＿＿＿＿年＿＿＿＿＿＿月＿＿＿＿＿＿日余款＿＿＿＿＿＿万元与××银行签订按揭贷款合同,超时按照买受人逾期付款违约责任处理。

　　3. **一次性付款:**客户签订本认购书时一次性付清住宅(营业房)及储藏室价格共计＿＿＿＿＿＿万元。

双方声明共同遵守如下约定：

1.买方须依上述付款方式依期如数支付上述款项。

2.本认购书所述付款日期双方必须严格遵守,买方应按上述指定时间缴清认购房款,每延期 1 日须向卖方支付认购房款未交纳部分 1% 的违约金,累计计算;若超出上述时间 7 日,买方仍未交应付款额及违约金,卖方有权解除本协议,定金不予退还,卖方不再另行通知。

3.买方须于签订本认购书后,即＿＿＿＿＿＿＿年＿＿＿＿＿＿＿月＿＿＿＿＿＿＿日前携本认购书及身份证或公司证明与应付房款到××售楼中心签署《商品房买卖合同》。《商品房买卖合同》一经签署,本认购书的首期定金即转为《商品房买卖合同》的房款,同时本认购书自行解除作废。

4.如买方在上述期限内未来签署《商品房买卖合同》或未依时缴付上述应付房款,则视作买方自动放弃其所认购物业的权利,卖方有权没收买方已缴付的定金,并有权将该物业另行出售,因转售而获得的一切利益全部归卖方所有,而与买方无关,买方不得要求任何形式的赔偿;如卖方原因不能将所认购的物业售与买方,将双倍返还定金,除此之外,不再作其他赔偿。

5.买方上述地址或电话有更改,必须以书面形式通知卖方,同时保证此认购书内提供的资料全部真实有效。

6.有关购买该物业的公证费、登记费、契税及国家规定的代收费用,概由买方支付。

7.本通知书必须由客户本人签字及公司盖章后方才有效。

8.本认购书一式四份,卖方三份,买方一份,均具同等法律效力。

买受人签名：   出卖人印章：

日　　期：   日　　期：

业务操作四　组建销售队伍

业务描述

了解组建销售队伍的基本步骤和销售人员培训的主要内容。

业务知识

一、了解公司背景和目标

(1)公司背景、公众形象、公司目标(项目推广目标及公司发展目标)。

(2)销售人员的行为准则、内部分工、工作流程、个人收入目标。

二、熟悉物业详情

（1）项目规模、定位、设施、买卖条件。

（2）物业周边环境、公共设施、交通条件。

（3）该区域的城市发展计划、宏观及微观经济因素对物业的影响情况。

（4）项目特征：

①项目规划设计内容，如景观、立面、建筑组团、容积率等。

②平面设计内容，包括总户数、总建筑面积、总单元数、单套面积、户内面积组合以及户型优缺点、进深、面宽、层高等。

③项目优劣分析及对策。

④竞争对手优劣分析及对策。

三、掌握销售技巧

售楼过程中的洽谈技巧，包括如何通过提问了解客户需求及购买心理；如何通过了解客户需求、经济状况、期望等来掌握买家心理；如何恰当使用电话；如何运用推销技巧、语言技巧、身体语言技巧等。

四、明确签订合同的程序

（1）售楼处签约程序。

（2）办理按揭及计算。

（3）入住程序及费用。

（4）合同说明及其他法律文件。

（5）所需填写的各类表格。

五、了解物业管理情况

（1）物业管理服务内容、收费标准。

（2）管理准则。

（3）公共契约。

六、了解销售人员培训内容

包括房地产销售人员的礼仪、建筑学基本知识、相关的财务制度等。

业务操作五　准备销售现场

业务描述

　　明确售楼中心的功能分区,了解销售中心布置的基本原则与注意事项,并能进行简单的销售中心布置与设计;了解创设售楼现场热烈气氛的其他形式如看楼通道、形象墙、户外广告牌、灯箱、大型广告牌、导示牌、彩旗、示范环境、施工环境等并能进行简单的设计。

业务知识

一、售楼中心设计

　　售楼中心是向客户介绍和展示楼盘形象的场所,同时又是客户作出购买决定并办理相关手续的场所,其地点的选择和装修设计风格都要精心安排。

　　1. 售楼中心位置的选择

　　(1)最好迎着主干道(或主要人流)方向。

　　(2)设在人车都能方便到达,且有一定数量停车位的位置。

　　(3)设在能方便到达样板房的位置。

　　(4)设在施工场地容易隔离、现场安全性较高的位置。

　　(5)设在环境和视线较好的位置。

　　2. 售楼中心的设计与布置

　　(1)功能分区明确,一般设有门前广场、停车场、接待区、洽谈区、展示区、办公区、客户休息室、卫生间、储藏室、更衣室等。

　　(2)进入销售中心前要有明确的导示,如彩旗、指示灯牌等;入口广场上要有渲染氛围的彩旗、花篮、气球、绿化等,在空间允许的情况下,还可以布置水体、假山石、花架、休闲桌椅等;在必要处布置饰品和植物。

　　(3)销售中心的内外空间要尽可能通透。

　　(4)接待区要布置在离入口处较近,且方便销售人员看到来往客户的位置;在接待区要通过背景板营造视觉焦点,背景板可以展示楼盘的 LOGO(标志)、名称、情况介绍,也可以用图片展示一种氛围;接待区的灯光要经过特别处理,做到整体和局部的完美结合。

　　(5)室内灯光要明亮,重点的地方要有灯光配合作为强调,如展板、灯箱、背景板等。

　　(6)洽谈桌的宽度或直径一般为 80 cm。

　　(7)接待台的尺寸一般是:长不小于 3 m,宽为 65 ~ 75 cm,高为 68 ~ 75 cm。

（8）要配合楼盘性质营造氛围，如普通住宅的温馨，高档住宅的尊贵豪华，写字楼的庄重等。

（9）主卖点要有明确的展示，如：展板、图片及实体展示。

（10）内部空间要尽可能通透，其净高度一般不低于3.6 m，如果整体空间的尺寸较小或有特殊要求时，高度可另外考虑。

二、看楼通道设计

看楼通道是连接售楼处和样板房（现场实景单位）之间的交通通道。看楼通道设计应注意以下几点：

（1）看楼通道的选择以保证线路尽可能短和安全通畅为原则。

（2）要保证通道的采光或照明充足。

（3）最好有利于施工组织，尽可能不要形成地盘分割。

（4）对于有转折的地方或不符合人的行为功能的地方应有提示，如高低水平、顶梁过低等地方。

（5）在通道较长的条件下，景观要丰富而不单调。

三、样板房的设计

房地产项目在预售时，由于置业者在产生购买行为时看不到完整的房屋状况，而样板房可以让客户对所购买物业有一个直观的感觉和印象。因此，样板房装修布置应表现真实，同时在具体选择和装修上要注意以下原则：

1. 样板房选择的基本原则

（1）选择主力户型、主推户型。

（2）设在朝向、视野和环境较好的位置。

（3）设在可方便由售楼处到达的位置。

（4）多层楼盘尽可能设在一楼或低楼层。

（5）高层现房一般设在较高楼层。

（6）高层楼盘一般布置在4~6层。如果小区环境已做好，周边景观较好，也可以利用临时电梯作垂直交通工具，布置在尽可能高的楼层。

2. 样板房装修原则

（1）装修应充分展示户型空间的优势。

（2）要有统一的标识系统（如门前户型说明、所送家私电器的标识）。

（3）针对空间的使用要给客户进行引导（特别是难点户型和大面积户型）。

（4）装修的风格和档次要符合项目定位和目标客户定位。如：经济型用房要着力展示空间的实际使用功能，即展示空间的实用性；小户型住宅可从凸显空间的有效性和生活情调等方面进行展示；高档物业着力表现其尊贵豪华和突出品位；内部展示的电器、家私、小饰品都应协调；装修风格也可新潮别致，风格独特。

(5)色彩明快温馨。

(6)家具要做工精细,整体风格要协调一致,不可零乱。

(7)光线要充足。

(8)对于周边有安全网的样板房,其窗、阳台与围护板间保留约30 cm 的间隔,用以绿化。

(9)样板房门前要设置鞋架或发放鞋套,最好可以让客户直接进入;在样板房入口的上两层阳台等处应设置挡板,以防施工掉落物,以免给客户造成不够安全的印象。

四、形象墙、围墙设计

(1)形象墙、围墙一般主要设在分隔施工现场,保证客户看楼安全和视线整洁的地方。一般可用普通的砖墙、也可用围护板。

(2)在客户视线可及的地方,墙上要进行美化和装修,可以上裱喷绘,也可用色彩直接上绘。

(3)墙上的内容可以仅仅是楼盘的 LOGO、情况介绍和售楼电话,也可以根据其墙所在的位置,通过组合灯箱、广告牌来展示楼盘的形象和卖点。

(4)墙饰的风格和色彩应与整体推广相统一,具有可识别性。

五、模型展示

模型主要用来告之客户竣工后楼盘的完整形象,同时,也方便销售人员给客户讲解时指明具体户型的位置、方位。模型一般包括:社区整体规划模型、分户模型、局部模型、环境模型、区域模型。

社区整体规划模型用于表现项目的具体位置、周边的景观、配套和小区布局以及中心庭院等,整体楼盘模型的常规比例为1∶150。

分户模型主要用在实体样板房和交楼标准不能展示全部户型时,方便客户了解户型的实际布局和户内空间大小尺寸,常规比例为1∶25。

局部模型主要用于楼盘现场及其他模型都不能充分表现的局部,通常是建筑的阳台、空中花园、屋顶或会所,也可以是建筑的一段外墙或内墙、小区或户外的环境局部、会所的局部等,往往是楼盘的主卖点或是需要重点展示的地方。比例可以根据实际确定。

环境模型主要在楼盘的环境面积较大或特色明显,但通过现场又无法展示的情况下采用。

区域模型主要在楼盘所在区域处于规划中或建设中,实际看到的现状相对零乱时采用。

六、广告牌、灯箱、导示牌、彩旗的设计与布置

当项目位置处于非主干道或是销售中心位置不便发现时,广告牌、灯箱、导示牌、

彩旗的作用就非常明显。一方面,它们可以将项目的重要信息(如位置、咨询电话等)在更广阔的地域向外发布;更重要的是,它们可以将客户从主干道或是其熟悉的地方引导至项目现场,同时对项目现场气氛起到烘托作用。

业务操作六　售楼现场咨询模拟

业务描述

通过模拟售楼客户所提出的问题,掌握回答咨询的技巧,以及熟悉介绍楼盘的要点和方法。

业务知识

在售楼之前,工作人员应对客户可能提出的问题做好相应的准备。现将与售楼情景有关的问题分列如下:

1. 本小区或大厦的地点及地址?

2. 试述本小区或大厦的环境特色。

3. 本小区或大厦所处位置将来有何发展?

4. 本小区或大厦的交通情形:

(1)公共汽车线路起止站名及经过路线?

(2)本小区或大厦站名?

5. 本小区或大厦附近有哪些市场? 每一市场的位置及营业状况? 与本大厦或小区的距离?

6. 本小区或大厦附近有哪些学校(幼儿园、小学、初中、高中和大学)? 距离多远?

7. 本小区或大厦附近的医疗保健设施有哪些? 其位置和路程?

8. 本小区或大厦占地面积、建筑面积多大? 容积率、建筑密度是多少?

9. 本小区或大厦附近有哪些娱乐体育设施? 其位置和路程?

10. 本小区或大厦的规划用途? 有哪些公共设施? 物业管理如何?

11. 本小区或大厦共有多少户? 怎样区分?

12. 本小区或大厦的设计有什么特色或特殊之处?

13. 本小区或大厦主打户型、装修情况如何?

14. 本小区或大厦建材设备(卫生设备、门窗、楼梯、地板、顶棚、电源)如何?

15. 本小区或大厦电梯共几部? 厂牌?

16. 本小区或大厦的产权情况? 建造号码?

17. 本小区或大厦的坐落地号和地段?

18. 本小区或大厦何时开工? 多少个工作日? 何时完工?

19. 本小区或大厦有无停车场? 如有,使用情况如何?

20. 本小区或大厦屋顶如何处理？有无空中花园？

21. 本小区或大厦平均价格如何？付款办法如何？大约多久缴一次款？

22. 本小区或大厦购买时有无任何优惠措施？若有，请详细介绍？

23. 本小区或大厦的贷款年限为多少？有何家银行承贷？每月摊还多少？

24. 本小区或大厦订购时须缴多少定金？何时签约？签约时应携带何种证件？在何处办理签约手续？

25. 除总价款外，还须缴付哪些费用？大概多少？

26. 本小区或大厦所需契税，预计为多少？

27. 本小区或大厦的室内设计是否可以变更？如何变更？

28. 本小区或大厦保修年限为多久？

29. 开发商以往业绩及其概况？

30. 该开发商有哪些关系企业？

业务操作七　　按揭款项的计算

业务描述

通过反复训练，掌握等额本息还款法和等额本金还款法的计算原理、公式与方法，熟练使用 Excel 或计算器进行计算，熟悉年利率、月利率的概念及相互转换方法。

业务知识

一、等额本息还款法

等额本息还款法，通常被称为"等额还款"。即借款人每月以相等的金额平均偿还贷款本息，也被形象地称为直线还款法。

二、等额本金还款法

等额本金还款法，又称"递减还款"，即借款人每月等额偿还贷款本金，贷款利息随本金逐月递减并结算还清的方法。

此业务内容在项目四中的模块一中有详细介绍。

业务操作八　　模拟售楼

业务描述

通过模拟售楼，掌握售楼基本流程与操作，掌握售楼礼仪与接待客户的方法和技巧,能熟练推荐楼盘,能熟练完成各种售楼资料的记录与各种表格的填写,能熟练计算按揭款项和税费。

业务知识

一、电话礼仪

1.基本操作

(1)接听电话时必须态度和蔼,语言亲切。一般先主动问候"您好,这里是××花园或公寓,有什么能帮到您",之后开始交谈。

(2)通常客户在电话中会问及价格、地点、面积、格局、进度、贷款等方面的问题,销售人员应扬长避短,在回答时将产品卖点巧妙地融入。

(3)在与客户交谈时,设法取得我们想要的资讯。主要包括:

①客户的姓名、地址、联系电话等个人背景情况的资讯。其中获取客户的联系方式最为重要。

②客户能够接受的价格、面积、格局等对产品具体要求的资讯。

(4)最好的做法是,直接约请客户来现场看房。

(5)马上将所得资讯记录在客户来电登记表(见表6.4)上。

表6.4　客户来电登记表

来电时间			
姓　　名			
性　　别			
年　　龄			
联系方式			
购房目的	□自住	□投资	□其他
户型需求	□一房一厅 □四房三厅	□两房两厅 □楼中楼	□三房两厅
面积需求			
地段需求			
认知途径	□报纸广告 □朋友介绍	□网络广告 □路过	□DM广告 □其他
询问内容			
预约时间			
接待人			

2. 注意事项

(1)销售人员上岗前,应进行系统训练,统一说词。

(2)应事先研究客户可能会问的问题。

(3)接听电话应以 2~3 分钟为限,不宜过长。

(4)电话接听时,应尽量由被动回答转为主动介绍、主动询问。

(5)约请客户时,应明确时间和地点,并且告诉他你将专程等候。

(6)应将客户来电信息及时整理归纳。

二、接待礼仪

1. 基本操作

(1)客户进门,每一个看见的销售人员都应主动招呼"欢迎光临",提醒其他销售人员注意。

(2)销售人员立即上前,热情接待。

(3)帮助客户收拾雨具,放置衣帽等。

(4)通过随口招呼,区别客户真伪,了解客户所来区域及采用的交通方式。

2. 注意事项

(1)销售人员应仪表端正,态度亲切。

(2)接待客户时以二人为限,或一人,或一主一辅,不要超过三人。

(3)注意现场整洁和个人仪表,随时给客户留下良好印象。

(4)送客至大门或电梯间。

三、产品介绍

1. 基本操作

(1)交换名片,相互介绍,了解客户的个人基本情况。

(2)按照销售现场已经规划好的销售路线,配合灯箱、模型、样板等销售道具,自然而又有重点的介绍产品(着重于地段、环境、交通、生活机能、产品机能、主要建材的说明)。

小区模型解说遵循由大到小、由外到内的原则,根据客户需求逐点细化讲解,让客户全面了解楼盘的情况。户型模型和样板房解说应先介绍该套房屋的面积、总价,而后逐一介绍客厅、卧室、餐厅、阳台、厨房、卫生间等,重点突出户型的优点和设计上的独到之处。

2. 注意事项

(1)强调楼盘的优势。

(2)热情、诚恳进行推销,努力与客户建立相互信任的关系。

(3)通过交谈正确把握客户的真实需求,并据此迅速制定应对策略。

(4)当客户超过一人时,应注意区分其中的决策者,并把握他们相互间的关系。

四、购买洽谈

1. 基本操作

(1)倒茶寒暄,引导客户在销售桌前入座。

(2)在客户未主动表示时,应该主动地选择一户作试探性介绍。

(3)根据客户所喜欢的单元,在肯定的基础上,作更详尽的说明。

(4)针对客户的疑惑点,进行相关解释,帮助其逐一克服购买障碍。

(5)适时制造现场气氛,强化其购买欲望。

(6)在客户对产品有70%的认可度的基础上,设法说服他下定金购买。

2. 注意事项

(1)入座时,注意将客户安置在一个视野愉悦,便于控制的空间范围内。

(2)销售资料和销售工具应准备齐全,随时准备应对客户的需要。

(3)了解客户的真正需求与主要问题。

(4)注意与现场同仁的交流与配合。

(5)注意判断客户的诚意、购买能力和成交概率。

(6)应该营造自然亲切的现场气氛,掌握火候。

(7)对产品的解释不应有夸大、虚构的成分。

(8)超过职权范围的承诺应报现场经理通过。

五、带看现场

1. 基本操作

(1)结合工地现状和周边特征,边走边介绍。

(2)按照房型图,让客户切实感觉自己所选的户别。

(3)尽量多说,让客户始终为你所吸引。

2. 注意事项

(1)带看工地路线应事先规划好,注意沿线的整洁与安全。

(2)嘱咐客户带好安全帽及其他随身所带物品。

六、暂未成交

1. 基本操作

(1)将销售海报等资料备齐一份给客户,让其仔细考虑或代为传播。

(2)再次告诉客户你的联系方式和联系电话,承诺为其作义务购房咨询。

(3)对有意的客户再次约定看房时间。

2. 注意事项

(1)态度亲切,始终如一。

(2)及时分析暂未成交或未成交的原因,并记录在案。同时报告现场经理,视具体情况,采取相应的补救措施。

七、客户资料表填写

1. 基本操作

(1)每接待完一组客户后,立即填写客户登记表。

(2)填写内容应该包括:客户联络方式和个人基本情况、客户对产品的要求及条件、成交或未成交的真正原因。

(3)根据客户成交的可能性,将其分类为:很有希望、有希望、一般、希望渺茫 4 个等级,以便日后有重点地追踪客户。

2. 注意事项

(1)客户资料表(见表 6.5)应认真填写,越详尽越好。

(2)客户资料表是销售人员的聚宝盆,应妥善保存。

(3)客户等级应视具体情况,进行阶段性调整。

(4)每天或每周,应由现场销售经理定时召开工作会议,依客户资料表检讨销售情况,并采取相应的应对措施。

表 6.5 ××地产××楼盘客户登记表

编　号:		看楼时间:_____年____月____日	
客户姓名:		联系电话:	
联系地址:			
购买意向:_____栋_____座_____房,建筑面积:_____m^2,价格:人民币_____元			
看楼记录:			
客户要求:			
成交情况:1.成交　2.很有希望　3.有希望　4.一般　5.希望渺茫　6.未成交			

八、客户追踪

1. 基本操作

(1)繁忙间隙,依客户等级,与之联系,并随时向现场经理口头报告。

(2)对于一、二等级的客户,销售人员应该列为重点对象,与其保持密切联系,调动一切可能,努力说服。

(3)将每一次追踪情况详细记录在案,便于日后分析判断。

(4)无论最后是否成交,都要婉转要求客户帮忙介绍其他客户。

2. 注意事项

(1)追踪客户时要注意切入话题的选择,勿给客户造成销售不畅、死硬推销的印象。

(2)追踪客户要注意时间间隔,一般以二三天为宜。

(3)注意采用多样的追踪方式,如打电话、寄资料、上门拜访、邀请参加促销活动等方式并用。

(4)二人以上与同一客户有联系时,应该相互通气、统一立场、协调行动。

九、成交收定

1.基本操作

(1)客户决定购买并下定金时,利用销控对答告诉现场经理。

(2)恭喜客户。

(3)视具体情况,收取客户小定金或大定金,并告诉客户对买卖双方的行为约束。

(4)详尽解释定单(见表6.6)填写的各项条款和内容。

①总价款栏内填写房屋销售的表价。

②定金栏内填写实收金额,若所收的定金为票据时,填写票据的详细资料。

③若是小定金,与客户约定大定金的补足日期及应补金额,填写于定单上。

④与客户约定签约的日期及签约金额,填写于定单上。

⑤折扣金额及付款方式,或其他附加条件于空白处注明。

⑥其他内容依定单的格式如实填写。

表6.6　××地产××楼盘售楼定单

定单编号:	时间:_____年_____月_____日
客户姓名:	联系电话:
落定单元:_____栋_____座_____房,面积:_____m²	
总　　价:人民币_____元	
定　　金:人民币_____元	

(5)收取定金,请客户、经办的销售人员、现场经理三方签名确认。

(6)填写完定单,将定单连同定金送交现场经理点收备案。

(7)将定单第一联(定户联)交客户收执,并告诉客户于补足或签约时将定户联带来。

(8)确定定金补足日或签约日,并详细告诉客户各种注意事项和所需带齐的各类证件。

(9)再次恭喜客户。

(10)送客至大门外或电梯间。

2.注意事项

(1)客户应在规定时间内交齐定金,出售方在约定期限内不得将客户已落定的房屋再行销售。

（2）定金保留日期一般以 7 天为限,若客户在约定期限内无故毁约,则定金没收,所保留的单元将自由介绍给其他客户。若出售方无故毁约,则按双倍定金予以赔偿。

（3）在签订认购书后,客户上交定金冲抵应付房款。

（4）正式定单的格式一般为一式四联:定户联、公司联、工地联、财会联。注意各联各自应持有的对象。

（5）当客户决定购买但未带足现金时,可收取小定金。小定金金额不在于多,三四百元至几千元均可,保留日期一般以 3 天为限。

（6）定金收取金额的下限为 1 万元,上限为房屋总价款的 20%。

十、定金补足

1. 基本操作

（1）定金栏内填写实收补足金额。

（2）将约定补足日及应补金额栏划掉。

（3）再次确定签约日期,将签约日期和签约金填写于定单上。

（4）若重新开定单,大定金定单依据小定金定单的内容来填写。

（5）详细告诉客户签约日的各种注意事项和所需带齐的各类证件。

（6）恭喜客户,送至大门外或电梯间。

2. 注意事项

（1）在约定补足日前,再次与客户联系,确定日期并作好准备。

（2）填写完后,再次检查房号、面积、总价、定金等是否正确。

（3）将详细情况且向现场经理汇报备案。

十一、换户

1. 基本操作

（1）定购房屋栏内,填写换户后的房号、面积、总价。

（2）应补金额及签约金,若有变化,以换户后的房号为主。

（3）于空白处注明是将哪一户换至哪一户。

（4）其他内容同原定单。

2. 注意事项

（1）填写完后,再次检查房号、面积、总价、定金、签约日等是否正确。

（2）将原定单收回。

十二、签订合同

1. 基本操作

（1）恭喜客户选择我们的房屋。

（2）验对身份证原件,审核其购房资格。

（3）出示商品房预售合同示范文本,逐条解释合同的主要条款。

（4）与客户商讨并确定所有内容,在职权范围内作适当让步。

（5）签约成交,并按合同规定收取第一期房款,同时相应抵扣已付定金。

（6）将定单收回交现场经理备案。

（7）帮助客户办理登记备案和银行贷款事宜。

（8）登记备案且办好银行贷款后,合同的一份应交给客户。

（9）恭喜客户,送客至大门外或电梯间。

2.注意事项

（1）示范合同文本应事先准备好。

（2）事先分析签约时可能发生的情况,并向现场经理报告,研究解决办法。

（3）签约时,如无法说服客户,应汇报现场经理或更高一级主管。

（4）签合同最好由购房户主自己填写具体条款,并一定要其本人亲自签名盖章。

（5）由他人代理签约,户主给予代理人的委托书最好经过公证。

（6）解释合同条款时,在情感上应侧重于客户的立场,让其有认同感。

（7）签约后的合同,应迅速交房地产交易管理机构审核,并报房地产登记机构登记备案。

（8）牢记:登记备案后,买卖才算正式成交。

十三、退户

（1）分析退户原因,明确是否可以退户。

（2）报现场经理或更高一级主管确认,决定退户。

（3）结清相关款项。

（4）将作废合同收回,交公司留存备案。

业务操作九　新建商品房产权证的办理

业务描述

了解买卖双方需要提交的材料,熟悉产权证办理的步骤以及当地房地产权证办理的收费标准。

业务知识

一、资料准备

1.卖方(房地产开发商)需提交的材料

（1）房地产权证(新建商品房房地产权证)。

(2)商品房预售合同或商品房出售合同。

(3)企业法人营业执照(复印件)、法定代表人资格证明、法定代表人授权委托书、代理人身份证件。

2.买方需提交的材料

(1)商品房预售合同或商品房出售合同。

(2)购房者身份证明(身份证、护照等)或企业法人营业执照(复印件),夫妻共同登记需提供户口簿或结婚证明。

(3)机关、团体、国有企业需提供上级主管单位的批准文件;事业单位需提供上级主管单位同意购房的证明;集体企业需提供职工代表大会同意购房的决议;有限公司或股份公司需提供公司董事会同意购房的决议。

(4)付款凭证(复印件)。

(5)授权委托书、代理人身份证明。

(6)法定代表人资格证明、身份证明。

二、办证程序

1.提交材料

买卖双方当事人(或其代理人)共同到房屋所在区、县房地产交易中心提交相关材料,填写房地产登记申请书和房屋产权转移申请书。

2.预登记(初审)

交易中心经过初审认为合格的,送房地产测绘部门配图,并绘制房屋平面图和地籍图。初审不合格的,退还给申请人,并说明理由。

3.配图

房地产权证需附有地籍图和房屋平面图,这些图纸是对房屋及其相应分摊土地面积的确认和标定,必须由房地产管理部门认定的测绘部门绘制并加盖公章。买房人也需在图纸上签字或盖章。

地籍图和房屋平面图一式两份,一份制作房地产权证,一份在房地产登记机构保存。购房者应支付图纸费和勘丈费用。

4.缴纳税费

经过房地产管理部门确认,购房者即可正式办理房屋产权过户手续,缴纳有关税费。

(1)契税。契税占房屋成交价的3%。个人购买自用普通住宅的,减半征收,个人实际缴付1.5%;个人购买非普通住宅的,按房屋成交额的3%征收。

(2)印花税。印花税占房屋成交价的0.03%,买卖双方都应缴付,由税务部门收取,有时由房地产交易中心代收。

(3)过户手续费。内销商品房首次交易的手续费为房屋成交价的0.08%,买、卖双方各自支付0.08%,由房地产登记部门收取;外销商品房首次交易,由买方缴付房屋成交价的 0.5%。

5. 审核

购房者把房屋交易材料、身份证明、纳税证明送交房地产登记部门,由登记部门审核。

6. 制证、发证

购房者需支付房地产权证工本费和 5 元印花税。从申请登记到发证,一般需要 30 天左右的时间。

业务操作十　客户异议处理

业务描述

培养学生良好、稳定的心理素质,掌握应对客户异议的基本方法和技巧。

业务知识

一、产品异议

产品异议,即认为本楼盘没有其他的楼盘好。

对策:销售人员要提出自己的看法,拿本楼盘与其他楼盘对比,澄清疑点,让客户对本楼盘及开发商有更多的深入了解。

在这一点上,要求销售人员不但熟悉自己公司的楼盘情况,还要熟悉竞争对手的情况,知己知彼,才能更有说服力,使顾客产生共鸣而达到诱导成交的目的。

二、需要异议

需要异议,表明目前不想购买或无力购买。

对策:充满信心,不能表现出不耐烦的情绪或出现不愿接待的行为。销售人员应用良好的接待礼仪和服务素养打动他,给其留下一个良好的印象,争取让他能够向其亲朋好友推介本楼盘。

三、价格异议

价格异议,认为价格过高,无力购买。

对策:耐心、细致,把握机会,不能伤害客户。

销售人员应根据客户的不同类型,做出有针对性的解释或处理意见。

四、时间异议

时间异议,即客户有意拖延成交时间的一种提议。

对策:回答"让我想一下,过几天给你回信"、"我还要回去商量一下"等问题。

这就要求销售人员具备随机应变的能力,应对时不能伤害客户。

技能训练

1. 小王是某房地产公司新招聘的销售人员,请你向她简要介绍房地产销售代理业务的操作流程,并说明每个环节应注意的要点。

2. 将学生分为客户、销售人员两大组,其中销售人员组由前台接待员、洽谈人员、签约人员构成。然后按照接待、洽谈、签约流程进行销售场景模拟。注意:接待时需填写来访客户信息登记表,签约时采用标准合同样本。

3.《商品房买卖合同》的填写训练。

4. 某房地产代理公司的小王,由于没有掌握电话礼仪,受到客户投诉,为此小王非常苦恼。请你根据所学,并结合客户实际情况,告诉她正确的电话礼仪。

5. 房主在协议中要求,卖价达不到约定的价格不给佣金,对此房地产经纪人员该如何处理?

课后实践

1. 请为某房地产项目制定营销策划方案,并同委托方洽谈销售代理的相关事宜,促成此房地产项目的销售代理业务。

2. 针对一个实际的楼盘模型进行楼盘解说实操训练。

3. 参观周边楼盘的售楼中心,观察其楼盘营销人员及样板房解说人员的工作内容及服务技巧。回来之后,及时讲评、总结,必要时再进行实习模拟。

工作任务三　房地产租赁代理业务

任务场景

客户张先生要出租一套位于重庆市南岸区的一套房屋,客户赵先生则恰好要在南岸区租赁一套住房,双方都委托了××公司的房地产经纪人小李为其办理相关手续并寻找合适的房源,如果你是小李,你知道正确的操作流程吗?

任务描述

请根据上述背景资料,以房地产经纪人小李的身份,帮助客户办理房地产租赁代理业务。为此,本模块要求学生完成以下学习任务:a. 了解房地产租赁代理的含义及特点;b. 掌握房地产租赁代理的主要形式;c. 掌握房地产租赁代理业务的操作流程等。

相关知识

一、房地产租赁代理的含义与特点

1. 房地产租赁代理的含义

房地产租赁代理是指房地产经纪机构（或经纪人）受房屋出租方（或承租方）委托，代理出租房屋（或承租）房屋，促成双方租赁成功，收取佣金的行为。房地产租赁代理也是房地产代理业务中较常见的一种业务形式。

房地产租赁代理可以使市场闲置房地产活跃起来，为市民和流动人口提供充裕房源，推动房地产市场的发展。房地产租赁代理的对象既包括新建房地产的租赁代理，也包括商铺的租赁代理，更多的是二手房的租赁代理。在这种房屋流通方式中，不改变房地产所有权主体，承租人是通过有偿方式获得有期限的房地产使用权。公民、法人和其他组织合法拥有所有权和使用权的房屋都可依法出租，但以下情形的房地产不得出租：

（1）没有房地产所有权合法证明的。

（2）依法查封或被依法限制权利的。

（3）权属有争议的。

（4）已抵押未经授权人同意的。

（5）有关规定限制出租的。

2. 房地产租赁代理的特点

（1）房源及承担双方多样性。可供代理的房源，既有年代久远的老房子，也有刚落成的新房子。委托出租方既有公房所有者，也有私房所有者；既有内销商品房所有者，也有外销商品所有者。委托承担方既有中国人民，也有境外人士；既有本市居民，也有外市人员。

（2）房屋租赁代理易受行政、司法行为的影响。根据《城市房屋租赁管理办法》等法律法规的有关规定：未依法取得房屋所有权证的，属于违法建筑的，司法机关和行政机关依法裁定封杀或者以其他形式限制房地产的，不符合安全标准的，不符合公安、环保、卫生等主管部门有关规定的，权属有争议的房地产等，均不得代理出租。

（3）办理房屋租赁登记需要备案。房屋租赁代理方和有关当事人应到房地产管理部门办理房屋租赁登记备案，并领取《房屋租赁证》。房屋租赁成功，房地产经纪人可依居间介绍、代理行为收取佣金。

二、房地产租赁代理的分类

由于房地产存在形式的多样性，房地产租赁代理的形式也具有多样性。房地产租赁代理主要有以下几种形式：

1. 现房租赁代理

现房租赁代理是指已依法办理登记并获得房地产权证的房屋出租代理。在承接

租赁代理业务时,出租人应向代理人出具委托书,并提供房屋产权证书级相关资料,并与房地产经纪人签订委托代理合同。

当交易谈成时,房地产经纪人以委托人的名义与承租人签订房屋租赁合同,并按有关规定向房地产登记机关办理房地产租赁登记备案手续。

2. 在建商品房预租代理

在建商品房预租代理是指房地产开发经营企业在新建商品房未办理房地产初始登记、取得房地产权证前,与承租人签订商品房租赁预约协议,并向承租人收取一定数额的预付款行为。房地产经纪机构(或经纪人)在进行在建商品房预租代理前,应与委托人签订委托代理合同,明确代理权限、代理报酬及其他有关事项。当房地产经纪人以委托人的名义与承租人签订在建商品房预租协议后,双方当事人应持协议在房地产交易管理部门办理登记备案。

3. 商品房先租后售代理

商品房先租后售是指房屋所有权人(含已经初始登记并取得房地产权证的房地产开发经营企业)将房屋先出租给承租人使用,再根据合同约定出售给该承租人的一种交易行为。

值得注意的是,房地产经纪人以委托人的名义与承租人签订的是房屋先租后售合同,且合同中除房屋租赁基本条款外,还需要明确双方当事人买卖房屋的有关权利、义务和责任。如买卖房屋的时限和价格、出租人和承租人解除房屋租赁约定的条件等。房屋租赁合同签订后,要在规定时间内到房地产登记机关办理登记备案手续。在房屋租赁合同期满前,可根据承租人的意愿,确定是否签订商品房出售合同或房屋买卖合同。

三、房地产租赁代理业务的流程

房地产租赁代理业务的流程如下:

1. 接受委托

房地产租赁代理的委托人可以是出租方,也可以是承租方。

如委托人是出租方,首先需对出租方提供的房源进行登记,并要求其提供相应的权属证明,其次需到现场查验房屋,洽谈出租条件、价格等并登记备案,最后签订房屋租赁代理合同。

如委托人是承租方,首先需对客户的基本情况进行登记,了解客户的租房需求并登记备案。

2. 为委托方寻找匹配的房源(或承租方)

按照客户或委托人的要求,在已有的资料库中查找匹配的房源或承租方。如果已有的资料库中没有,则要根据客户的具体要求重新寻找房源或承租方。

3. 签订合同

当租赁双方就租赁具体事宜达成一致、同意交易时,双方即可签订房屋租赁合同。

房屋租赁合同一般由出租方和承租方签订,也可以由出租方、承租方以及代理人三方共同签订。如果采取的是全权代理的方式,则可以代理人与承租方直接签订房屋租赁合同。

4.办理房屋租赁登记

房屋租赁合同登记备案是《城市房地产管理法》规定的一项重要内容,主要目的是为了维护租赁交易双方的权益,减少纠纷。

房屋租赁代理方应协助房屋租赁双方在租赁合同签订后 30 日内,持相关合同文本及证件(如书面租赁合同、房屋所有权证书、当事人的合法身份证件、有关部门证明文件等)到市、县人民政府房地产管理部门办理登记备案手续。如果出租共有房屋,还须提交其他共有权人同意出租的证明材料。材料审核通过后,则核发《房屋租赁证》。

5.完成交易,收取佣金

关于房屋租赁代理的佣金标准,国家有最高标准的规定(不高于第一个月租金的4%)。佣金一般由承租方承担。对于出租方委托全权代理的情况下,在房屋空置时,代理人承担租金风险,这时佣金由出租方承担,标准应略高于规定。

注意:实际交易过程中,房屋租赁代理佣金收取按不同地区有关经纪业务收费的具体规定执行。

技能训练

1.在协助双方当事人签订房屋租赁合同时,房地产经纪人员要提出哪些注意事项?

2.房主想将房产以先租后售的形式出售给买房人,则应在合同条款中加入哪些条款以防范风险?

3.推荐的租赁房源大小与客户的实际需求有些差异,房地产经纪人员应如何说服客户落单?

4.客户看中推荐的租赁房源后,觉得租赁价格与市场价格存在一定差异,你作为置业顾问应怎样说服客户落单?

课后实践

1.实地参观几家房地产经纪机构,了解他们如何开展房地产租赁代理业务,比较他们在操作流程上存在的差异,并表述房地产租赁代理业务操作的注意要点。

2.实地调查几家大的房地产经纪机构,了解他们在确定房屋租金时需要考虑哪些因素。

项目七
房地产经纪人员基本管理能力训练

教学目标

最终目标:了解房地产经纪企业管理所需具备的基本能力,了解房地产经纪企业的运营模式以及房地产经纪企业的业务流程管理、办公室系统组织和管理制度,并能够对房地产经纪企业的门店选址、办公室布置等问题提出具体意见。

促成目标:

- 通过市场调查,了解房地产经纪企业在选择经营模式时需考虑的主要因素。
- 了解房地产经纪企业业务流程管理的主要内容。
- 掌握房地产经纪企业办公室系统组织的基本要求。
- 了解房地产经纪企业的薪酬管理和激励制度。
- 能对房地产经纪门店的选址以及办公室布置进行相关调查,并提出具体意见。

工作任务

- 了解房地产经纪企业的运营管理。
- 了解房地产经纪企业人力资源管理。
- 了解房地产经纪企业客户关系管理。

工作任务一　了解房地产经纪企业的运营管理

任务场景

小张想自己开一家房地产中介公司,但不知道房地产经纪企业的运营模式有哪些? 对于房地产中介公司的业务流程管理工作,他也不太熟悉。同时,他对运营店面的选址以及开店之后如何进行资金管理等问题,也感到很困惑。

任务描述

本模块要求学生完成以下学习任务：a. 通过查询相关资料，调查了解房地产经纪公司的性质，以及采取的主要经营模式；b. 了解房地产经纪公司如何进行业务流程管理，如何进行门店选址，以及如何进行资金管理等。

相关知识

一、房地产经纪企业经营模式的选择

（一）房地产经纪企业主要经营模式

房地产经纪机构的经营模式是指房地产经纪机构承接及开展业务的渠道及其外在表现形式。根据房地产经纪机构是否通过店铺来承接和开展房地产经纪业务来划分，其运营模式分类见表7.1。

表7.1　房地产经纪企业运营模式的分类

分类标准	房地产经纪企业运营模式的分类		
是否有店铺	无店铺经营模式		
	有店铺经营模式	单店模式	
		小规模连锁模式	
		规模化连锁模式	直营连锁模式
			特许加盟连锁模式
			直营和加盟混合连锁模式

1. 无店铺经营模式

无店铺经营模式是指房地产经纪企业并不依靠店铺来承接业务，而是主要靠业务人员乃至企业的高层管理人员直接深入各种场所与潜在客户接触来承接业务的经营模式。在一般情况下，面向大宗房地产业主和机构客户的房地产经纪企业（特别是从事增量市场代理的机构）往往采取这种形式，除了派往开发商处的销售人员，所有员工在同一办公场所办公。

随着信息技术的广泛运用以及互联网的普及，电子商务在信息传播、发布房地产市场行情和出售物业的过程中充分体现了信息量大、覆盖地域广、传播速度快、节省人力财力等优势，基于互联网技术的无店铺经营方式正被越来越多的房地产经纪企业广泛采用。电子商务节省约60%的实地考察费用，签订合同时间也平均缩短了两周到1个月时间[1]。同时，由于网上信息是公开的，使得市场竞争的透明度大幅增加，从而有利于市场的公平交易，降低不动产的泡沫成分，合理使用和开发房地产

---

[1] 吴微辉. 上海房地产经纪企业发展战略研究[D]. 上海：华东师范大学，2004.

资源。

2.有店铺经营模式

总体来讲,有店铺经营模式就是房地产经纪企业依靠店铺来承接业务,通常是面向零散房地产业主及消费者,从事二手房买卖居间和房屋租赁居间、代理的房地产经纪企业。

(1)单店模式。单店模式就是一个房地产经纪企业只有一个中介门店的经营模式,门店通常也是房地产经纪企业唯一的办公场所。这种经营模式对于资金等企业要素要求较低,所以比较适合资金实力有限、人员较少、控制风险和减少管理成本是首要要素的大多数小型房地产经纪企业。同时,这种经营模式一般要求企业店面的选址要接近自身业务比较熟悉的区域。这种模式一般在一个城市房地产经纪业发展的初级阶段中会大量存在,但是由于规模小、从业人员素质不高、管理混乱等原因,采用这种经营模式的企业大都随着房地产市场的规范化、规模化、专业化和市场化而被淘汰,采用单店经营模式的企业也越来越少。

(2)小规模连锁模式。这种模式也被称为多店经营模式,是指两个房地产中介企业投资开设了数个房地产中介门店(据我国商业服务企业连锁规模划分标准,连锁门店在10个以下的称为小规模连锁),这些门店由房地产经纪机构及其设立的分公司来经营,这些门店也是它们各自的办公场所。这种模式比较适合有了初步发展以后的小型房地产经纪企业。但是,由于店铺之间常常是各自独立经营,这种模式不能实现有效的企业信息联网和连锁经营。

(3)规模化连锁模式。规模化连锁模式是指房地产经纪企业开设的中介门店数量在10个以上,各门店在店内直接开展经纪业务,同时各店的房源和客户信息依靠网络实现整体的信息共享的经营模式。具体来说,按照中介门店与企业之间的所有权关系和经营管理权关系,规模化连锁模式又分为直营连锁模式、特许加盟连锁模式、直营和加盟混合连锁模式3种。

①直营连锁模式。目前采用这种模式的房地产经纪企业比较典型的有上海的上房置换公司和中原地产、北京的千万家房产和我爱我家、广州的满堂红等。采取直营连锁模式的中介企业,下属的连锁店铺均由总部全资或控股开设,营业收益均属于总部,经营者由总部直接任命。如在上房置换公司运作中,由公司层面做出门店的重要经营决策,由公司的管理中心对各连锁门店的业务流程进行集约化统一管理,公司的科研培训中心对各连锁店的从业人员进行统一培训,公司的网络中心对各连锁店统一布设"置换物业网络系统"的软硬件配置,公司层面的档案中心对各连锁店收缴的客户资料提供统一的保管,等等。它的优点是所有权和管理权相对集中,使公司对于下属各连锁门店的管理更为直接有效,也利于实现规模效益。但是需要的投资额大、风险大,对环境的适应性和应变能力差。

②特许加盟连锁模式。目前,很多具有资金和管理优势的外资房地产经纪企业进入中国市场都采用了这种经营模式。以21世纪不动产为代表,特许加盟连锁是将

连锁经营与特许经营相结合的一种经营模式。它起源于美国,是指两个相对独立的经营实体通过合同规定,主导企业把自己开发的商品、服务和营业系统(包括商标、商品等企业专有的技术、营业场所和区域),授予加盟店在规定区域内的经销权,加盟店要交纳一定的营业使用费并承担规定的义务。这种经营模式现已在包括餐饮业、零售商业、房地产中介等多个行业中广泛应用。特许加盟连锁经营之所以能够在全球范围内得到广泛应用和发展,主要原因在于这种经营模式在一定程度上结合了直营连锁和自由连锁的优点,在保证总部向分店输出的管理模式做到协调统一的同时,可以利用较低成本,迅速扩大企业规模,增加竞争优势,提高销售额和利润。对于特许人而言,可以不受资金的限制,迅速扩张规模,在当今经济全球化的趋势下,可以加快国际化发展战略。同时特许人还可能降低经营费用,集中精力提高企业管理水平。另一方面,对于那些资金有限、缺乏经验,但又想投资创业的人而言具有极强的吸引力,因为一旦加盟实行特许经营的企业,就可以得到一个已被实践检验行之有效的商业模式和经营管理办法,以及一个价值很高的品牌使用权,还可以得到特许人的指导和帮助,所有这些都将大大减低他的投资创业风险。但是每一家加盟连锁店都是独立拥有的,要求每一家加盟店都按统一的标准提供服务是有一定难度的。同时,对信息的控制也比直营连锁模式困难。因此,特许加盟连锁模式要求房地产经纪企业必须拥有科学、有效的管理模式和高水平的管理队伍。

③直营和加盟混合连锁模式。直营和加盟混合连锁模式通常有两种形式:一种是以直营为主、加盟为辅,另一种是直营、加盟连锁并行发展。

前者以上海智恒房产为主要代表。上海智恒创建于1993年,截至2005年,智恒直营连锁门店达150家。2006年,智恒引人特许经营加盟系统,以"直营+加盟"的双轨模式更合理地应对市场风险,发展加盟门店50家。由此可见,采用直营为主、加盟为辅的企业以直营连锁为主,同时也吸收加盟中介门店。对于自营门店,公司拥有完全的所有权和经营决策权;而对于加盟门店,则按照"特许加盟模式",加盟门店在加盟合同框架下"自主经营、自负盈亏"。

后者以来自中国香港的信义为主要代表,一般采取直营、加盟连锁并行发展的模式,基本是各占50%。这类企业一般有国际背景,在局部细分市场上品牌影响力较强。其市场定位主要是高档市场上从事各类房地产咨询、居间、代理服务。

混合经营机制灵活、交纳费用低,但它的弊端也很显著,如连锁店之间的整体性差,很难协调直营店和加盟店的管理与服务水平等。

我国房地产经纪企业发展的实践证明,上述各种模式都有各自适应的市场环境和优缺点。目前从实际来看,单店模式、小规模连锁模式和规模化连锁模式在我国都客观存在,而且从数量上看,特别是在一些中小城市,单店模式和小规模连锁模式仍然是市场的主体。随着市场的发展,特别是跨入21世纪后,尤其在上海、北京、天津等大城市,专业化程度成为行业竞争的焦点,而大规模中介企业具有专业化方面的优势,房地产中介服务业进入了规模化连锁模式时代。

（二）房地产经纪企业经营模式的选择

房地产经纪企业经营管理的首要任务就是选择恰当的经营模式。房地产经纪企业应采用什么样的模式经营，还需要对企业进行详细分析和准确认知，并根据企业的自身资源和企业的发展策略、现有规模、技术、外部环境等因素进行选择。房地产经纪企业选择经营模式时主要考虑 3 个方面：是否有店铺、企业规模、规模化经营的方式。

1. 是否有店铺

房地产经纪企业是否开设店铺主要是根据其所面向的客户类型决定的。一般而言，面向零散客户的经纪企业通常需要开设店铺，而面向机构类大型客户的经纪企业不一定要开设店铺，这就是为什么目前从事二手房居间的企业大多有店铺，而从事商品房销售代理的企业通常不设店铺的主要原因。但是，随着计算机信息技术和互联网的推广，即使是面向零散客户的经纪企业也有可能以网上虚拟店铺来代替有形店铺。如在一些特大城市中已出现了主要为外籍人士进行房屋租赁代理的企业，它不设店铺而是在互联网上推出专业的网页甚至网站，受理准备入境的外籍人士的委托，为其提供二手房租赁代理业务。

2. 企业规模

经纪企业对企业规模的选择，首先要遵循规模经济的一般原理，其次要根据经纪企业的自身特点，着重考虑经营规模与以下 3 方面因素的匹配程度：信息资源、人力资源和管理水平。首先，房地产经纪企业以信息为主要资源，如果没有充足的客户信息和房源信息，那么过多的店铺或机构部门就会被浪费。其次，房地产经纪企业以提供专业性服务为主要经营范围，人力资源是企业的重要要素之一，主要包括业务人员和企业管理人员，因此房地产经纪企业经营规模的大小必须与其已经拥有及可能拥有的人力资源实力相适应。最后，管理水平决定着经纪企业在规模扩大时能否保持乃至提高其整体服务质量和水准，所以也是经纪企业在选择经营规模时必须十分关注的。管理水平一方面取决于人力资源中企业管理人员的数量和素质，另一方面还取决于经纪企业是否建立了有效并相对稳定的管理模式，好的管理模式可以保证经纪企业避免因管理人员人事变动给企业管理带来的不稳定。

3. 规模化经营方式

与任何企业一样，每一个房地产经纪企业总是不断谋求由小变大的发展。当一个城市的房地产经纪市场发展到一定程度，或者房地产经纪企业发展到一定规模时，规模化经营方式的选择尤其重要。无店铺的经纪企业规模化运作时，需要考虑企业内部部门的扩张和结构更新或设立分支机构。有店铺的经纪企业规模化运作的主要方式是连锁经营。从实践来看，连锁经营具体模式的选择，首先要考虑的因素便是企业的资金来源和抗风险能力。如果企业资金实力较强，资金运作能力和抗风险能力较强，经纪企业可以采取开设分公司、全资子公司或直营连锁店的方式；如果企业不想承担较高的扩张成本，又想以较低的风险迅速扩张，则可以采取与他人合资成立经纪公司或特许加盟连锁经营的方式。

二、房地产经纪企业业务流程管理

（一）房地产经纪企业业务流程管理的意义

1.房地产经纪企业业务形式的特点

目前,我国房地产经纪企业的主要业务包括房地产居间和房地产代理。在房地产居间业务中以二手房买卖、租赁居间业务为多;在房地产代理业务中,以新建商品房代理业务为多。房地产经纪业务的内容和房地产经纪活动的特征共同决定了房地产经纪业务具有以下特点:

（1）房地产经纪企业业务涉及面广、手续多、程序复杂。一般来说,无论是房地产居间业务还是房地产代理业务,其内容一般都涉及洽谈、签约、提供服务、佣金结算、后继服务等流程,环节比较长。而且其中还可能涉及要与买方、卖方、银行、政府等多个部门和人员打交道,涉及面广,手续比较多。对于房地产经纪人来讲,需要投入巨大的时间和精力才能促成一笔交易。而且如果没有一定的运筹能力,可能会出现工作没有头绪、管理混乱、效率低下等问题。

（2）房地产经纪业务以提供信息为主要内容,这使房地产经纪企业的信息管理和信息传递能力成为决定其业务水平和业务范围的重要因素。目前我国房地产经纪企业多以会议方式和人与人之间的直接交流进行信息管理和信息传递。在这种情况下,往往会出现管理上信息传递的失误,造成管理者和被管理者的迷失,不利于房地产经纪企业业务水平的提高和业务范围的扩大。同时,我国目前房地产经纪企业人才流动性强的特点也可能导致房地产经纪企业信息的流失。

（3）房地产经纪企业的经纪人员在房地产经纪业务中的作用巨大。在房地产经纪业务中,房地产经纪人代表房地产经纪企业和客户进行业务谈判和沟通交流。由于不存在明确的一对一的委托关系,也不会有委托方与经纪人之间法律上的权利义务关系,没有买方或卖方对经纪人进行直接约束,房地产经纪人会有意识地利用买卖双方中固有的信息不对称状况,在买、卖、职业道德和自身利益需要四者中,很容易倾向于首先满足自身利益的需要,致使买卖双方的利益得不到保障。而此时,房地产经纪企业的利益也可能受到损害。

2.房地产经纪企业业务流程管理的意义

从宏观环境来说,我国房地产市场已经逐渐趋于成熟,市场信息的产生、流通以及供求双方信息互动的速率不断加快。此外,政府不断出台政策,使市场环境日益公平、公正。随之而来,以信息为基础的竞争转变为以房地产经纪企业管理能力为基础的竞争。这就要求以提供信息为主要服务内容的房地产经纪企业要适应市场环境的不断变化和改善,提高自身信息管理的能力。

房地产经纪企业业务流程管理,可以使房地产经纪企业利用信息技术,摆脱企业信息的人为管理,走向制度化、信息化的业务流程管理,提高房地产经纪企业的管理能力。同时房地产经纪企业业务流程管理也有利于提高房地产经纪企业业务的规范化运作，提高经纪人员的工作效率，从而有利于树立良好的房地产经纪企业的品牌。总的来说，业务流程管理成熟度已经成为衡量房地产经纪企业是否规范化的标志，它是体现房地产经纪企业管理水平的重要标志，是决定房地产经纪企业竞争力的重要方面。

（二）房地产经纪企业业务流程管理的内容

企业业务流程，简单说就是为完成某一目标（任务）而进行的一系列逻辑相关活动的有序集合。企业业务流程是由活动和活动之间的逻辑关系组成的。活动是最小的单位的、不可分的行为；活动与活动通过串联、并联与反馈三种逻辑关系组织起来，从而实现一定的目标。企业业务流程具有整体性、动态性和层次性等特点。企业业务流程管理（business process management, BPM）作为企业管理的一种新思想和新方法，20世纪90年代一经企业界提出，便引起了管理学者及企业界的普遍关注，世界各地的企业纷纷开始将业务流程管理应用到自己的管理运作与组织设计中。一般而言，房地产经纪企业业务流程管理包括业务流程管理和业务流程再造。

1. 房地产经纪企业业务流程管理

首先，房地产经纪企业业务流程管理是相对于职能管理的一种管理思想。在该思想框架下，房地产经纪企业的管理者按照流程的思想来设计房地产经纪业务的流程，并以此检查企业的运行是否顺畅，是否存在人力和能力配备上等的浪费或者疏漏。房地产经纪企业业务流程管理的核心是对房地产经纪业务的流程的设计及其实施中的监控。

1）房地产居间业务流程管理

（1）要进行房地产居间业务流程设计，其主要内容包括房源开发流程设计和交易流程设计两部分。房源开发流程主要分收集资料、约定拜访、拜访、签订委托、资料审核、广告企划与执行、信息回馈、更改附表和逾期服务等阶段。交易流程主要包括了解房源、介绍房源、实地带看、洽谈、收订、签收订金收据、签约前准备、签订合同等阶段。在详细的流程设计中，要进行每一阶段的子流程设计，子流程中注明活动内容，同时应注明每一活动的负责人、交接人、具体事务和流程、注意事项等。

图7.1是房源开发业务中拜访、签订委托、资料审核阶段的一个子流程设计案例。

（2）在房地产居间业务流程实施上，要注意流程实施过程中的监控。一般是通过一些关键数据来进行监控。例如在房源开发流程中，可以通过委托客户回馈申诉率（委托客户对回馈状况不满意提出申诉的比率）、委托客户申诉率（委托客户对委托状况不满意提出申诉的比率）、24 h输入延迟比率（委托情况于委托合同签订24 h后未输入系统的比率）等来查看房源开发业务流程执行的情况。

拜访 C	勘察环境	应比约定时间提前10分钟到达现场，观察并了解以下状况，可作为洽谈时的依据 1.邻近销售的可比房源价格； 2.附近200米内的环境，有无公园、学校、市场或变电所、坟墓、垃圾堆； 3.房源本身的外观、门厅、楼梯间等	询问邻居或管理员，有助于深入了解附近状况，及房源本身的售屋情形、价格、屋龄等
	入门	入门时应予客户最佳第一印象，所以入门前应自我检查，整理服装仪容，同时面带微笑，并自我介绍，递名片	1.制服必须整洁，勿污损，并佩戴识别证； 2.注意是否须脱鞋
	洽谈	洽谈的过程应循序渐进， 1.消除排斥感； 2.拉近距离； 3.突显个人优点； 4.突显公司优点。 掌握"七分谈天，三分攻坚"的良好气氛，逐步接近，适时取出委托书说明，切入售屋委托事项	1.入门后先勘视屋况，有助于制造话题； 2.主动保持话题的热络（利用五同、嗜好、成就、售屋状况、困难）； 3.同仁就座位置以面门为主； 4.多利用开发夹； 5.了解决定权者； 6.苦无法本次签成，则设法制造复访机会（如代算税费、送手册等）
签立委托 D	签立委托	委托条件确立后，逐项填入委托合约书，注意文字填写的有效性，填写应迅速 委托签立后将第一联置于合约书封套内，交由屋主留存，第二、三联及其他证明文件取回	为求委托内容的有效性，须注意下列几点： 1.产权证正反面（或预售屋的预定买卖契约书）复印件，计算面积，注意公共设施有无登记及背面有无其他备注变更事项。 2.注意委托人、事、物是否有易生有害交易安全状况（参考资讯系统内的作业规章） △常见相关注意事项如下： 签立委托人身份证确立 ①所有权人本人身份证确立 ②若为代理人，除身份证外，需备有海外（国内）授权书及所有权人印鉴证明（注意其日期是否有效）； ③是否为夫妻联合财产； ④委托人为法人时，须盖公司及负责人的大小章。 △委托的标的物的出售条件限制： ①有无租赁行为（常见租赁关系有公契、私契、不定期租约），注意买卖不破租赁； ②标的物是否属于受限制； ③了解车位的属性及是否可买卖移转 3.合约书填写应注意： ①数字及文字一律以正楷书写； ②未登录于权证的使用部分，应详列于特约条款中（如顶楼加盖、地下室、车位）； ③付款条件应将业主的借贷情形列入考虑； ④附赠品逐一填写； ⑤合约书内容之增删须经店长同意； ⑥文字增删处须经双方确认盖章，并于行首注明增删字数再由双方确认盖章

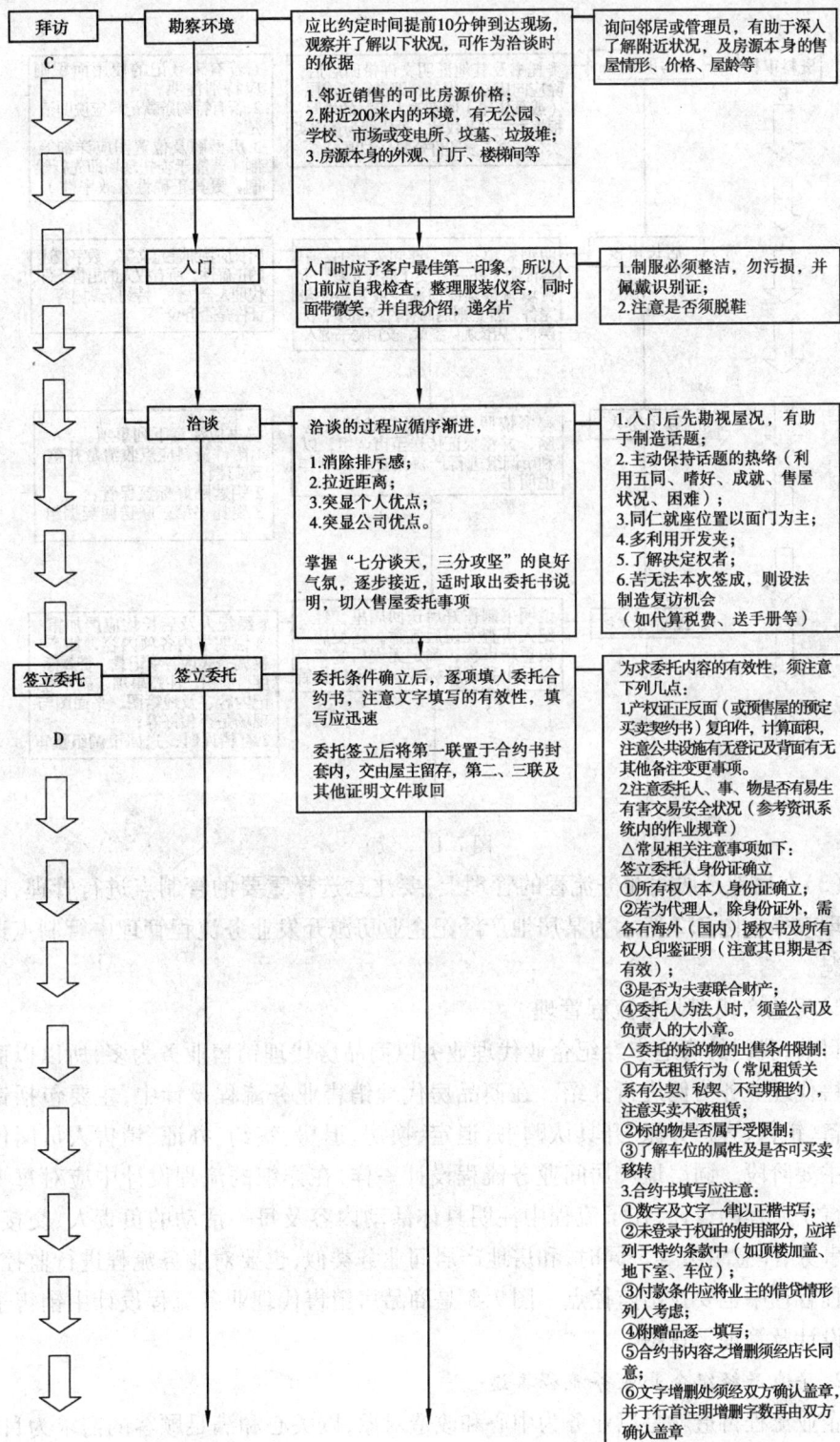

图7.1　房地产居间业务中房源开发业务流程设计示例图

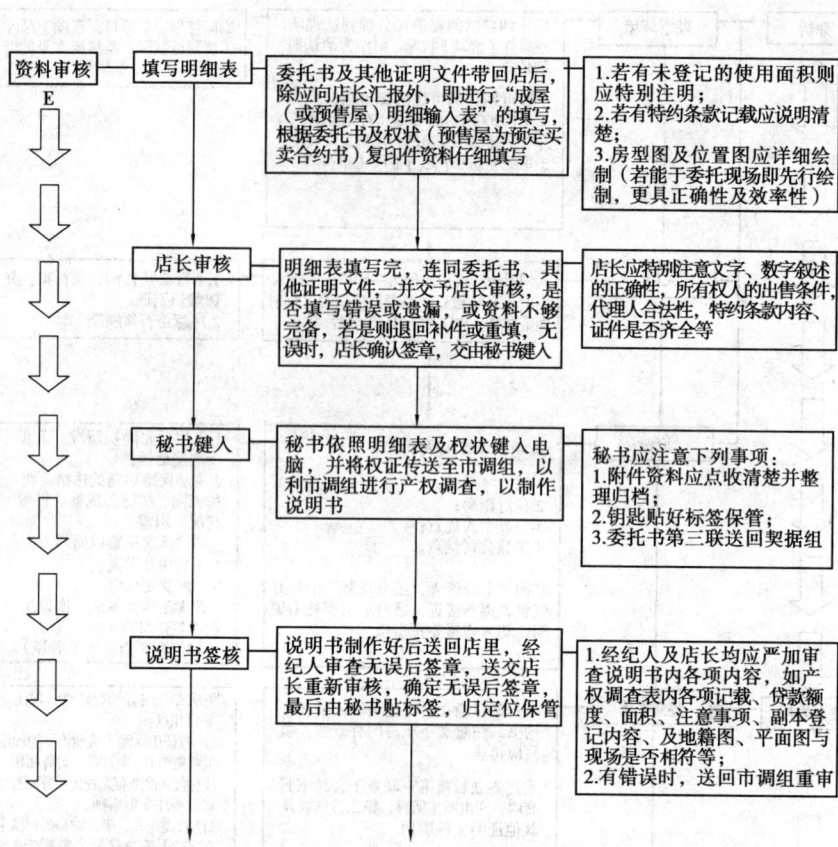

资料审核 E	填写明细表	委托书及其他证明文件带回店后，除应向店长汇报外，即进行"成屋（或预售屋）明细输入表"的填写，根据委托书及权状（预售屋为预定买卖合约书）复印件资料仔细填写	1.若有未登记的使用面积则应特别注明；2.若有特约条款记载应说明清楚；3.房型图及位置图应详细绘制（若能于委托现场即先行绘制，更具正确性及效率性）
	店长审核	明细表填写完，连同委托书、其他证明文件，一并交予店长审核，是否填写错误或遗漏，或资料不够完备，若是则退回补件或重填，无误时，店长确认签章，交由秘书键入	店长应特别注意文字、数字叙述的正确性，所有权人的出售条件，代理人合法性、特约条款内容、证件是否齐全等
	秘书键入	秘书依照明细表及权状键入电脑，并将权证传送至市调组，以利市调组进行产权调查，以制作说明书	秘书应注意下列事项：1.附件资料应点收清楚并整理归档；2.钥匙贴好标签保管；3.委托书第三联送回契据组
	说明书签核	说明书制作好后送回店里，经纪人审查无误后签章，送交店长重新审核，确定无误后签章，最后由秘书贴标签，归定位保管	1.经纪人及店长均应严加审查说明书内各项内容，如产权调查表内各项记载、贷款额度、面积、注意事项、副本登记内容、及地籍图、平面图与现场是否相符等；2.有错误时，送回市调组重审

图 7.1 （续）

（3）在房地产居间业务流程的管理上，要注意选择重要的管制点进行管理，以提高管理效率。图 7.2 所示为某房地产经纪企业房源开发业务流程管理中管制点选择的情况。

2）房地产代理业务流程管理

目前，我国的房地产经纪企业代理业务以商品房代理销售业务为多，所以以商品房销售代理业务为例进行介绍。在商品房代理销售业务流程设计中，主要包括销售前准备、销售、客户分派、开具认购书、退定、换房、退房、签约、办证、销售人员岗位分配等主要阶段。同房地产居间业务流程设计一样，在详细的流程设计中应对每一阶段进行子流程的设计，在子流程中注明具体活动内容及每一活动的负责人、交接人、具体事务、注意事项等。同时，和房地产居间业务类似，也要对业务流程进行监控，业务流程管理中也要找出监控点。图 7.3 是商品房销售代理业务流程设计中销售子流程的设计及管理示意图。

2. 房地产经纪企业业务流程再造

企业流程再造就是以业务为中心和改造对象，以关心和满足顾客的需求为目的，对现有经营流程进行根本性的再思考和再设计，利用先进的信息技术及现代的管理

1.回馈管制表	
方法	每周一、五检核
管制内容	①经纪人物件库存量与管制数量是否相符； ②经纪人每周回馈三次以上并填写清楚； ③店长每周两次（周一、周五）检核； ④人员改善意见及议价成效

2.营业人员日报表	
方法	每日了解及指导方向
管制内容	①内容填定是否完整； ②明日计划是否完整； ③是否每日填写； ④店长是否批阅及工作指导

3.媒体广告次数统计表（包含发稿记录表）	
方法	①每次记录； ②每周检核一次
管制内容	①每周二基本量是否达成（预售屋一次）； ②达成二次以上个案比率； ③一次定义为红纸条以20张计，DM以5 000张计（个案则为2 000张），红纸板以10张计； ④内容填写记录是否正确； ⑤个案调研下来一周内至少发一次稿

开发流程管制点

4.逾期房源处理（包含意见追踪）	
方法	列印（每周一） 店头会议研讨（每周一）
管制内容	①是否每周一列印将逾期房源（七天）； ②每周一会议是否研讨并记录； ③店长必须致电了解屋主意见，并留下记录

5.回馈函（电脑管制）	
方法	委托七日后寄发
管制内容	①是否于七日内寄发； ②是否登录确实（寄发后由秘书登录于"据登记簿"内）

6.物件明细24小时内键入	
方法	物件在委托后24小时内必须键入
管制内容	①业务人员必须在24小时内填写明细表； ②店长必须在24小时内签核完毕； ③秘书必须在24小时内键入完毕

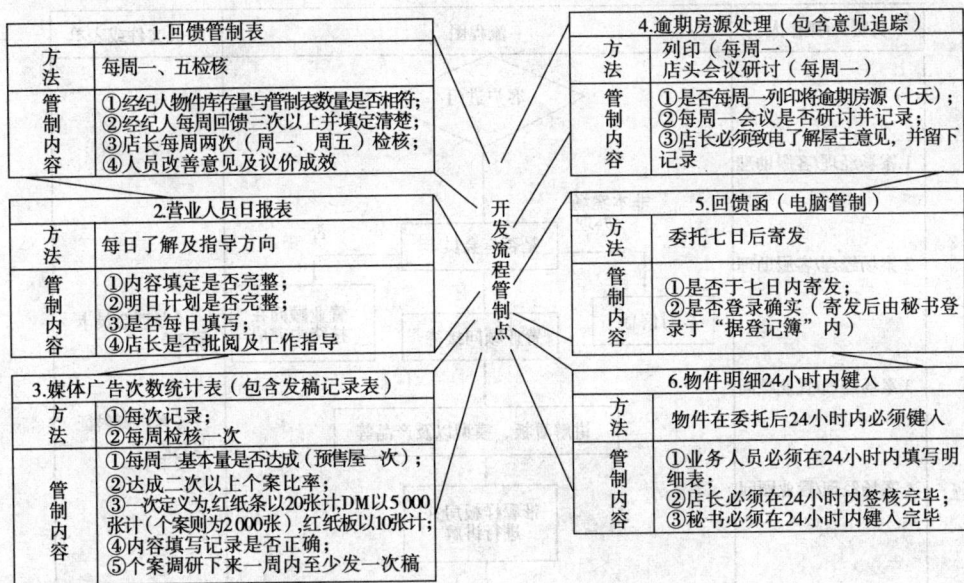

图7.2　房地产居间业务房源开发业务流程管制点示意图

手段,最大地实现功能集成和管理上的职能集成,打破传统的职能型组织结构,建立起过程型组织结构,以实现企业在速度、质量、效率、成本和顾客满意度等方面经营性能的巨大提高。流程再造提出了"合工"的思想,即借助信息技术,以重整业务流程为突破口,将原先被分割得支离破碎的业务流程再"组装"起来。房地产经纪企业业务流程再造是房地产经纪企业通过对多种可以选择的商业模式的反思和观察,来系统设计新企业的商业模式和业务运行框架。由此看来,房地产经纪企业业务流程再造更适合房地产经纪企业的变革阶段,而不是经常性的运营阶段。一般来说房地产经纪企业业务流程再造包括业务流程分析和重组及业务流程改造两大内容。

(1)业务流程分析和重组:

①对现有流程进行调研。

②绘制现有流程,对流程中的每个活动进行描述。

③组织小组讨论,找出流程中每个阶段存在的问题。

④将问题分类,确定解决问题的先后顺序。

⑤寻找解决问题的方法。

⑥选择最好的解决方案,安排专人负责实施。

⑦评估实施结果,修正解决方案,重新实施。

⑧进行下一个问题的解决。

⑨进行新一轮的流程分析。

(2)业务流程改造。业务流程改造的基本原则是:执行流程时,插手的人越少越好;在流程服务对象(顾客)看来,越简单越好。根据这一原则,可以采用下面两个改造策略:

负责人/操作人	流程图	相关文件或表单

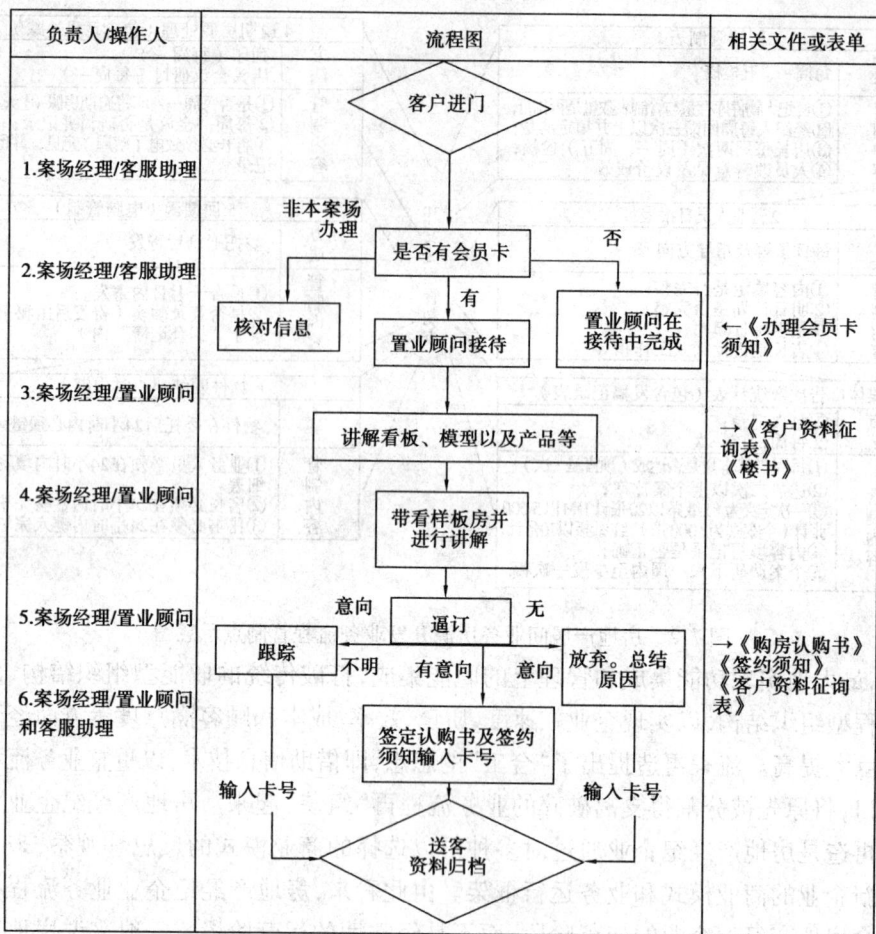

注:①客户进门,客服助理只要求客户填写基本信息就可派单,除案场经理另行安排外。

②置业顾问在接待客户过程中将客户资料留存,并在下定之前或未下定离开案场前凭《客户资料征询单》及工号牌换取客户会员卡,送至客户手中。

③客户来到案场,无须再在门口等候,如置业顾问休息,客服助理应将老客户交由案场经理处理。

④未成交客户案场必须总结原因,并填写清楚客户资料后返回客户服务中心。

图7.3　商品房销售代理业务流程设计中销售子流程的设计及管理示意图

①将几个工序合并,由一个人完成。企业可以凭借信息技术的支持,把分割成许多工序或工作的流程按其自然形态组装回去。例如,可以将与房屋有关的各种协议、合同、确认书以及合同的变更、撤销等合并到合同签订信息流程进行统一管理。

②将完成几道工序的人员组成小组或团队共同工作,构造新流程。如将负责客户的房屋查询、登记和勘察评估等业务的人员组成团队,构造咨询评估信息流程。以团队方式开展流程中的工作,将是多数企业进行流程改造的重要策略。

(三)房地产经纪企业业务流程管理模式的建立

目前,在我国的房地产经纪企业中,不同经营模式的企业采用不同的业务流程管理模式。例如在上房置换公司直营连锁模式运作中,公司对于代理人的业务流程管理采取"五个统一"[1]。在这种管理下,公司将业务流程中的某些环节从业务门店上移到管理中心层面,比如"在委托环节签订委托协议书要到管理中心去签订","交易合同签订阶段要到管理中心签订",等等。在"五个统一"的业务流程管理体制下,能够保证中介业务的规范化运作,保证交易安全,克服"飞单"等不良现象。而在21世纪不动产特许经营连锁模式下,所有业务流程都在业务门店店内完成,可有效地避免因业务"上移"而可能导致的效率损失。因为上移意味着业务员和客户要到管理中心内而非门店内去签订合同,对于客户而言是时间的消耗;对于企业而言,门店的人员配置和交通成本等可能增加。

无论在何种经营模式下,要想通过业务流程管理模式取得成功,房地产经纪企业必须做好以下几个方面的基础工作。

1. 建立有效的组织保障

运用流程管理模式主要在于处理好各流程之间的关系,合理地在各流程之间分配资源。因此,经纪企业必须建立有效的组织保障,这样才能保证流程管理工作的连续性和长期性。有效的组织保障包括:建立流程管理机构,这一机构可以归入管理流程中;配备强有力的领导来负责内部的流程管理工作;制定各流程之间的动态关系规则。通过实施流程管理模式,传统组织中的组织图将不复存在,取代它的是流程管理图。

2. 建立流程管理信息系统

流程管理需要大量的信息,必须以快速而灵敏的信息网络来支持。通过流程管理信息系统,决策者可以及时掌握必需的决策信息。信息系统的建设,一方面要构造公司内部的信息网络;另一方面要与公司外部的信息网络连接,充分利用外部的信息资源。

3. 重塑企业文化

以流程管理模式来构造企业的运行规则,这与传统的企业运行规则是完全不同的。因此,企业必须建立与流程管理相适应的企业文化。与流程管理相适应的文化基础是团队精神,即小组成员之间的信任感、默契感和积极向上的精神风貌。

4. 培养复合型人才

为了给顾客提供满意的服务,以及充分利用知识和信息的价值,经纪企业需要对员工进行相关工序和作业能力的培训。通过业务流程重新整合,对外部的顾客来说,流程变得更为简便,但内部的工作将变得更加复杂。复杂的工作需要配备高素质、全

[1]即由"上房置换网"管理中心对各连锁店的业务流程实施集约化统一管理;由"上房置换网"科研培训中心对各连锁店的从业人员开展统一培训;由"上房置换网"网络中心为各连锁店统一布设"置换物业资讯远端存取系统"的软硬件配置;由"上房置换网"评估中心对各连锁店提供统一的标准化评估指导;由"上房置换网"档案中心为各连锁店收缴的客户资料提供统一的保管;由"上房置换网"交易中心为各连锁店的置换业务统一代办相关手续并结算经营利润。

能的人才。因此,运用流程管理模式的经纪企业,必须加强对员工的教育、培训和辅导。

三、房地产经纪企业办公系统组织

房地产经纪企业作为现代服务业的企业,其办公场所就是其最核心的"生产"场所,因而也是房地产经纪企业组织管理中的一个主要对象。房地产经纪企业办公系统的管理应以促进经纪企业运作效率为目标,同时考虑安全性和持续性。具体而言,因为目前我国绝大部分房地产经纪企业都采用规模化连锁的运营模式,所以房地产经纪企业办公系统管理一般从办公总部的地址选择和布置、运营店面地址的选择和内部布置等几方面着手。

(一)房地产经纪企业办公总部的地址选择

房地产经纪企业的办公室总部在进行地址选择时,首先应考虑到整个房地产经纪企业的品牌树立问题。因为,房地产经纪企业的总部往往是整个企业经济实力的代言,其选址同时起着房地产经纪企业的品牌宣传和推广等作用。在成本允许的情况下,房地产经纪企业应选择在较好地段的比较知名的楼宇作为办公总部。其次,房地产经纪企业在选择办公总部时,应尽量选择交通较为便捷的地点,包括方便停车、有方便的交通工具等。因为无论是总部的员工、其他店面的员工还是客户,都有可能随时到总部办理相关业务,而方便的交通环境有利于缩短交通时间、提高办事效率,也有利于树立公司的知名度。此外,房地产经纪企业的办公总部选址还要考虑总部员工外出进行工作的方便,比如离其他门店的远近、距离主管政府部门的远近、距离交易市场的远近等。

(二)房地产经纪企业办公总部的布置

房地产经纪企业办公总部的布置主要包括外部布置和内部布置两方面,从外部布置来讲,在条件允许的情况下,应将带有房地产经纪企业 LOGO 的广告牌置于办公楼外或办公楼层内,这样有利于客户方便地找到总部,同时起到广告宣传的作用。此外,要保证楼外、停车场和所有入口照明充足,烟感器、急救箱、救火箱等配套设施有效设置,确保工作环境安全和舒适。从内部布置来说,房地产经纪企业办公总部主要应考虑以下方面:

(1)在区域分布上,主要包括工作区域和公共区域。工作区域主要包括管理人员办公区、员工办公区、后勤支持办公区、会议区和接待区等。除了工作区域外,还可以设置休息室、阅览室和健身中心等公共区域,以方便员工进行适度的休息和锻炼,提高工作效率。当然,公共区域和办公区域应进行必要的区分,并尽量互不干扰。

(2)在各区域布置上,应尽量找到一种物理安排来最好地促进生产效率的提高,同时对雇员也产生吸引力。

在办公区的平面布置设计上,其趋势倾向于"敞开式办公",格子式或者大通间式的布置有利于培养团队精神,有利于相互交流。可以考虑用工作台式的隔断布置,需要时可以重新布置。在办公区容量的选择上,规划办公桌面积时,要考虑工作人员的工作习惯和维持办公室气氛的难度。当今的办公室都是技术中心,必须容纳大量不同的设备,要合理地分配空间,电子设备、电脑、其他办公设备需要特殊的走线,并且要预计将来的需求。

会议区要尽量减少会谈中分心的可能,并提供最大程度的舒适。另外还要配备电话、电脑等设备,以提高商务交易或结算人员的工作效率。

接待区是公司的第一形象,要为来访客户提供座椅休息,预备大量的资料或者促销性材料,增进公司与客户之间的距离。

(3)在办公总部的装修上,一般来说,要考虑到地毯、粉刷、壁纸和装潢等的磨损和维修问题、家具的质量和价格问题,还要考虑到安全问题。总体要求是要营造出提高办公效率的美观效果。

(三)房地产经纪企业运营店面的地址选择

店面是房地产经纪机构"生产"和"回收"的"车间",店面选址决定了店铺可以吸引有限距离或区域内潜在客户的多少,从而决定了房地产经纪机构的经营绩效,关乎店面甚至经纪企业的前景,关乎经纪企业经营目标和战略的制定,所以运营店面选址对于有店铺经营的房地产经纪企业来说非常重要。

1. 选址要点

一般来说,运营店面的选址要满足确保可持续性经营、有充足的潜在客户群体及房源、有顺畅的交通条件和客户的可达性等关键条件。同时,要尽量满足广告位醒目、门店宽阔、空间方正、视野开阔等要求。具体来说,房地产经纪企业运营店面的地址选择有以下要点:

(1)环境与地形选择。一般来说,不同的环境与地形形式,对商业活动带来的影响不同。比如在三岔口设置店面,因为其满足最大的视野,能同时吸引几条路上的人流而非常有利于房源的推广和客源的建立,所以一般被认为是非常理想的店面选择位置。

(2)与道路的关联性。门店前道路与店面是具有关联性的,道路本身的状况与店铺的构造、陈列、设计等都有联系。通常店面与道路基本处于一个水平面上是最佳的。

(3)客户的接近度。客户的接近度是指目标客户是否容易接近门店。接近度是衡量客户是否容易接近店面的准则。店面与客户接近度越高越好。通常衡量接近度应考虑以下因素:

①店面前路的宽度、人流量及停留性。

②人流的结构及行为特点。

③邻居类型。

④同业店面的情况。

⑤离社区主入口的距离。

⑥是否便于停车等。

(4)租金水平。一般来说,满足上述条件的地址都是比较繁华的地段,而这些地段的租金水平都会比较高。此时,房地产经纪企业要衡量此租金水平是否在房地产经纪企业开店的预算之内。

2. 注意事项

关于房地产经纪企业的门店选址,市场上的商铺供应量持续上升,无论类型、地段、铺型、设施,都给创业经营者提供了更大的选择余地。可是依然有很多创业经营者为找不到合适的铺面而烦恼,或找到商铺开业后却因选址不当而折戟商场,由此可见选址在商业经营中的重要性,以下几个关于选址的小技巧,可以规避掉一些细节风险:

(1)选择同一路段的商铺,应选择能见度高、无道路隔离栏的位置为佳。

(2)选择经营内容相辅的商铺作邻居,装潢再考究的酒吧开在修车铺旁边也会降低档次。

(3)选择附近社区人口会增加的商铺,如附近有大型楼盘开始入住的地区。地区人口的成长性,会使你的商铺具有更高的性价比。

(4)选择靠近该路段标志性建筑物附近的商铺,这样方便顾客辨识,容易引导路人光顾。

(5)选择适合自己经营业态的商铺,价格昂贵的商铺并不一定能为你带来更多的收益。

(6)位置朝东,每天开门几乎都见到初升的太阳,朝气蓬勃,心情舒畅。

(四)房地产经纪企业运营店面的布置

一般来说,房地产经纪企业运营店面的布置包括店面的形象设计和店面内部设计两个方面。

首先,从店面的形象设计来讲,在设计风格、装修措施、色调等方面应符合房地产经纪行业的基本特征,符合房地产经纪企业的形象宣传。同时要充分考虑客户的消费心理等因素,做到"人性化"。具体来说,店面招牌的设计应符合易见、易读、易懂、易记的要求,注意字形、图案、招牌位的选择与搭配,起到引人注意、吸引顾客的作用。在门脸和橱窗的设计上,门脸一般采用半封闭型的设计,店面入口适中,玻璃明亮;橱窗作为向客户展示物业信息及塑造企业形象的窗口,应方便顾客观看,注重美观和良好品质。

其次,在店面的内部设计上,应与外部风格保持一致,重视统一性、协调性,注重灯光效果,合理利用墙体等展示空间。店面的内部布局也是店面内部设计的重要内容。良好的内部布局会给客户带来宾至如归的享受。基于房地产经纪业务具有标的大、隐私性强等特点,并结合经纪业务流程的特点,在布局方面应进行适当的功能分区,设置接待区、会谈区、签约区、工作区等。此外,店面的内部布局设计还必须考虑网络及电话的合理布线、电脑配置等事宜。同时,经纪人员的工装配备也是内部设计不可缺少的一个环节。工装的颜色应考虑与整体色调的和谐,同时注重品质及领带、工牌等细节的配备。

四、房地产经纪企业的资金管理

组织或安排财务资源是房地产经纪企业管理的重要活动之一。房地产经纪企业的资金管理主要包括组织财务资源、进行经营预算和账务管理3方面内容。

(一)组织财务资源

经纪机构的资金管理首先要根据企业经营的资本要求,来组织财务资源,即启动公司所需的资金,企业的资本要求取决于企业组织结构类型和业务内容。以下是一些基本费用要求:法律费用(组建公司)、财务费用(咨询费、建立账目)、通信费、加盟网络和专业协会的费用、办公室(押金、装修、租金)、办公设备(电脑、传真机、复印设备、办公桌椅、文件柜等)、办公用品、印刷品(徽标、标志、文具等)、促销及广告宣传、标牌等。

额外的费用开支,比如购买一辆车,还要考虑是租赁还是购买好。另外还要求一定的配套流动资金储备及其资金预算,比如足够的资本金来弥补阶段性的支出。

企业的资金来源包括企业内部筹资、银行贷款、资本市场等筹资渠道。

(二)进行经营预算

1. 营业收入

营业收入是指企业从事经营和提供劳务所取得的各项收入,包括主营业务收入和其他业务收入。收入的实现会导致企业净资产的增加。

佣金是房地产经纪机构最主要的收入来源,一般包括销售人员所带来的佣金和与其他经纪人合作获取的佣金。将客户的服务清单列出,收入的计算基础就是单项服务取费。房地产经纪机构提供的其他服务还包括评估、物业管理、提供保险、产权办理、契约委托抵押贷款等服务。对这些服务,在明确标价和顾客同意的情况下,房地产经纪机构也可以收取到相应的服务费用。

经营收入还包括加盟店的加盟费等其他收入。

2. 经营费用

经营费用分为固定费用和流动费用,其中固定费用包括房租、工资、税收、保险和折扣;流动费用包括广告宣传、促销活动、市政开支、设备用品、销售成本、租赁费用、银行收费、支付给销售人员和经纪人的酬金、各项服务费、备用金和各项杂费。流动费用需要很大的管理力度来控制。

由于房地产经纪机构的特殊性质,需要将以下几类费用进行详细描述:

(1)前期的考察、项目接洽等费用的预算。房地产经纪机构在确定经营某项业务之前必须先付出一笔资金作为预备资金。

（2）市场营销与宣传广告费用。这里包括制定市场营销和广告战略费用以及资料设计费用，还包括发布广告、形象广告、招牌以及社团赞助费用、礼物派发等费用。

（3）销售成本。销售人员的薪酬、现场销售日常费用以及所要上缴的相关税收（包括营业税、所得税、交易费用）。

3. 利润

利润是企业经营活动所取得的净收益，是企业的经营成果，是反映企业经营效益和管理水平的重要指标，包括营业利润、投资净收益、营业外的收支净额。

（三）账务管理

1. 财务管理

房地产经纪机构的财务管理按照管理项目来分，可分为日常经营财务管理、投资项目财务管理与筹资财务管理。

（1）日常经营财务管理。主要是对公司日常经营的资金控制费用开支等，还包括对一年的经营成果进行分析，并制定出下一年的服务计划等工作。相应地，需制定房地产经纪机构的资金控制制度、费用开支标准制度、财务分析制度、内部稽查制度。

（2）投资项目财务管理。进行投资项目财务管理可确保公司投资有效及投资可以快速收回，带来更大的收益。相应地，房地产经纪机构需要建立投资档案管理制度等。

（3）筹资财务管理。通过筹资财务管理可以更有效地筹集资金，并有效地降低资金成本。相应地，房地产经纪机构需要建立筹资管理制度；另外，还需要建立税收筹划的相应管理制度。

2. 财务数据管理

公司财务数据的管理包含大量的簿记工作，一般包括收入和支出账簿、应收应付账款、佣金和工资记录，以及银行及监管账户报表。财务数据管理就是要通过财务数据的收集、验证、存档等具体程序来建立资料数据库，以便房地产经纪机构的领导人通过财务数据库来谨慎地监督并控制公司多方面的运作。

技能训练

学生每3~5人为1组，每组选一名组长。以小组为单位，走访教师指定区域内的3家以上知名房地产经纪企业，完成相应的调查任务。

［调查任务］

（1）调查房地产经纪企业的经营模式，并归纳不同的房地产经纪企业在选择经营模式时主要考虑的因素。

（2）了解房地产经纪企业办公系统的组织管理，包括办公总部地址选择及其布置、店面的地址选择和布置等内容。

［组织方式］

（1）教师布置调查任务，见上述调查任务1、2。

(2)进行调查工作的讨论和计划,并将计划成文上交教师。

(3)开展调查工作,进行调查资料的收集、汇总、分析和总结,最终形成文字材料。

(4)在班级课堂上介绍调查的经过和结果,并阐述企业进行经营模式选择时考虑的主要因素以及办公系统组织策划的理由。

(5)在以上工作的基础上,以小组为单位模拟进行某房地产经纪企业的经营模式选择过程以及办公系统的组织策划(主要是店面的选址和布置)。

［训练目的］

(1)使同学充分感受房地产经纪企业的性质,深入了解房地产经纪企业的经营模式以及房地产经纪企业办公系统的组织管理。

(2)锻炼学生的市场调查、分析与总结的能力,锻炼学生进行文字表述和口头表达的能力,培养学生团队合作的精神。

工作任务二 了解房地产经纪企业人力资源管理

任务场景

房地产经纪业是一个需要进行资源优化组合的行业,而人力资源是各种资源中最为重要的。没有好的人力资源就难以有效地寻找资源,也难以与客户、销售代理公司乃至广告公司等进行有效的沟通,难于驾驭和发挥资源的最大效能。然而,房地产经纪行业人力资源的竞争也是最激烈的,人员流动频繁,最容易发生人员"跳槽"现象。因此,作为房地产经纪的从业人员,了解房地产经纪企业人力资源管理现状,探讨房地产经纪企业如何进行人力资源的有效管理就有很强的现实意义。

任务描述

房地产经纪公司如何实现人力资源管理的创新,如何培养和吸引优秀人才加入经纪行业以提升行业整体素质,如何借鉴成功企业人力资源管理的做法及其制度,有效防范人力资源管理方面存在的风险? 这些都是房地产经纪公司人力资源部门的主要工作内容。本模块要求学生完成以下学习任务:a.了解房地产经纪企业人力资源管理的内容和特性;b.掌握房地产经纪企业中雇佣关系的建立与解除;c.了解房地产经纪企业的薪酬制度和激励机制;d.能够总结出房地产经纪企业人力资源管理的一般性经验。

相关知识

一、房地产经纪企业人力资源管理的内容和特性

(一)房地产经纪企业人力资源管理的基本内容和原理

1. 房地产经纪企业人力资源管理的基本内容

和任何一个企业一样,房地产经纪企业的人力资源管理主要包括以下内容:

(1)通过工作分析,编制各种岗位所需要的人员素质的说明书。即在确定公司组织架构的基础上,进行各部门工作岗位的设置,并进行岗位工作内容和工作职责的分析和说明,进而确定岗位工作人员所需要的基本能力和素质。

(2)招募、选择和聘用合适的员工。即在明确岗位的前提下,按照岗位工作人员素质的要求选聘合适的员工,包括对外招聘和对内选拔。

(3)为员工提供提高业务能力的机会,保持公司经营业绩的上升和团队的稳定。一般来说制定合理的薪酬制度、激励机制以及建立完善的培训体系是保证员工利益及工作积极性的有效的人力资源管理途径和内容。所以从这个意义上说,企业的人力资源管理直接关系企业的团队是否稳定以及企业的经营业绩是否能够上升。

(4)指导员工实现公司的及其个人的阶段目标和总体目标。人力资源管理的重要内容之一是营造企业文化,使公司的目标和员工的目标能够尽量匹配,并指导员工认可企业文化,在获取自身价值实现及最大化的过程中,实现企业目标。

总之,商业竞争说到底是人才的竞争,是人力资源综合素质的竞争。通过合理的制度设计,建立专业匹配、组合合理的团队,留住企业人才,最大程度地激励员工,发挥员工的主观能动性,实现人力资源的精干和高效,是房地产经纪企业人力资源管理的内容,也是房地产经纪企业保证市场竞争力的基础。

2. 房地产经纪企业人力资源管理的原理

(1)能级层序原理。人的能力是有差别的,因而在进行人力资源配置时要根据能力强弱分配不同的工作,这既能发挥个人作用,又能使组织内部容易协调。这是人力资源配置的基本原理。

(2)同素异构原理。同样数量的人,用不同的组合办法,可以产生不同的结果,同素异构原理是组织设计与进行人员配置时必须遵循的重要原理。要将适合的人安排在适合的岗位上,这在招聘期间与考察期间都要注意到。

(3)适应原理。人与事之间适应是相对的,不适应是绝对的,要实行动态平衡,不断调整人的岗位。公司的岗位设置、薪资水平都要有一定的灵活性,以保持公司结构的弹性。

(二)房地产经纪企业人力资源管理的特性

房地产经纪企业一般需要拥有专业技能的评估师、策划专员、投资顾问、物业管理代表、抵押贷款代表,或者销售人员。其中特别是房地产经纪人员,因其与房地产

经纪企业之间有着较为特殊的关系,从而构成房地产经纪企业人力资源管理的一些特殊性。

首先,房地产经纪人员与房地产经纪企业之间有执业关系,决定了房地产经纪企业的人力资源管理必须遵守行业的相关规定。一方面,大多数房地产经纪人员从事经纪活动必须以房地产经纪企业的名义进行,同时房地产经纪业务由房地产经纪企业统一承接;另一方面,房地产经纪企业必须是由房地产经纪人组成的。根据一般规定,不论是设立房地产经纪公司、房地产经纪合伙企业、房地产经纪个人独资企业,还是设立房地产经纪机构的分支机构,都必须有规定数量的持有《中华人民共和国房地产经纪人执业资格征书》的人员和一定数量的持有《中华人民共和国房地产经纪人协理资格证书》的人员。由此可见,没有房地产经纪人员的加入,房地产经纪企业是无法成立的。这决定了房地产经纪企业人力资源管理必须符合房地产经纪行业管理中有关房地产经纪人员职业资格注册管理、职业道德等的相关规定。

其次,房地产经纪企业与房地产经纪人员之间有法律责任关系,这要求房地产经纪企业的人力资源管理必须遵守相关劳动法规的规定。由于房地产经纪业务一般是由房地产经纪企业统一承接的,房地产经纪合同是在委托人与房地产经纪企业之间签订的,因此,一方面房地产经纪人员在执业活动中由于故意或过失给委托人造成损失的,由房地产经纪企业统一承担责任,房地产经纪企业向委托人进行赔偿后,可以对承办该业务的房地产经纪人员进行追偿;另一方面,由于委托人的故意或过失给房地产经纪企业或房地产经纪人员造成损失的,应由房地产经纪企业向委托人提出赔偿请求,委托人向房地产经纪企业进行赔偿后,再由房地产经纪企业针对房地产经纪人员的损失进行补偿。房地产经纪业务的特点决定了房地产经纪人员执业的流动性比较大,由经纪企业统一承接业务并承担法律责任有利于保护委托人、房地产经纪人员和房地产经纪企业三方的合法权益,也有利于促进经纪企业加强对其执业经纪人员的监督和管理。

最后,房地产经纪企业与房地产经纪人员之间有经济关系,这决定了房地产经纪企业人力资源管理要有更加符合行业和地区特点的薪酬制度。由于房地产经纪业务是由房地产经纪企业统一承接的,房地产经纪合同是在委托人与房地产经纪企业之间签订的,因此,由房地产经纪企业统一向委托人收取佣金,并由房地产经纪企业出具发票。经纪企业收取佣金后应按约定给予具体承接和执行经纪业务的房地产经纪人员报酬,报酬的形式可以由经纪企业与经纪人员协商约定,可以是计件的也可以是按标的提成等。报酬的具体金额或比例由双方约定,但应符合当地当时提供同类服务的正常水平。

二、房地产经纪企业的雇佣关系

(一)雇佣关系的建立

雇佣关系的建立是指吸收培训合格者或者已有经验者签订就业合同。根据招聘来源的不同,可分为外部招聘和内部选拔。

1. 外部招聘

外部招聘是指从公司外部吸收具备相应能力和资格的人员,然后编制到相关岗位的过程。外部招聘的程序分为编制招募宣传册、广告宣传、招聘测试、招聘决策等。

(1)编制招募宣传册。通过制定招募宣传册可向应聘人传递企业将要招聘的信息,给求职者留下好印象。招募宣传册的设计和印刷必须专业,从而加强公司形象,给人以良好的记忆。

(2)广告宣传。广告媒体的选择一般是报纸、电台、电视、公司网站、布告,甚至新闻发布会等。传统上,报纸的栏目分类广告一直是热门的广告方式。但是广告媒体的选择,也要根据招聘岗位的特点,有针对性地发布。例如房地产经纪企业可以多在房地产杂志或者报刊上刊登招聘信息,这样针对性更强。

招聘广告内容一般包括岗位说明、岗位要求、招聘人数、报名方式、时间、地点、证件、所需材料以及其他注意事项。另外,广告的发布面要尽量宽,因为接受信息的人越多,招聘到合适人选的概率就越大。在条件许可的情况下,应尽早向人们发布,以尽量缩短招聘进程。

(3)招聘测试。一般来说,房地产经纪企业在收到报名参加招聘的人员的材料后,会根据材料对报名者进行初步考察和遴选。考察内容一般包括学习经历、英文水平、计算机能力及工作经历等。初步遴选通过的人员一般可以参加公司的下一轮选拔。

房地产经纪企业选拔的方法有很多,包括心理测试、知识考试、情景模拟和面试等。从实践来看,房地产经纪企业在一次招聘过程中经常综合运用几种方法,而最常用的就是面试。房地产经纪企业面试内容包括道德品质、沟通技巧、协作精神、专业技能等。面试重视人才的全面性,着重考察其是否具有创新性、挑战精神,以及能否适应公司的组织文化等。

面试一般分为三轮:初步面试一般是由人力资源主管来进行,使企业获得应聘者的应聘岗位、能力和对工作的期望等直观信息,考察其所具有的房地产专业知识。第二轮是在初步筛选后,再由人力资源部组织进行相关的业务能力和专业知识技能测试。比如,销售人员必须善于交流、遵守纪律、有组织能力、能够自我调节和受过良好的教育,还要能够承受压力,保持冷静,遭受拒绝而不感到沮丧、颓废,感染自己的顾客和客户而不受自己个人兴趣的影响。第三轮是由招聘职位的最高层经理和招聘人员共同参加,选出符合公司要求的人员。

(4)招聘决策。招聘决策是指面试过后由最高层确定最终人选的过程。这一步通常要经过参考测试结果,确定初步人选,并且查阅档案,让入选者接受体格检查等程序。确定人选后,公司与新成员进一步双向沟通,确保他们在指定时间内投入工作,然后做出聘用承诺,双方签订劳动合同。之后企业为员工建立个人档案,对新员工进行相关培训。

2.内部选拔

在公司内部选拔员工,是添补空缺的一个重要途径,是对员工的一种有效激励。内部选拔的优点是有利于提高员工的士气和工作绩效,有利于激励主管人员奋发向上,较易形成企业文化;缺点是不易吸收优秀人才,自我封闭,可能使企业缺乏活力。

内部选拔分为内部调用和内部提升两种。内部调用是指需要的岗位与原来的岗位层次相同或者略有下降。内部提升是在公司内部将员工的职位提高到比原来更高的层次。内部提升和内部选拔是经常发生的。内部选拔费用低廉,手续简单,人员熟悉,较易形成企业文化。当企业内部没有合适的人选时,就应该采用其他的形式进行招聘,否则就有可能影响主管人员的工作积极性,造成公司人才的缺乏。

3.有关劳动合同

无论是外部招聘还是内部选拔,最终房地产经纪企业与房地产经纪人员的雇佣关系建立的标志都是双方签订正式的劳动合同。劳动合同是证明雇佣关系建立的唯一法律凭证,也是保护双方权益的重要保障和手段。房地产经纪企业与员工签订劳动合同必须遵守国家相关劳动法律的规定。劳动关系合同的内容一般包括房地产经纪企业的名称、住所和法定代表人或者主要负责人;被雇佣者的姓名、住址和居民身份证或者其他有效身份证件号码;劳动合同期限;工作内容和工作地点;工作时间和休息休假;劳动报酬数额及支付方式;社会保险;劳动保护、劳动条件和职业危害防护等内容。劳动关系合同一般一式两份,由经纪企业和员工各持一份。

(二)雇佣关系的解除

雇佣关系的解除一般是指员工和公司合同的终止。公司对于冗余人员一般采用限制雇佣、要求员工提前退休、暂时解雇等方法。而对于违反公司规章制度,因业务不达标或者由于人事问题将其调换工作岗位后观察仍然不胜任的,则可辞退。

公司对于雇佣关系的解除要确保必要时公司可以获得具备相应技能的人员和所需的人员数量,另外还要考虑解除的前提和法律方面的意义以及终止合同关系时要遵循的相关程序,并将这些行为内容做成文件,作为日后公司人事管理参考材料和解决可能出现的纠纷的证据。

三、房地产经纪企业的薪酬制度与激励机制

(一)房地产经纪企业的薪酬制度

1.房地产经纪企业薪酬制度的制定

薪酬是房地产经纪企业员工的劳动所得,薪酬的多少、是否合理等会直接影响到员工的工作士气和业绩。而这些都有赖于建立科学、规范、良好的薪酬制度。薪酬制度是房地产经纪企业管理理念、房地产经纪企业与房地产经纪人员关系等的集中体现。实践证明,良好的薪酬制度不但能使企业员工士气旺盛,敬业地为企业服务,而且能吸引其他企业的卓越人才进入本企业服务。所以研究与设计良好的薪酬制度是

促使房地产经纪企业成功的关键因素之一,也是房地产经纪企业人力资源管理的核心内容之一。

一般来说,薪酬制度的制定要遵循底薪与奖金分离、简明扼要、易于执行、管理方便、符合经济原则、在同行业中有竞争力、有一定弹性、能配合商业变动等基本原则。而更为重要的是房地产经纪企业的薪酬制度一定要遵循公平合理,同时有激励作用的原则。

首先,薪酬制度的公平合理是指薪酬制度要体现外部公平性和内部公平性。外部公平性是指同一行业或者同一地区或同等规模的不同企业中,类似职务的薪酬应该基本相似。内部公平性是指同一企业中不同职务所获得的奖酬应当正比于各自的贡献。外部公平性,可以保证企业工作团队的稳定性,尽量减少人才的流失和企业人员的高流动性。内部公平性可以增强企业的团队建设,凝聚团队力量,从而更好地营造企业内部环境,减少不必要的内部摩擦。

其次,薪酬制度要有激励作用,是指薪酬制度的设计应体现对企业工作人员能力的肯定和褒奖。房地产经纪企业的薪酬制度设计应和绩效考核制度、岗位聘任制度等密切配合,根据企业对员工工作业绩的考核进行必要的奖励与惩罚设计,同时和岗位聘任制度挂钩,岗位能上能下,这样有利于有才能的、业务能力强的员工脱颖而出,也有利于鼓励企业员工不断进取,不断提高能力,完善素质,做出成绩。

2. 房地产经纪企业薪酬制度方式

在房地产经纪企业中,薪酬的支付方式大体有以下几种:

(1)固定薪金制。即有保障底薪,维持最低所得,对企业员工生活最有保障,人员流动率最低,与顾客的关系容易保持常态。但其最大的缺点是不具有激励性。

(2)佣金制。即没有保障底薪,其收入完全视业绩而定,业绩高则薪酬高,业绩低则薪酬低,甚至没有薪金。佣金制奖励大,刺激性强,业务员的"危机意识"最高。但由于无底薪,公司在管理上较为不易,人员流动率高,有些业务员为了达到目标,甚至不择手段,严重影响公司的信誉。

(3)混合制。即将固定薪金制和佣金制混合运用。比如,工资加代理佣金、销售佣金加提成比例等。这种方式可结合上述两种支付方式的优点,并避免它们的缺点。

(二)房地产经纪企业的激励机制

1. 房地产经纪企业激励机制原理

任何一个企业,都应当建立企业员工的激励机制。所谓激励是企业员工从事的工作所带来的激励,包括工作目标激励、工作过程激励和工作完成激励。工作目标激励是企业和员工共同提出的具有一定挑战性的工作目标。工作过程激励是员工工作本身所具有的重要性、挑战性、趣味性和培养性等,这会使员工珍惜自己的工作和尽最大努力去干好工作。工作完成激励是员工完成工作目标时所产生的对企业、社会和国家的贡献感,对自己的抱负和价值得到实现时的自豪感,对自己的能力得到发挥时由此而产生的成就感,从而导致员工内在性需要得到满足而产生的激励。激励机制的建立,既会激发员工的事业心,又会留住人才。激励机制可以吸引、保留、鼓励企业所需要的人力资源,激发员工的良好的工作动机,鼓励他们创造优秀的业绩,调动其工作积极性。

2. 房地产经纪企业激励方式

首先,可以通过薪金的奖励来激励员工。通过灵活而且和业务绩效结合的薪金制度来调动员工的积极性,可以分别设置个人奖和团体奖。业务员个人奖励和本人业务挂钩,而经理和行政助理的奖励可按项目的总销售额提成。

其次,关注员工的需求。员工的需求可以用多种方法来满足,除了金钱这种最普遍、最快捷的方式外,还可以针对员工在需求方面表现出的异质性,灵活地满足员工的具体要求,以体现激励的差异性。

最后,关注员工参与的重要性。现在越来越多的管理学者倡导员工的参与式管理。员工,特别是高素质的员工,对决策的过程以及自己参与决策的过程越来越有兴趣。员工参与能校正员工在福利方面对于企业的期望,避免期望与现实之间出现太大的差距。通过沟通,降低违反契约的可能性,优化员工心理状态。员工有了主动性,才会有更高的工作效率。

四、房地产经纪企业创新人才吸收和培养机制

(一)用人制度方面的创新

所谓用人制度的创新,企业可根据自身发展的不同阶段启用不同素质的人才。例如北京千万家房产,在其发展之初,起用下岗职工坐店制,因为下岗职工一般较成熟稳重,对个人信誉较重视,会诚信待人。且都是北京人,对周边环境较熟,可以给外地租房客户以更好的物业推荐。在工作心态上一般不会有年轻人的浮躁,较踏实,利于企业人员稳定性。但是应该看到,下岗职工必定因其文化水平有限,当企业朝向高端专业化水平发展时,会跟不上企业的发展要求。因此需要更多接受新事物能力强、有冲劲的高素质年轻人来推动企业发展,并在实践中进行定点培养,成为企业储备干部的组成部分,为公司中层管理人员和门店店长岗位做好人才储备。

(二)人才培训机制上的创新

人才引进是人才战略第一步,更为重要的是人才培训。尽管总体而言各类大中型中介企业都建立了各自的培训体系,定期或不定期地对员工开展业务、服务、职业道德、政策法规等的培训,但在培训的目的、内容和方式方法上有待进一步完善。因此,一要克服培训目的的短视性和功利性,扩大培训的对象和范围;二要丰富培训方法,提高培训效率,要大力采用双向灵活的教学培训方法。中介企业需要构建自己富有特色的培训体系,除了根据自己员工文化程度高对员工进行比较完整的业务基础培训,还应注重员工能力的开发和综合素质的提高,形式多样、新颖,注重团队精神和企业文化的传播,使员工群体保持较强向心力的同时提高自身的竞争能力和挑战性

思维。也可以不定期组织知识竞赛,对员工的专业知识、企业文化、经营理念等进行充满趣味性的考核,让员工在娱乐中提升专业素质以及在潜移默化中增强员工对企业文化的理解。

(三)业务员收入分配制度

房地产中介企业对业务员一般采取底薪+提成制度,采取门店考核与个人考核相结合的办法。应该说,底薪+提成的分配制度基本上是适合中介行业要求的,能促进业务员工作积极性发挥,但在具体运用上,仍需要局部进行改革创新。

1.将传统中介业务和资产经营业务分别对待

当前房地产中介业务中除了原来的传统中介业务,还有一定数量的资产经营业务,也就是通过收购存量房,然后加价出售。资产经营业务虽然没有中介费,但通常买卖差价比中介费用收益更高。尤其是在大规模中介企业中,资产经营业务占到一定比例。由于资产经营通常需要动用公司的资金,并且还有一定的经营风险,不能将资产经营的收入简单地等同于传统中介业务的收入。在收入的贡献因素中,既有业务员的业务操作贡献,也有企业的资金要素贡献和企业的管理要素贡献,而传统的中介业务则不需要动用公司的资金。因此,从分配的角度看,就需要对资产经营业务和传统中介业务分别对待,并制定合理的分配制度。

2.进一步完善考核体制

激励机制有效性的前提是具备完善的考核体制。当前北京房地产中介企业普遍采取的是以个人为基本考核单位,将个人考核和门店考核结合起来。但在具体操作中,还存在着一定的操作性难题,并且通常不能完全反映出业绩和被考核人员劳动付出之间的关系。为此,在考核方面,还需要将考核的范围延伸开,将总部职能部门员工、中间管理层与门店业务人员三方紧密结合起来。例如,房屋中介设立的呼叫中心部门,呼叫中心的员工是第一个接到客户电话的人,其服务质量及专业水平的高低,对客户报上来的房源信息能否有效留下来,起着很关键的作用,也直接决定了该信息能否继续往下流通。所以呼叫中心的接线员若能在第一时间解答客户的咨询问题,并能与客户达成委托公司作独家代理的意向,就会大大减少信息浪费。但如果对呼叫中心没有激励机制,信息有效无效一个样,那么就会造成大量的信息浪费。只有这样,才能使得考核结果让业务门店和业务操作员工信服,才能调动总部职能支持部门和中间管理层的工作积极性。

技能训练

学生每3~5人为1组,每组选一名组长。以小组为单位,进行分析讨论,并完成以下训练:

1.模拟进行房地产经纪企业的招聘面试。

[训练内容]

(1)每位学生通过不同途径对房地产经纪企业的招聘信息进行搜集及整理。

(2)将整理后的招聘信息公布,并组织同学进行观看和讨论。

(3)通过角色扮演,模拟房地产经纪企业的招聘过程。

(4)每位同学对参与招聘活动后的心得和感受进行总结、分享。

[训练目的]

(1)让学生了解房地产经纪企业对人员的基本素质要求。

(2)培养学生的就业意识,提高就业能力。

(3)锻炼学生的语言表达能力、沟通能力和应变能力。

要求:学生在训练过程中应熟悉房地产经纪企业对人员的基本素质要求,并总结在就业面试过程中需要注意的问题。

2.分析房地产经纪企业和房地产经纪人员之间的雇佣关系。

[训练内容]

(1)对当地知名的房地产经纪公司进行入户走访,了解这些企业和职员的劳动雇佣关系是如何建立和解除的?

(2)搜集、整理当地知名经纪公司对人才流动问题的看法,并将整理后的结果在课堂上介绍、展示。

(3)分组讨论房地产经纪企业应该设立怎样的薪酬制度和人才激励机制,如何在人才培养和人力资源培训方面进行制度创新。

(4)每组对讨论结果进行归纳整理,并分别上台阐述,教师对每组讨论的结果进行评分。

[训练目的]

(1)让学生熟悉房地产经纪企业和人员之间雇佣关系的建立与解除方式,提高学生就业意识,增强就业能力。

(2)让学生掌握房地产经纪企业人力资源管理工作的主要内容,并逐步形成自己的见解。

拓展案例

[案例1]　　　满堂红(中国)集团有限公司的人力资源管理模式

2000年7月,满堂红前身——家宜置业科技有限公司更名为广州满堂红置业有限公司,2005年,家宜集团正式更名为满堂红(中国)集团。之后迅速发展,短短两年间多次实现跨越式发展。集团现时拥有三大业务板块:中介业务板块、房屋金融业务板块、家居业务板块。集团全面整合成员企业的资源优势,不断锐意创新,推出多项极具特色的置业服务产品,致力于构建专业房屋服务体系。

满堂红集团专注于房地产行业及相关的项目投资,致力于为消费者提供专业、优质的一站式置业服务。近年来集团陆续投资经营了数间相关企业,涉及房地产中介、按揭担保、房产资讯、家居装饰、信息技术等行业,逐步由单一中介服务的业务类型,发展为以二手房经纪业务为核心,全面介入按揭服务、置业担保、装修等居住服务链条,成为专注于居住综合服务的企业集团。

经过这几年的发展和扩张,集团业务稳步增长,累积了丰富的市场经验,形成了行内比较成熟的运营模式。业务地域以广州为基地,逐步拓展至佛山、东莞、深圳、珠海、上海、南京、成都等国内城市。

满堂红集团成员包括满堂红(中国)置业有限公司、广州亿达按揭服务有限公司、广州亿达置业担保有限公司、广州满堂红广告传播有限公司、广州喜迎门装饰设计工程有限公司、广州安浚信息技术有限公司。如下图所示:

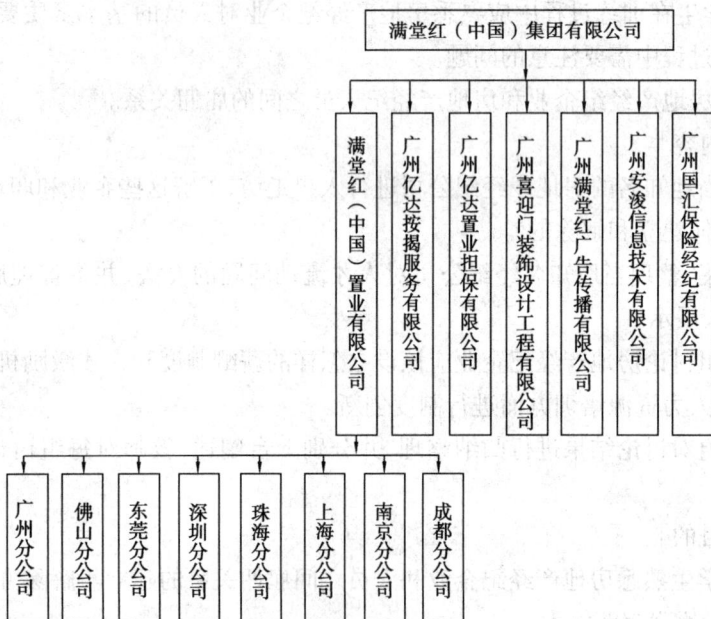

房地产经纪人员既是为公司创造经济效益的主体,公司也为员工提供一些培训机会,例如,满堂红(中国)置业有限公司以人才战略为企业发展的重要策略,成立满堂红学院,由各相关职能部门骨干组成强大的讲师团队,进行针对性的课程设计及讲授,肩负着为公司培养优秀人才的重大使命。

满堂红学院不仅有完整的培训体系,满足不同岗位、不同阶段员工的自我提升需求。还设立了完善的导师培养及考核机制,为学院的长远发展奠定坚实的基础。此外,惠及全体员工的教育金奖励制度更是公司大力投入培训资源的重要体现。同时,公司还设立了教育基金:满堂红教育基金的设立主要体现了以人为本的公司文化,为公司锻炼优秀且合适的员工。通过教育基金制度吸引人才、培养人才,融合公司的人才战略,打造学习型企业模式,引领行业规范与未来。

满堂红希望透过内部培养、培训等大量的后勤投入和系统管理来弥补人才缺口,而这些培训的投入很大,工作流程也与传统做法有些不同。按常理,一个全面的店长作为经营者要把所有的事负责起来,但是在开店快的时候,不可能有那么多成熟的店长,只要求店长的业务能力强,其他的后勤由总部系统管理。满堂红的宗旨是先抓市场机会,再培育人才。到目前,满堂红会给相当部分的店长以更高的要求,所以满堂红的后勤跟同行相比比较庞大,专门安排七八个人专门跟进和处理投诉,前后台配比成本非常高,透过成本投入来解决人才缺口的问题。满堂红员工的职业发展通道,如下图所示:

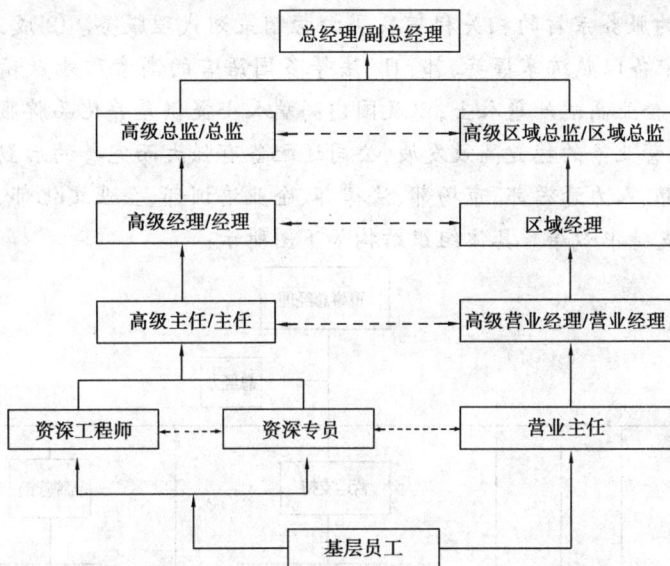

（资料来源：http://entermth. mytophome. com/AboutMTH. aspx? ForumID=2,走进满堂红）

[案例2] 　　　中原地产代理有限公司的人力资源管理模式

香港中原集团成立于1978年,逾30年来的稳健发展,不仅打造了香港皇牌代理行典范,更是应市而变,不断抢占先机全面开拓内地纯房地产代理市场,打造中原(中国)航母,分别于北京、上海、深圳、广州等近30个大中城市建立分公司。广东中原地产作为中原集团成员,是最早一批在中国内地成立的城市分行之一,创办于1994年9月。经过10余年的稳步发展,广东中原一直活跃于广州市的房地产领域,为当地房地产发展商、投资者及广大客户提供全面而周到的优质服务。广东中原的业务主要包括两大板块,涵盖二级市场及三级市场,即一手、二手房地产买卖及租赁代理服务,具体包括:一手项目的可行性研究分析、市场定位、推广、营销策划及销售等;二手房地产买卖/租赁、物业评估/放盘、物业按揭/抵押等服务。在一级代理公司中,中原是唯一一家既积极于一手市场,又活跃于二手市场,兼而享有盛誉的代理公司。

广东中原秉承香港中原良好的商誉及专业务实作风,并结合规范稳健的管理制度,坚守品质服务至上的承诺,经过多年努力经营,不仅针对二级市场培养一支拥有项目实操经验丰富的团队,分别专注于豪宅、一般住宅、写字楼、商场等物业类型的营销,而且拥有分别专长于市场研究、规划及建筑设计、房地产营销策划、广告推广、销售管理等的众多精英。此外,广东中原还领先同行,创新导入"一二手联动操盘模式"等充分利用网络平台资源的特有营销整合模式,务求为发展商提供更全面、更专业的服务。

同时,广东中原针对三级市场不断向纵深领域提供品牌代理服务。二手物业代理除了传统住宅租赁和买卖代理外,还有"多元拳头产品"服务,均采用独立地铺专业运作模式,具体包括:①成立专业的工商铺(商业部及商铺部),配备从业经验丰富的复合型专业营销团队,致力于写字楼、商铺、厂房领域,向各大企业、投资者提供以"高效增值理财"为服务宗旨的相关租赁及买卖营销策划代理服务。②成立豪宅及外籍客户业务部,配备以熟练掌握英、韩、日、法等多国语言的高素质地产精英团队,针对世界各国知名企业高端外籍人士,以及国内高端人士提供差异化品牌服务。此外,为了全面推进主营业务的稳健高效发展,公司还配备有强大而完善的后勤支援部门,如财务部、行政部、人力资源部、市场部、法律部、企业培训部、企业文化部、资讯科技部、研究部、营业支持中心等。具体组织结构如下图所示:

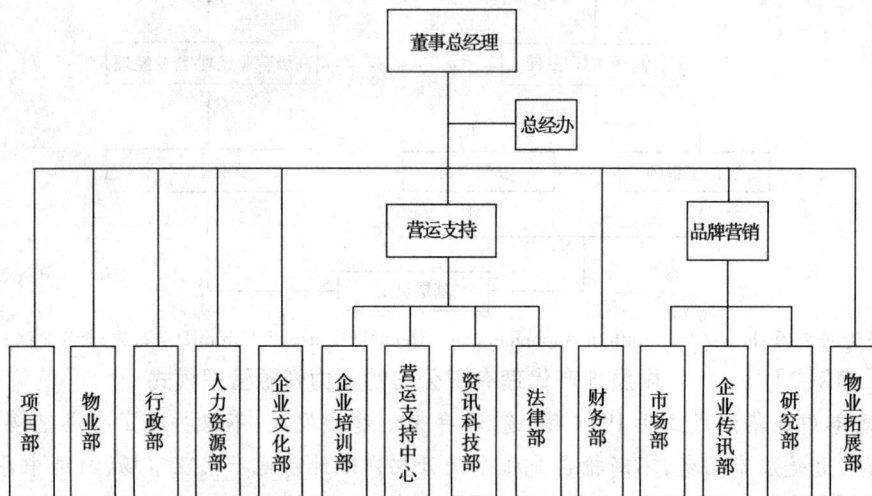

下面是组织结构图：

```
                    董事总经理
                        |
                     总经办
                        |
        ┌───────────────┴───────────────┐
     营运支持                        品牌营销
        |                               |
┌──┬──┬──┬──┬──┬──┬──┬──┬──┬──┐    ┌──┬──┬──┬──┐
项 物 行 人 企 企 营 资 法 财    市 企 研 物
目 业 政 力 业 业 运 讯 律 务    场 业 究 业
部 部 部 资 文 培 支 科 部 部    部 传 部 拓
       源 化 训 持 技              讯      展
       部 部 部 中 部              部      部
              心
```

对于一间迅速发展的公司,广东中原要面对的其中一个问题是公司发展太快,而人员素质提升的速度跟不上公司的发展速度。为了缓和"现有人员质素未达到岗位需求"这一矛盾,最立竿见影的办法就是"空降"中高层人员,以求注入新的思想和活力,激发老员工的竞争进取精神。所谓不是猛龙不过江,"空降"兵通常来自各行各业,他们过往的管理模式和工作经验确实可为中原带来借鉴,以及扩宽人脉关系网络。但这并不是公司不重视内部晋升机制,中原地产一向都致力提升员工素质和培养人才,像设立培训部、提供进修津贴等。只要是有潜质的员工,不愁在中原这个大平台没有发展和晋升的空间,关键是你自己的工作表现能否给予公司信心。以下是中原地产职位晋升示意图。

一手项目部职位晋升示意图:

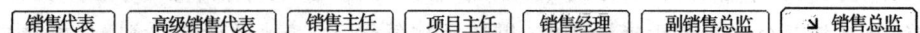

| 销售代表 | 高级销售代表 | 销售主任 | 项目主任 | 销售经理 | 副销售总监 | ↳ 销售总监 |

二手物业部职位晋升示意图:

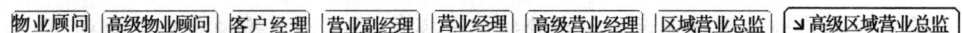

| 物业顾问 | 高级物业顾问 | 客户经理 | 营业副经理 | 营业经理 | 高级营业经理 | 区域营业总监 | ↳ 高级区域营业总监 |

物业部秘书组晋升阶梯:

| 行下助理 | 资深行政助理 | 高级行政助理 | 行政副主任 | ↘分区行政主任 |

（资料来源：http://www.gzcentaline.com.cn/Jobs/AboutGzcentaline.aspx，加入中原）

课后实践

1.通过上网、走访等方式，了解满堂红（中国）集团有限公司和广东中原地产代理公司的相关资料，比较满堂红和中原地产在人力资源管理方面的异同，并对房地产经纪企业在确立雇佣关系、建立薪酬制度和激励机制等方面的差异做出相应分析及评价，同时对房地产经纪企业人力资源管理的薪酬制度和激励机制提出自己的见解。

2.收集10条以上的房地产经纪企业招聘信息，总结房地产经纪企业对人员的基本素质要求，以及他们在薪酬制度、激励机制以及培养机制等方面的差异。

工作任务三　了解房地产经纪企业客户关系管理

任务场景

随着房地产商品市场的激烈竞争，房地产经纪行业经历了从卖方到买方市场的转变，并已进入到竞争的白热化阶段，如何在激烈的竞争中生存与发展成为每个经纪企业不断探索的问题。客户是房地产经纪业生存的基础，房地产经纪公司之间的竞争就是对客户的争夺。因此，客户关系管理能力也就成为房地产经纪行业企业的核心竞争力。尤其是当房地产经纪公司的规模扩大、业务发展壮大时，掌握科学的客户关系管理就成为房地产经纪人员必须掌握的重要职业知识和技能。

任务描述

本模块要求学生完成以下学习任务：a.了解房地产经纪企业建立客户关系管理的必要性和重要作用；b.了解房地产经纪企业客户关系管理的主要内容；c.了解房地产经纪企业客户关系管理系统的设计内容，并能够熟练使用该系统；d.掌握房地产经纪人员所应该具备的基本职业素质和客户关系服务技巧。

相关知识

一、客户关系管理的含义和内容

（一）客户关系管理的含义

客户关系管理（customer relationship management，CRM）源于"以客户为中心"的市场营销理论，是一种旨在改善企业与客户之间关系的管理机制。从解决方案的角度讲，是市场营销的科学理论与信息技术的整合，是以客户为核心的企业营销的技术实现和管理实现。所以，CRM既是一种现代经营管理理念，又是一套技术解决方案。

现今,不同的行业领域对客户关系管理有不同的概念解释。原因一方面是不同的行业领域根据自身的业务特点或要求,有不同的理解侧重;另一方面,客户关系管理概念本身的开放性比较强,随客户需求的实时变化而改变,内涵不断丰富和发展。总之,CRM 的核心思想包括以下方面:

(1)客户是企业发展的重要资源之一。

(2)对企业与客户发生的各种关系进行全面管理。

(3)进一步延伸和健全企业的服务链管理。

(二)客户关系管理的内容

为赢得客户的高度满意,建立与客户的长期良好关系,在客户关系管理中应开展多方面的工作。

1. 客户分析

该项工作主要分析谁是企业的客户、客户的基本类型、个人购买者、企业客户的不同需求特征和购买行为,并在此基础上分析客户差异对企业利润的影响等问题。

2. 企业对客户的承诺

承诺的目的在于明确企业提供什么样的产品和服务,尽可能降低客户在购买过程中可能面临的各种各样的风险,使客户满意。

3. 客户信息交流

它是一种双向的信息交流,其主要功能是实现双方的互相联系、互相影响。从实质上说,客户关系管理过程就是与客户交流信息的过程,实现有效的信息交流是建立和保持企业与客户良好关系的途径。

4. 以良好的关系留住客户

首先要取得客户的信任,同时,经常进行客户关系情况分析,采取有效措施保持企业与客户的长期友好关系。

5. 客户反馈管理

客户反馈对于衡量企业承诺目标实现的程度、及时发现为客户服务过程中的问题等方面具有重要作用。投诉是客户反馈的主要途径,如何正确处理客户的意见和投诉,对于消除客户不满、维护客户利益、赢得客户信任都是十分重要的。

二、房地产经纪企业客户关系管理的含义和必要性

(一)房地产经纪企业客户关系管理的含义

房地产经纪企业的客户关系管理,包含客户关系管理的两个方面,它是以管理理念为指导,以信息技术为支撑,实现对客户资源的整合应用,以达到提高核心竞争力,保持企业长远持续发展的目的。

(二)房地产经纪企业客户关系管理的必要性

首先,从外部环境来讲,房地产经纪企业客户消费理念、消费方式随着经济的发

展而产生了变化,这是房地产经纪企业实施客户关系管理的前提。

虽然房地产商品价值量大,客户重复购买的几率比一般普通商品小,但客户关系管理的理念强调房地产消费者的生活周期,提出终身客户的概念。随着我国二手房交易市场的发展,住房梯级消费观念正在培育和形成,年轻人刚就业时选择租房或购买小户型公寓,结婚时购买二居室或三居室,事业有成时购买别墅,老年时住老年住宅。所以一个客户在其生命的不同阶段,都会产生新的房屋交易需求,因而终身都有可能成为房地产经纪企业的客户。对于居间企业而言,在写字楼租赁市场上,由于业务的扩展或调整,原有的写字楼不能满足要求。或是有设施更加先进、价格更具有吸引力的写字楼落成。那些国际性的大企业会每隔几年更换一次办公地点,一些小的企业更换更为频繁。在住宅租赁市场上,由于人才流动加快,考虑到就近居住的要求,消费者会频繁换房。基于这样的分析,CRM 认为客户不是经纪企业业务供应链的终端,而是企业一切经营活动的起点和归宿。实施有效的客户关系管理,就是以客户为中心,利用数据库、数据挖掘、多媒体等信息技术,对客户进行系统化的研究,对客户实行关怀,以改进对客户的服务水平,建立企业与客户之间良好的信任关系,帮助企业维持老客户,吸引和开发新客户,创造更大的效益和竞争优势。

其次,"以客户为中心"的概念被不断强化,这是房地产经纪企业实施客户关系管理的内部要求。随着房地产经纪服务市场的不断成熟发展,以及消费者维权意识的不断增强,房地产经纪企业的服务将进一步体现在提升服务手段上和提供更合理的产品建议上。传统的客户服务意识将面临巨大的市场挑战。未来市场的竞争,将逐渐过渡到客户信息的竞争、客户满意的竞争、客户服务手段的竞争上。好的服务是提高客户满意度、增强客户忠诚度最直接的手段和途径。如何将这些散落、分割的服务环节有机地结合起来,建立立体化、多层次的客户服务体系,加强服务手段的管理与集成,真正为客户带来一站式服务,不断提高客户的满意度,将是目前房地产经纪企业高层管理者所面临的紧迫问题。所以伴随着"以客户为中心"概念的强化,中国的房地产经纪企业有必要通过成功的客户关系管理,重塑经纪服务的全过程。通过基础平台的建立和完善,最终使中国的房地产经纪业有能力参与到更激烈的国内竞争、国际化竞争中来。

三、房地产经纪企业客户关系管理的作用

(一)企业客户关系管理的作用

无论经纪企业采取何种发展战略,它的最终目的就是盈利,企业实施客户关系管理的最终目的就是通过这一手段提升企业的核心竞争能力,最大程度地增加企业利润。客户关系管理可以从以下两个方面提升企业的竞争能力。

1. 为企业创造通向不同市场的渠道

良好的客户关系和高质量的客户资源,使企业得以推进交叉销售、向上销售,可为企业节约大量的营销和销售费用,为企业提供通向多样化市场的途径。

2.高效率地为客户提供超值服务

采取信息技术的手段,可提高业务处理流程的自动化程度,实现企业内部范围内的信息共享,企业也不会因为个别经验丰富的营销人员的离开而失去相应的客户资源,可提高企业员工的工作能力,同时也可以节约大量的培训费用。从客户角度,他们会发现,与该企业交易比在其他地方开始新的交易更容易、更舒适,成本更低,可以得到更多更好的符合他需求的服务和利益,或者说,可享受到超值服务,从而可提高客户转换成本,构成竞争对手的进入壁垒,达到企业与客户双赢的结果。

此外,客户关系管理一方面可以通过用户信息资源的整合,在企业内部达到资源共享,从而为客户提供更快捷周到的优质服务,吸引和保持更多的客户;另一方面通过对业务流程的重新设计,可更有效地管理客户关系,降低企业成本。这些都充分体现了客户关系管理给企业增加的价值。所以,客户关系管理是企业价值链中的重要一环,直接关系企业价值的增加。

(二)房地产经纪企业客户关系管理的作用

实施客户关系管理对于房地产经纪企业而言,具有更为重要的意义。房地产经纪企业的业务流程相对简单,不同企业提供的服务相似程度更高,因此,实施客户关系管理相对于生产型企业而言显得尤为重要。房地产经纪企业在制定发展战略时也要充分考虑到这层因素,作为战略指向的一个重点。总体来说,房地产经纪企业客户关系管理有如下作用:

1.提高经纪企业相关业务效果

经纪企业通过客户关系管理,对业务活动加以计划、执行、监视和分析,通过调用经纪企业外部的电信、媒体、中介机构、政府部门等资源,与客户发生关联。同时,在协调企业其他经营要素的同时,在企业内部达到资源共享,提高企业相关业务部门的整体反应能力和事务处理能力,强化业务活动效果,从而为客户提供更快速更周到的优质服务,吸引和保持更多的客户。

2.为服务研发提供决策支持

客户关系管理的成功在于数据仓库和数据挖掘。经纪企业通过收集的资料可了解客户,发现具有普遍意义的客户需求,合理分析客户的个性化需求,从而挖掘具有市场需求而企业尚未提供的服务内容、类型,以及需要完善和改进之处等高附加价值的深加工信息,集合赢利模型进行测算,在经纪企业研发环节中为确定服务品种、内容等提供决策支持。

3.是技术支持的重要手段

客户关系管理使经纪企业有了一个基于电子商务的面向客户的前端工具。经纪企业通过客户关系管理,借助通信、互联网等手段,利用企业以及合作企业的共享资源,对已有客户自动化地提供个性化的解释、解答、现场服务等支持和服务,并优化其工作流程,使之更趋于合理化,从而更有效地管理客户关系。

4.为选择对待客户策略提供决策支持

在客户关系管理中,通过挖掘和分析客户信息来预测客户的未来行为,这能使经纪企业在正确的时间,向正确的客户提供正确的服务。客户分析系统一般包括客户分类分析、市场活动分析、客户联系及优化分析等。通过客户分类分析,可以找出企业的重点客户,使企业可以将更多的精力投放在能为企业带来最大效益的重点客户身上;通过市场活动影像分析,企业指导客户最需要什么;通过客户联系时机优化分析使企业学会掌握与客户联系的时机。客户关系管理要做到与不同价值客户建立合适的关系,使企业盈利最大化。

5.为适时调整内部管理提供依据

经纪企业客户关系管理系统是企业整个内部管理体系的重要组成部分,经纪企业通过对反馈信息的认识,可以检验企业已有内部管理体系的科学性和合理性,以便及时调整内部管理各项政策制度。

四、房地产经纪企业客户关系管理的核心内容

客户关系管理的核心是"以客户为中心",视客户为企业的一项资产,以优质的服务吸引和留住客户。对于房地产经纪业务,从客户的角度出发,关键在于充分运用客户的生命周期理论,对客户进行研究,尽量延长客户的生命周期,并争取更多的客户。

(一)留住客户

房地产的消费具有生命周期,客户有可能会重复购买,而且相对于获取新的客户而言,保持客户的成本要比吸引新客户低得多,因此房地产经纪企业要通过满足和超过客户需求来留住他们。具体可以从以下几个方面入手:

1.提供个性化服务

要想留住客户必须为客户提供迅捷、满意的服务,这就要求经纪人员要掌握专业知识,熟悉市场,了解客户需求。通过对成交客户资料的研究,分析客户的行为特点,确定客户的服务级别,可为特殊的客户提供个性化服务。比如,对于来自国外的客户,由于文化、生活习惯的差异,导致居住偏好有很大的区别,通过研究成交资料,可以了解他们的居住及生活偏好并运用在服务过程中,以帮助他们及时准确地找到满意的物业,从而提高客户的满意度。

2.正确处理投诉

对投诉的正确处理也相当重要,可以将因失误或错误导致的客户失望转化为新的机会,并显示房地产经纪企业诚信经营和为客户服务的品牌形象。即使问题不是由经纪企业过错造成的,企业也应该及时作出解释,如果能帮助客户解决就更好了,可以给客户留下良好的印象。

3.建立长久的合作关系

对于机构客户,在房地产经纪营销中,经纪企业通常可以通过介入开发商的项目前期运作,与开发商形成稳定的结构纽带关系,成功的项目合作可与开发商形成长久

的合作伙伴关系。对于个人客户,经纪企业要根据客户价值,挑选出最有价值的个人客户,建立长期合作的关系。

4. 与客户积极沟通

房地产经纪企业的沟通对象包括开发商、业主、购买者和承租人等,经纪企业要与他们进行积极的、及时的沟通。客户俱乐部是经纪企业与客户有效沟通的载体,经纪企业除了基本的会员服务,诸如免费发放会刊杂志、丰富的楼盘或房源信息、政策法规咨询、优先优惠认购等,还可以定期安排会员活动,比如会员沙龙、投资分析讲座、家居服务活动等,增进对客户的了解,为客户提供力所能及的帮助,建立与客户的友好关系,取得客户的信任甚至信赖,才能真正赢得客户。

(二)争取更多的客户

房地产经纪企业除了留住客户外,还需要积极争取更多的客户。具体可以从下列几方面入手:

1. 鼓励客户推荐

可以通过服务佣金折扣、返点、推荐积分等形式鼓励经纪企业的老客户介绍朋友到该企业委托服务。

2. 给新客户附加服务

比如吸收新客户时,考虑到客户缺少经验或者工作繁忙,给他们提供一些装修和购置家具等方面的建议,会提高客户的满意度;如果租赁客户是刚来中国的外国人,在为客户寻找到满意的房子后,为他们提供一些生活细节上的帮助,比如给他们介绍购物、餐饮娱乐的场所,交电话费的方式,旅游信息等;对于开发商客户,为其提供新楼盘设计、市场定位的指导建议,也是建立良好客户关系的有效办法。附加服务体现了企业对客户的关怀,对完善企业形象很有好处,能够从侧面促进企业业务的发展。

五、房地产经纪企业客户关系管理系统的设计

房地产经纪企业客户关系管理是通过基于客户关系管理的理念和先进信息管理技术的客户关系管理系统来实现的。一般来说,不同业务类型的房地产经纪企业对于客户关系系统的设计内容会有所不同。下面介绍以新建商品房销售代理业务为主要业务的房地产经纪企业客户关系管理系统的设计。该类型的房地产经纪企业客户关系管理系统一般由客户管理、产品管理、销售机会管理、服务要求管理、活动管理、工作流程管理、工作人员管理、智能化范文、管理信息系统报告、安全控制等模块组成,其中客户管理模块是客户关系管理的核心。CRM 各模块的主要特点如下:

(一)客户管理

(1)集中所有客户相关信息,包括客户信息、所购买的产品及服务情况、与企业的交互活动等,使用户能在一个统一的工作视图下获得所有需要的信息。

(2)灵活的客户服务组设置,为客户提供全方位的服务,包括销售处理、后续服务

等,从而与客户保持长期友好的合作关系。

(3)为组织内部参与客户交互活动的所有工作人员,例如经纪人员、客户服务代表和外勤服务工程师等,提供全面的客户信息,使这些工作人员可以对潜在客户和已有客户有更加广泛和深入的了解,从而进行纵向附加销售和横向附加销售。

(4)提供客户组织结构图,便于用户理解客户内部及客户之间的关系,并跟进相应主要决策者和重要人员。

(二)产品管理

(1)对各种产品服务的全面管理,包括组织内部销售和非销售的产品服务、客户已购买产品、产品资料、产品价格等,为相关人员提供详尽的产品信息。

(2)维护竞争者产品服务及价格的相关信息,为用户提供外部产品的情况,帮助其分析各自的特点,从而制定正确的产品推广策略。

(3)个性化的产品模型设计功能。用户在产品构造器中构造符合客户特殊要求的产品套装,通过不同的组合搭配提供产品的适应性。

(4)灵活的产品定价工具,使经纪人员可以针对不同用户、不同地区和不同产品,制定复杂的价格策略,从而赢得更多的客户。

(三)销售机会管理

(1)对整个销售机会的处理过程采用阶段化的管理方式,使用户能随时了解每个阶段的进行状况,进行合理控制,及时调整策略,使企业有更多的机会获得更大的收益。

(2)为用户提供成熟的销售方法,使用户在处理复杂的销售机会时有行动的参照依据,帮助其最终达成销售。

(3)跟踪在销售过程中客户方的动态,如决策人的改变、各种新的考虑因素等,并记录重要信息以供相关人员共享。

(4)灵活的报价功能。

(四)服务要求管理

(1)通过对客户服务要求的管理,提高客户服务质量和效率,减少客户服务成本,最大限度地满足客户的需求,达到保留客户的目的。

(2)管理和优化客户服务的整个流程,包括产品担保书、服务条款、服务要求、活动、服务订单和维修。充分利用其他模块的功能,有效地处理客户的服务要求,分配合适的工作人员迅速地解决客户提出的问题。

(3)在处理客户服务要求的过程中,记录宝贵的客户资料,有利于销售人员对客户进行有效的附加销售。

(4)在服务要求管理模块中,记录客户对公司产品的反馈信息以及产品的缺陷,有利于公司开发满足客户需要的产品。

（五）活动管理

（1）帮助销售人员、客户服务人员等公司业务管理人员及时获取和共享最新活动信息，加强活动的计划性和执行的有效性，提高在销售服务过程中对客户的满意度，使对于客户的各种活动开展得更高效、更迅捷。

（2）处理来自不同来源的活动信息，包括销售机会、服务要求、客户投诉等，缩短对客户的响应时间，从而提高对客户服务的质量。

（六）工作流程管理

（1）为组织内部提供统一的信息交流机制和自动化流程处理方式，减少人工干预，从而节约资源，缩短了处理时间。

（2）自动化处理流程减少了可能出现的差错，提高客户服务质量。

（3）用户可以根据自身特有的商业运转模式，运用可视化的设计工具设计新的工作流程，并且可以根据规则的变化随时修改已存在的工作流程。

（七）工作人员管理

（1）实现企业人力资源的有效管理，避免工作分派中发生工作负担不合理的现象。强大的工作分派功能，支持各种分派对象，如销售机会、服务要求、活动、客户和客户联络人等。

（2）自定义的分派规则设定，用户可以根据其业务的特性设计特定的分派规则，以满足实际需要。

（3）灵活的分派方式，自动或人工地将工作按要求分派给最合适的人选，提高服务及工作的效率和质量。

（八）智能化范文

（1）在企业中建立统一的操作标准，帮助客户服务代表在回应客户时，按照公司规范，提供统一规范的答案。

（2）对于客户常见问题的处理提供标准化方法，提高客户咨询的在线解决和客户自助服务的能力，从而提高客户满意度，也相应地减少企业内部服务的工作量。

（3）灵活的范文设计。用户可以随时根据客户的回答，选择下一个问题或结束通话。

（4）支持多种语言环境，提供即时翻译功能和用户友好的界面，使智能化范文能适用于不同的客户。

（九）管理信息系统报告

（1）使销售人员、客户服务人员及外勤人员等业务人员能及时了解当前各自的业务状况，获取最新业务信息和趋势变化，为及时调整业务方向提供数据基础。

（2）管理层用户能对其管理的业务进行多层次、多角度的分析，并能据此做出正确有效的决策。

（3）为系统管理人员提供系统管理的报告，帮助他们跟踪数据记录的更新变化。

（十）安全控制

（1）用户可以通过安全控制模块在 CRM 系统中建立内部组织架构，并根据其工作内容和职责的范围，赋予其对系统不同的访问权限和功能属性，确保 CRM 系统中的各个管理模块和各功能组的有效运作。

（2）为不同的用户提供个性化的工作界面。房地产经纪企业客户关系管理是通过基于客户关系管理的理念和先进信息管理技术的客户关系管理系统来实现的。它一般由客户联络中心、客户资料数据库、客户分析子系统、决策支持子系统等组成，其中客户资料数据库是客户关系管理的核心，它是实现以客户为核心管理的重要体现。上述 CRM 中留住客户和争取更多客户所采取的措施都要建立在利用客户资料数据库进行客户研究的基础上。

需要强调的是，客户关系管理作为经纪企业的客户数据仓库，是开展经纪工作的基础，必须进行实时备份以保证数据的完整性和安全性。

上述客户关系管理系统是无形的客户组织，房地产经纪企业还可以建立有形的客户组织——客户俱乐部来维持与客户的长久联系。同时，房地产经纪企业可以吸引客户和潜在客户加入客户俱乐部，通过举办讲座、沙龙、论坛、看房等活动，扩大影响，增加交流。既达到项目对外宣传推广的目的，同时老的客户也会带来新的客户加盟，或通过老客户的惠顾为经纪企业带来其他销售。在与客户的交流中，经纪企业还可以不断征询客户的意见和采纳客户的合理化建议，使得今后的业务活动更有针对性，以此来增加客户的满意度和忠诚度。有形的客户组织也为客户数据库提供大量的数据，是企业与客户直接沟通的纽带，因而可以成为客户关系管理的重要载体之一。

技能训练

1. 谈谈对房地产经纪企业客户关系管理的理解。

［训练内容］

（1）分析在房地产经纪企业中，客户关系管理的内涵和主要功能是什么？其核心内容包括哪些方面？

（2）通过上网查询、走访企业等方式，收集相关资料，最后分组讨论房地产经纪企业应该如何进行客户关系管理。

［训练目的］

（1）让学生了解房地产经纪企业实施客户关系管理的基本内容。

（2）使学生了解在客户关系管理的各个环节上应该重点关注哪些关键要素。

2. 进行房地产经纪企业的客户关系管理软件的操作训练。

［训练内容］

（1）进行客户资料的录入、修改和删除等操作练习。

（2）进行客户信息查找等操作练习。

［训练目的］

（1）使学生进一步熟悉房地产经纪企业客户关系管理系统的主要内容。

（2）使学生能够熟悉客户关系管理软件的相关操作。

课后实践

1.让学生上网查找 3 家以上的知名房地产经纪企业所采用的客户关系管理软件,了解其基本的模块设置,以及各个模块的作用,比较不同的房地产经纪企业客户关系管理软件的优缺点,并提出改善的建议。

2.让学生上网查找资料,并谈谈在当前的房地产经纪行业竞争形势下,房地产经纪企业应该如何进行客户关系管理,才能在竞争中立于不败之地。

→ 项目八 ←
房地产经纪信息系统的应用

教学目标

最终目标：能熟练运用房地产经纪信息系统，准确、方便、快捷地查询房源、客源，能进行房地产成交操作，并能够对房源、客源进行动态跟踪管理。

促成目标：

■ 了解房地产经纪信息管理的主要内容，掌握房地产经纪信息管理流程。

■ 能够运用 RIS 房地产中介管理系统进行信息管理及操作，例如信息的收集、整理、搜索，房源和客源信息的匹配及成交操作。

工作任务

■ 了解房地产经纪信息管理。

■ RIS 房地产中介管理系统使用前的准备。

■ RIS 房地产中介管理系统部分功能说明。

工作任务一　了解房地产经纪信息管理

任务场景

房地产经纪人小张接到一个转让房屋的客户西女士的电话，要求转让××区××街东楼小区的一套住房。小张在询问了相关信息后，利用 RIS 房地产中介管理系统（房地产信息管理系统）将客户信息录入，同时根据房地产经纪信息的管理流程进行操作。

任务描述

请以上述任务场景中的背景资料为例，以一名房地产经纪人的身份，开展房地产经纪信息管理工作。本模块要求学生完成以下学习任务：a. 了解房地产经纪信息的涵义包括房源信息、客源信息、市场信息和行业信息等；b. 会收集和管理房地产经纪信息，包括房源信息、客源信息的采集和管理；c. 会对采集到的房地产信息进行分类、整理，并在进行电话核实后录入到 RIS 房地产中介管理系统中；d. 会对信息进行及时稽查,以保持信息的时效性和准确性;e.会对已成交或失效的信息在系统中进行失效处理。

相关知识

一、房地产经纪信息的涵义和作用

(一)房地产经纪信息的涵义

信息是指可以传递、传送的消息,可分为客观信息和人工信息。

房地产经纪信息是指反映房地产经纪活动并为房地产经纪活动服务的信息。它通常包括:房源信息、客户信息、房地产市场信息和房地产行业信息,这4种信息缺一不可。

房地产经纪信息构成的基本要素主要有语言要素、内容要素和载体要素3方面。

(二)房地产经纪信息的特征

1.共享性

房地产经纪信息具有正外部性,不会因为使用者的增加而减少每个使用者所获得的信息。信息的共享很重要,通过共享,使更多的人获得信息,给更多的人带来价值,最后使整个社会的经济效益增加。但是并不是所有信息都需要共享,对于一些机密或具有排他性的信息,应注意保护。

2.多维性

即一条房地产经纪信息在具有不同的价值观或不同的认识层次的人那里会有不同的价值含义。房地产市场的发展和人们需求的变化,会使人们在不同时段、不同的环境下对同一房地产经纪信息有不同的认识,当经纪信息的属性和内容与人们的需求相联系时,其使用价值就能发挥出来。

3.积累性

房地产经纪信息的价值并不是一次性的,它常常可以重复使用,而且随着信息的累积,将会有新的价值产生。在房地产经纪活动中,房地产经纪人必须注意这一点,在信息使用后要加以保存。通过对积累信息的分析还能加深对市场的了解。

4.增值性

通过经纪信息的传递,使获得信息的人大大增加;通过将大量相关的信息综合分析能够得到新的信息;通过对经纪信息的收集、加工和整理,将其物化于房地产实物上,还能增加房地产实物的附加值。

二、房地产经纪信息管理

(一)房地产经纪信息的收集

房地产经纪信息是房地产经纪活动中十分重要的资源,但经纪信息不是自然而然的被经纪人所掌握,而是要通过有意识、有目的的劳动才能将其收集起来。由于房地产经纪信息量大面宽,所以收集应从多个方面入手。通常可从以下途径进行收集:

1. 收集公开传播的房地产经纪信息

现代社会,大众媒体在信息的传播中起了重要作用。大量房地产经纪信息通过报纸、广播、电视、杂志以及正式出版的文献等媒介向外传送。因此,这是收集房地产经纪信息的重要途径。

2. 从有关单位内部获取房地产经纪信息

有些房地产经纪信息并不是通过大众媒体传播的,需要通过派人磋商和发函联系等方式才能获得。如楼书、房地产企业内部刊物等。

3. 现场收集

由于房地产的不可移动性,以及内容的多样、复杂,房源信息一般需要实地考察、现场调查后才能获得感性认识和准确信息,同时也可以排除一些不准确的信息。

4. 利用网络获取

随着信息化的日益发展,网络成为获取信息的便捷途径,房地产经纪人可以足不出户,在任何时间通过网络获取信息。主要有以下几条途径:

(1)利用互联网收集信息。

(2)利用联机系统收集。

(3)利用商情数据库收集。

（二）房地产经纪信息的加工整理

通过各种渠道获取的房地产经纪信息需要进行加工整理,加工整理的程序通常包括鉴别、筛选、整序、编辑和研究 5 个环节,其中编辑是整个加工整理过程中最关键的工作。

信息通过加工整理后,通常以表格、图片、文字报告等形式展现出来,其中表格是最常见的一种。

表格一般分为日报表、周报表和月报表。日报表以数据为主;周报表在日报表的基础上,附有一些文字分析;月报表在周报表基础上,文字分析更为详细地描述并预测未来房地产的发展方向。

在房地产经纪机构的客观信息表格中,客户信息登记表是客户资料中最重要的报表。例如出售房屋的客户信息登记表,登记的内容通常包括:所在区域、门牌号、房型、朝向、结构、楼层、几层到顶、房龄、建筑年代、房屋性质、房屋用途、装修情况、建筑面积、楼型、一梯几户、房主姓名、身份证号、联系电话、房型图、房源备注等。

（三）房地产经纪信息的利用

房地产经纪信息是一种资源,只有通过利用才能将这种资源的使用价值发挥出来。

房地产经纪信息的利用主要包括两个方面:一是通过信息的发放来影响消费者

（如发布源信息、吸引潜在客户）；二是以信息提供的具体内容来指导具体的业务活动。

利用房地产经纪信息来指导房地产经纪的业务活动，几乎贯穿于房地产经纪业务活动的全过程。

（四）房地产经纪信息管理的流程

1.信息采集

信息采集包括对房源信息的采集和对客源信息的采集。大量信息的采集为经纪人后期的工作提供了必要的物资基础。信息采集的途径多种多样。经纪人在实践中通常用到的信息采集方式有：通过市场调查收集传播的房地产经纪信息；采取上门拜访的方式收集房地产经纪信息；利用网络获取房地产经纪信息；通过客户主动上门来获取房地产经纪信息；通过老客户的介绍来获取房地产经纪信息。

2.信息录入

通过各种形式获取的房地产经纪信息，信息内容和形式多种多样，而且信息本身的真假也具有不确定性。这给后期的整理、录入带来了很大难度。所以要对采集来的房地产信息进行整理、电话核实后再录入 RIS 房地产中介管理系统。

房源信息的录入：单击 RIS 房地产中介管理系统中房源管理——房源信息模板里的新增按钮，按照系统的提示对房源信息进行录入。对房源信息录入需要注意：经纪人应全力跟进信息的准确性，对所在区域、门牌号、房型、朝向、结构、楼层、几层到顶、房龄、建筑年代、房屋性质、房屋用途、装修情况、建筑面积、楼型、一梯几户、房主姓名、身份证号、联系电话、房型图、房源备注等，保证所录入房源的真实性和有效性。

客源信息的录入：单击 RIS 房地产中介管理系统的客源管理——客源信息模块里的新增按钮，按照系统提示对客源信息进行录入。对客源信息录入需要注意：要将客户的有效联系方式及其需求的面积、价格、区域等一一进行核实，准确录入各种信息，这样可以较为准确地为客户匹配相应的房源。

3.信息审核

信息审核包括对房源信息的审核和对客源信息的审核。经纪人在录入客源信息时，相同的联系方式在 RIS 房地产中介管理系统中是可以通过的。即多个经纪人可以将同一个客户分别录入自己的系统中，同时对此客户进行跟踪。根据目前实际的需要以及信息制度的规定，在 RIS 房地产中介管理系统中录入的房源具有唯一性，因此对房源信息要进行两次审核。第一次是对房屋详细地址的审核，相同地址的房源不能重复录入，后者录入时，系统会自动提示有相同房源的地址存在，此时该套房源就没有录入成功。第二次是对有相同联系方式的审核，同一个电话已经录入过一套房源，再录入房源时，系统会自动提示有相同联系方式存在。此时该套房源就进入了人工审核，信息部将根据实际情况对此房源作出审核，若通过就会在房源信息里显示，即该套房源已录入成功。若未通过则说明此套房源未录入成功。

4. 信息维护

经纪人不仅要采集信息、录入信息,更重要的是要维护信息。为了保持信息的时效性和准确性,现信息制度规定:一套房源录入后,要求在 2 天之内完成实地勘察,7 天内完成第一次电话回访,售房房源有效期为 2 个月,租房房源有效期为 1 个月,超期未回访会自动失效。在客源信息方面做出了这样规定:要求求购客户信息隔天回访,求租客户信息每天跟踪回访。回访信息具体按照以下步骤在 RIS 房地产中介管理系统中操作,在"房源维护"模块里选中要修改的房源信息,单击上面的修改按钮,对要修改的项目依次进行修改,更改完毕后单击保存按钮。对房源回访时,要单击"房源维护"里的回访按钮,在回访日志里将要回访的内容添加进去。对房源评价时,在"房源信息"模块单击详细按钮,在评价内容里将评价信息加进去。对"客源信息"的修改在客源信息模块里单击修改按钮进行修改。对客源信息的回访和评价同房源信息的操作。

5. 信息配对

信息配对正确与否,直接关系到经纪人的个人业绩。一名优秀的经纪人,在此环节上更应该运用技巧,勤于思考,善于总结,勇于实践。经纪人要每天第一时间对新上的房源进行浏览,从中找出适合自己客户的房源,及时致电至房源门店对该套房源的核心信息进行询问,并以最快的速度与客户进行联系。房源方将此询问信息认真登记,等待成交后备查。

6. 信息稽查

为了更大限度地促成信息共享,提高信息资源的利用率,信息制度中对门店的信息未及时上报、恶意保留、恶意抢单、信息泄露、拒报房源等信息违规的行为,都规定了相应的处罚措施。

7. 信息分成

为充分保证房源方的利益,信息制度规定在签订一份售房合同后,由信息部对成交分成进行审核,信息部将本着公平、公正的原则,依照信息制度的规定作出审核。同时信息部将成交的房源改为内部成交,此时该房源处于失效状态。成交方按照信息部审核的结果,将业绩在 RIS 房地产中介管理系统财务报表中,划成给房源方。目前直营店之间租房不用分成。直营与加盟、加盟与加盟之间的租房利益分成同售房。

8. 信息失效

经纪人在回访过程中,要将已经成交的房源与客源信息进行失效。在 RIS 房地产中介管理系统中的操作具体如下:在"房源维护"模块里,选中待失效的房源,单击修改按钮,将界面里的房源状态改为失效,单击保存。此时房源处于失效状态。对客源信息的修改,在"客源信息"模块里,直接单击待修改信息后的修改按钮,将界面里的客源状态改为失效,单击保存。此时就完成了对客源信息的失效。

三、房地产经纪信息的计算机管理系统

房地产经纪信息计算机管理系统是房地产经纪机构进行信息管理的重要工具。

房地产经纪公司每天都接到大量的房源和客源信息，并且每天都需要对这些信息进行查询、跟进。成千上万条房源、客源信息很难用纸张或黑板等传统方式来记录。计算机系统在保存大量资料方面有着其固有的优势，在资料查询方面还具有准确、方便、快捷的特点，同时，计算机系统可以通过数据备份和恢复的方式来保证数据的安全性。专业的房地产经纪信息计算机管理系统可以实现房（客）源管理、跟进管理、加密房管理、任务分派、广告管理、业务交流、成交业绩等功能。

房地产经纪信息的计算机管理系统主要有下列 3 种类型：

1. 数据管理的信息系统

这类系统把现有房源信息、销售合同、费用凭证、需求客户等都以一定的数据格式录入到计算机里，以数字的形式保存起来，可以随时查询，实现企业内部信息的数字化，并可通过局域网连接互联网来实现企业与外部信息交流。

2. 具有流程控制功能的信息系统

这类系统把企业已经规范的一些流程以软件程序的方式固化下来，使得流程所涉及岗位员工的工作更加规范高效，可减少人为控制和"拍脑袋"的管理行为，同时也能提升客户满意度。比如客户前来付款，财务人员打开信息系统，输入客户的名称和交易代码，就可以直接显示该客户的详细交易信息，如何时前来咨询、何时登记、何时签订合同等信息，并且显示出该客户已付多少、本次支付金额，以及下次需支付金额和时间等信息，而这些都是通过不同岗位的信息得到的。

3. 类似具有辅助决策功能的信息系统

这类系统通过对那些信息化的原始数据进行科学的加工处理，运用一定的计算模型，起到对管理和决策的支持作用。比如说成本和费用控制是每个管理者都重视的内容，但以前我们都只能在每个月报表出来以后才知道哪儿超了、哪儿省了，那是事后控制。运用信息化手段，第一层面的工作完成后，也就是每笔费用、销售都录入电脑以后，就可以清晰地归纳各科目费用，可以按岗位、按部门、按项目来汇总。同时可以对那些关键控制的费用或费用率给出一个计划值（这个计划值是根据历史数据和增长规律，通过专业的标准模型拟合出来），并根据实际发生值与计划值的差额，一旦超标立即报警，或停止授权，这样就可以对这些费用进行实时控制。

技能训练

每 2 人为 1 组进行角色扮演，分别扮演出售房屋的业主和房地产经纪公司的置业顾问，对房地产转让信息采集的基本操作进行训练。

［训练内容］

（1）房地产经纪人员在进行房源或客源信息登记时，需要收集哪些客户信息？

（2）房地产经纪人员向业主或客户介绍房地产出租、求租、求购、转让过程中，应注意哪些问题？

［训练目的］

(1)让学生掌握房地产经纪信息管理每个环节的主要内容以及注意事项。

(2)锻炼学生的表达能力、沟通能力和社交能力。

课后实践

1.对当地两家以上知名的房地产经纪公司进行入户走访,调查这些企业在房(客)源登记方面,经纪人员需要收集哪些信息? 对调查结果进行分析和总结,并比较他们之间存在的差异。

2.请根据调查到的房地产经纪企业信息管理的相关资料,设计一份客户信息登记表。

工作任务二　RIS 房地产中介管理系统使用前的准备

任务场景

为了准确、方便、快捷地查询房源、客源信息,提高工作效率,并且对房源、客源进行动态跟踪管理,房地产经纪人小王需要尽快熟悉 RIS 房地产中介管理软件,并利用该系统为前来求租、求购、出租、出售房屋的客户进行更好的服务。

任务描述

根据上述任务场景中的背景资料,本模块要求学生完成以下学习任务:a. 熟悉 RIS 房地产中介管理系统软件的基本情况和系统环境要求;b. 做好利用 RIS 房地产中介管理软件进行经纪信息管理的允分准备。

相关知识

许多房地产经纪公司已经拥有公司网站,对外发布自己的房源信息,树立企业形象。而房地产经纪业务管理软件则主要基于公司内部管理,包括房源、客源、跟进、成交、任务、计划、统计等企业日常经营管理。目前,深圳、广州、上海的大中型房地产经纪公司都同时拥有两套系统:在"网上"通过网站向外发布房源信息,在"网下"通过业务管理软件来进行公司的日常经营管理,两者相辅相成,共同构建企业的信息化系统。

下面我们以使用较为广泛的 RIS 房地产中介管理软件为例,介绍一下房地产经纪信息管理软件的使用情况和其对系统环境的要求。

一、RIS 房地产中介管理软件应用部署结构

RIS 中介管理软件为纯 B/S 结构软件产品,产品支持统一/分布式系统部署,应

用系统部署如图 8.1 所示。

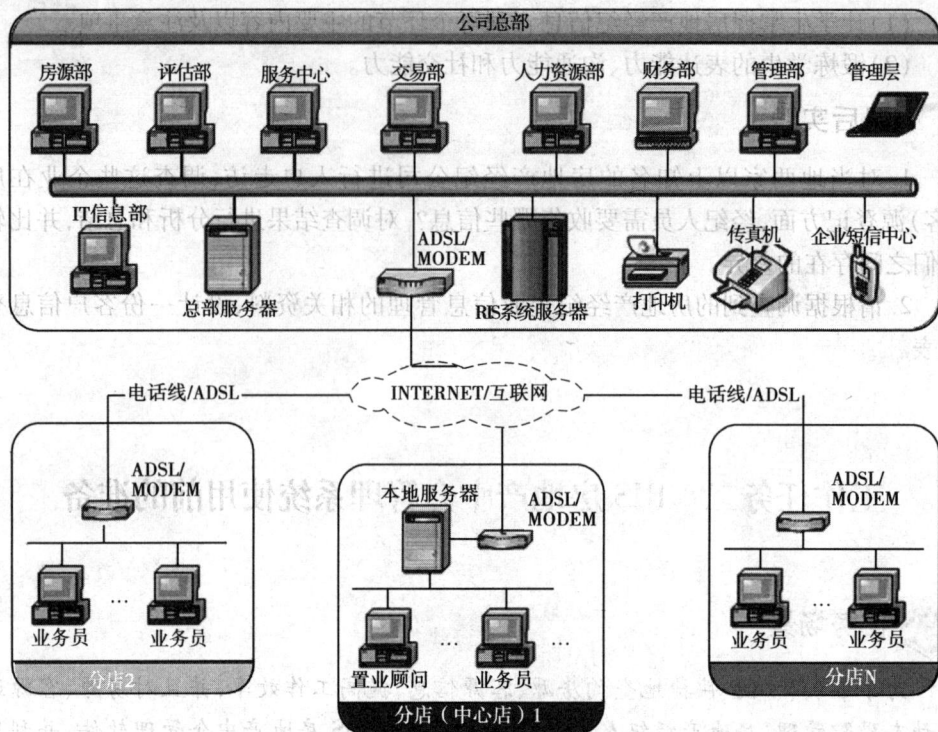

图 8.1　RIS 中介管理软件应用系统部署

二、RIS 房地产中介管理系统简介

RIS 房地产中介管理系统是基于房地产经纪企业核心业务过程和管理过程,设计开发的一套行业企业管理系统。

系统充分解决了房地产经纪公司以房地产交易为主的业务系统自动化辅助过程;解决了企业一般管理关注的核心管理分支的全部问题;解决了连锁房地产机构中"房源"、"客源"、"消息"的统一传递和高效共享式协同问题。

(1)房源中心 ——解决了多机构的房地产经纪企业的统一交易对象管理,即建立了房源数据中心。

(2)客源中心 ——解决了多结构的房地产经纪企业的统一客户管理和商机管理。即建立了统一的以客户购买、交易、租赁、置换为中心的分等级的商机管理。

(3)合同中心 ——充分的合同管理功能。

(4)协作中心 ——房地产经纪企业核心业务过程业务处理中各部门的业务协同处理的支持。

(5)消息中心 ——多机构的房地产经纪连锁企业中统一消息管理。

(6)管理中心 ——企业经营状态报表及以业绩管理中心。

三、RIS 房地产中介管理软件功能结构

（一）RIS 房地产中介管理软件功能结构树（见表 8.1）

表 8.1　RIS 房地产中介管理软件功能结构

RIS 中介管理软件功能类别	功能模块	功能点	公司总部	房源部	权证中心	租赁部	二手交易中心	分店
通用个人工作管理区	任务管理	销售跟进情况	★	★	★	★	★	★
	办公管理	公告管理	★	★	★	★	★	★
通用业务工具区	工具及消息管理	购房贷款计算器	★	★	★	★	★	★
		本月最佳经纪人	★	★	★	★	★	★
		最新房源看板	★	★	★	★	★	★
业务功能管理区域	客服中心	客户录入	★	★	×	★	★	★
		客户查询	★	★	×	★	★	★
	买卖中心	房源委托录入	★	★	×	★	★	★
		房源委托查询	★	★	×	★	★	★
		求购委托录入	★	★	×	★	★	★
		求购委托查询	★	★	×	★	★	★
		二手房快速配对	★	★	★	★	★	★
		二手房合同录入	★	★	×	★	★	★
		二手房合同查询	★	★	×	★	★	★
	租赁中心	出租委托录入	★	★	×	★	★	★
		出租委托查询	★	★	×	★	★	★
		求租委托录入	★	★	×	★	★	★
		求租委托查询	★	★	×	★	★	★
		租赁快速配对	★	★	×	★	★	★
		租赁合同录入	★	★	×	★	★	★
		租赁合同查询	★	★	×	★	★	★
	办证中心	委托权证登记	★	×	★	★	★	★
		权证办理进度查询	★	★	★	★	★	★
	市场分析	客户分布状况统计	★	★	★	★	★	★
	业绩管理	销售目标设定	★	★	★	★	×	×
		销售目标考核	★	★	★	★	×	×
		分店业绩统计	★	×	×	★	×	×
		经纪人业绩统计	★	×	×	★	×	×

续表

RIS 中介管理软件功能类别	功能模块	功能点	公司总部	房源部	权证中心	租赁部	二手交易中心	分店
系统功能区域	人事管理	部门维护	★	★	★	★	×	×
		岗位维护	★	★	★	★	×	×
		员工维护	★	★	★	★	×	×
	系统管理	岗位权限设置	★	★	★	★	×	×
		员工权限设置	★	★	★	★	×	×
		下拉选项维护	★	★	★	★	×	×
		系统数据设置	★	★	★	★	×	×
		认证管理	★	★	★	★	×	×
增值辅助工具区	公司短消息中心（短信）	集团短信管理	可选	可选	可选	可选	可选	可选

注：★ 表示具备该项功能，× 表示不具备该项功能。所有功能模块及功能操作在软件实施中可以根据用户实际需求按用户角色由用户自主配置权限。

（二）RIS 房地产中介管理软件功能简介

1. 房源中心/买卖中心

房源中心按租赁和买卖的不同记录了普宅、公寓、别墅、写字楼等物业类型的房源信息。在房源信息描述中可加入外景图、室内格局图等信息。房源中心的功能主要有：

（1）房源委托录入：登记出租出售房源信息，包括房源基本情况、配套设施、交易类型、委托方式、佣金方式、业主资料等。房源录入实现一张完整的房产属性登记表。

（2）跟进记录：业务员定期与业主联系，取得房源的最新信息，包括价格变化、配套变化、售租情况等。便于经理管理业务员的活动量。

（3）跟进任务：经理可在房源列表中选择要分配跟进任务的房源，指定执行任务的业务员、执行日期、任务说明等，批量（逐条）生成跟进任务。业务员可以查阅自己的跟进任务安排，根据经理指示对业主进行跟进，登记跟进记录。经理可以随时查阅业务员的任务完成情况。

（4）广告管理：用户可在房源列表中选择要上广告的房源，逐条或批量地生成广告记录，登记其上广告发布日期、发布媒体、期号等，通过设置其［已发布］标志记录是否已经发布，还是待发布状态。

（5）合同记录：若房源已成交，业务部门登记合同记录，输入相应买家（租客）信息、收佣情况，修改房源的状态为已售（已租）。

（6）收佣记录：财务部门根据合同记录，向业主和客户收取中介费用，记录每一笔收款情况，可进行到款统计。

2. 客户中心

客户中心记录了客户信息、客户需求信息以及客户投诉、咨询等信息。

3. 经纪人任务管理

经纪人可方便的管理和查看自己所负责的未成交任务、历史任务,及对每个客户的销售进度和历史销售记录。

4. 销售过程管理

记录经纪人对某一房源的销售过程,包括每次和客户的沟通记录和看房活动。用以日后追溯销售过程,总结销售经验。

5. 配对查询

利用数据库中的房源信息和客户需求信息进行智能配对查询,找出相匹配的信息,便于向客户推荐。

6. 合同管理

记录成交信息及合同信息,生成销售报表。财务部门对其进行监管。

7. 权证办理

记录权证办理过程,便于动态查询办理进度以及办理过程中所发生的各项费用。生成权证办理进度表。

8. 分店业绩情况统计

对各分店的营业状况进行各类统计分析,生成分店业绩排名、分店租赁业绩统计、分店二手房买卖业绩统计等。

9. 经纪人业绩情况统计

对经纪人业绩状况进行各类统计分析,生成经纪人业绩排名、经纪人租赁业绩统计、经纪人二手房买卖业绩统计等。

10. 店务管理

经纪人档案、业绩公告、通知通告、文档管理等模块。

11. 销售监督

公司管理人员可对分店的某笔业务进行一查到底的监督,或抽查客户服务满意度等。

12. 市场分析

包括对客户的分析、对房源的分析、对销售过程的分析、广告效果分析等内容。

13. 人事管理

包括对员工的档案管理、部门的管理、岗位的管理。

14. 内部短消息

即时发送您的消息给会议室内的其他用户,让交流更加方便、直观、快捷。支持在线、脱机模式向对方发送短信,同时支持向手机发短信;查看员工是否在线及留言。

技能训练

RIS 房地产中介管理软件的应用准备训练。在多媒体教室单人单机进行教学,理论学习与动手实践同时进行。

[训练内容]

(1)在电脑上安装 RIS 房地产中介管理系统软件,初步了解该软件各模块的设置情况。

(2)下载其他房地产信息管理系统软件,并安装在电脑上,比较其和 RIS 房地产中介管理系统软件在模块设置上的不同以及功能方面的优劣。

[训练目的]

(1)让学生熟悉 RIS 房地产中介管理软件的应用环境。

(2)锻炼学生的计算机操作能力。

课后实践

1. 请学生查询现在中国排名前十位的房地产经纪企业所使用的房地产信息系统软件,了解这些软件模块设置的基本情况,并进行优劣比较。

2. 请学生走访当地知名的房地产经纪公司,了解该公司所使用的房地产经纪软件的应用情况,并提出优化建议。

工作任务三　RIS 房地产中介管理系统部分功能说明

任务场景

房地产经纪人小刘接到一位求租房屋的客户丁女士,她需要在北京市丰台区求租一套住房。几天后,小刘又接待一位想通过中介出租房屋的客户邓先生。小刘在接待这两位客户之后,应如何使用 RIS 房地产中介管理系统,进行客户信息录入、寻找合适房源、成交操作,以及合同录入操作。

任务描述

由上述任务场景中的背景资料可知,本模块要求学生完成的学习任务有:a. 利用 RIS 房地产中介管理软件进行客户信息录入;b. 利用 RIS 房地产中介管理软件为客户寻找合适房源;c. 用 RIS 房地产中介管理软件进行业务成交操作;d. 利用 RIS 房地产中介管理软件进行合同录入操作。

![相关知识图标] **相关知识**

RIS 房地产中介企业信息化管理平台中的买卖中心主要提供房源委托录入、房源委托查询、求购委托录入、求购委托查询、二手房快速配对、二手房合同录入、二手房合同查询 7 项功能,主要用于公司对二手房买卖的业务进行管理。

小刘首先要进行系统登录。系统登录程序主要进行用户的身份确认,根据登录用户的身份不同,登录成功后先获得不同的权限功能对系统进行操作。注意:系统登录前必须保证数据库 SQL Server 和 RIS 应用服务器的正常启动。

点击[开始]→[程序]→[HWT]→[RIS 房地产中介管理系统客户端]→[RIS 房地产中介管理系统]进入系统登录界面,如图 8.2 所示:

图 8.2　RIS 房地产中介管理系统登录界面

标准操作说明:

(1)正确选择用户名,输入密码。用户名、初始密码的获得请与系统管理员联系,系统管理员第一次登录系统,请使用:名称为 admin,密码为 eall885。

注意事项:密码对大小写敏感,密码出错时,请首先检查大小写是否正确;密码属于系统的敏感信息,请注意保密,密码应经常进行更换。

(2)点击【登录】,如果输入的用户名、密码正确,则进入系统主业务导航界面。

(3)如果登录用户已经达到购买的授权使用用户数量,系统出现错误提示。

(4)点击登录时,如果 SQL Server 服务器没有正常启动,请通知系统管理员检查网络或者 SQL Server 是否正常,系统管理员解决问题后再重新进行登录。

系统成功登录后,即进入主业务工作台界面(见图 8.3),主业务工作台界面作为用户与系统交互的界面,所有功能都需从主业务工作台进入。

业务操作一　客户信息录入

业务描述

在进行此项业务操作之前,房地产经纪人小刘首先应获取客户信息,获取的客户信息越齐全越有利于房地产经纪工作。

业主的基本资料如下:

姓名:邓先生;所在区域:丰台区—卢沟桥—金家村第一区;门牌号:089;楼层:二楼;房型:一室一厅。

出租房源信息如下:

朝向:南北向;结构:框架;计租面积:60 m²;楼层:二楼;几层到顶:6;房龄:5 ~ 10年;建筑年代:2002 年;房屋性质:商品房(证);房屋用途:住宅;装修情况:精装;建筑面积:80 m²;楼型:多层;一梯几户:2;出证日期:2009-10-06;性质:公盘;房主:邓先生;身份证号:42100319800909 × × × ×;联系方式:手机:135789878 × ×;各部分面积:居:20 m²;房源分类:名校周边、交通便捷;推荐理由:学术氛围浓郁,交通便利;房源备注:不允许对房屋作改装;标题:大家快来租。另外附带房屋照片和小区图片。

邓先生的委托要求,即房源合同信息如下:

租赁价格:1 500 元/月;押金:1 500 元;最低租用期:3 月;委托性质:电话委托;客户来源:个人开拓;有效期:不限制;签约日期:2009-10-08;房源归属:责任店:电信专业版;责任人:系统管理员;起租日期:2009-10-08;房源等级:A 类房源;是否空房:是;是否有钥匙:是;合同备注:违反合同者,需承担违约责任;地图标注:在地图上标示出来;与外网同步:同步;增加房屋图片。

请将以上信息录入到 RIS 房地产中介管理系统中。

业务知识

首先,小刘应进行系统登录,进入电信专业版系统页面,如图 8.3 所示。然后,再逐步将客户提供的信息录入到 RIS 房地产中介管理系统中。

第一步:录入业主资料。

小刘先对邓先生的出租房屋信息进行录入,在主业务面板上点击"租赁业务"→"房源管理"→"房源录入",进入"房源基本信息验证"界面,如图 8.4 所示。

按要求填入相关信息后,点击"提交",则显示出此租赁房源的详细信息,然后进行更为详细的房源基本信息填写,如图 8.5 所示。

再进一步填写房源合同信息,如图 8.6 所示。

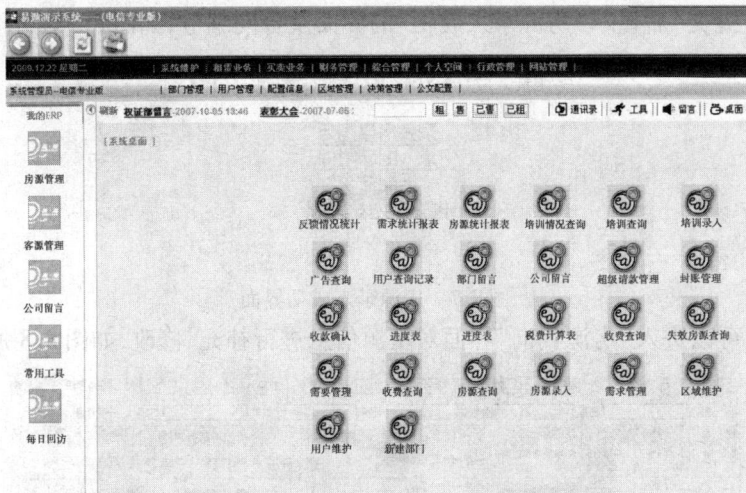

图 8.3　主业务工作台界面

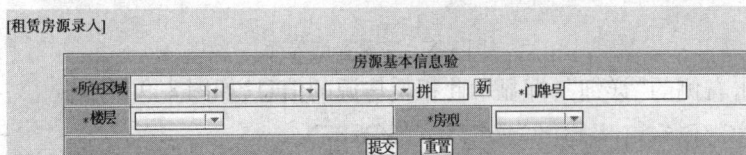

图 8.4　房源基本信息验证界面

图 8.5　房源基本信息界面

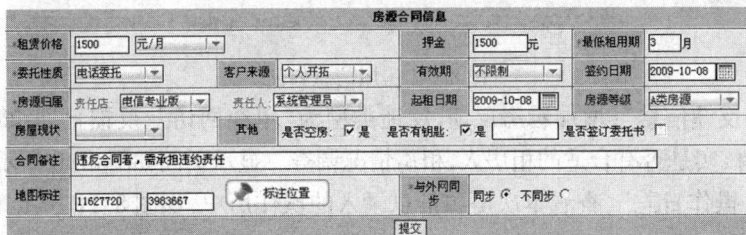

图 8.6　房源合同信息界面

点击"提交"后显示"房源录入成功"的界面及合同编号,如图 8.7 所示。

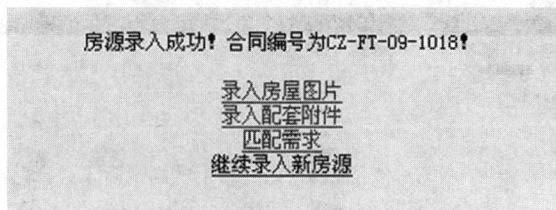

房源录入成功! 合同编号为 CZ-FT-09-1018!

录入房屋图片
录入配套附件
匹配需求
继续录入新房源

图 8.7　房源录入成功界面

同时,可以进入"房源查询"界面对房源信息进行补充、修改,如图 8.8 所示。

图 8.8　房源查询界面

再点击右侧的"详细",即显示此租赁房源的信息,如图 8.9 所示。

图 8.9　房屋信息界面

点击"反馈信息",增加看房反馈,反馈类型为"单纯回访",反馈日期:2009-12-31。反馈内容:核实是否有合适的租房人,租房情况调查。显示页面如图 8.10 所示。

点击"操作日志",查看本次房源信息录入的操作历史,如图 8.11 所示。

点击界面下方的"房屋照片",为房源增加图片。添加时可以预览,确认无误之后,点击"确认添加",如图 8.12 所示。

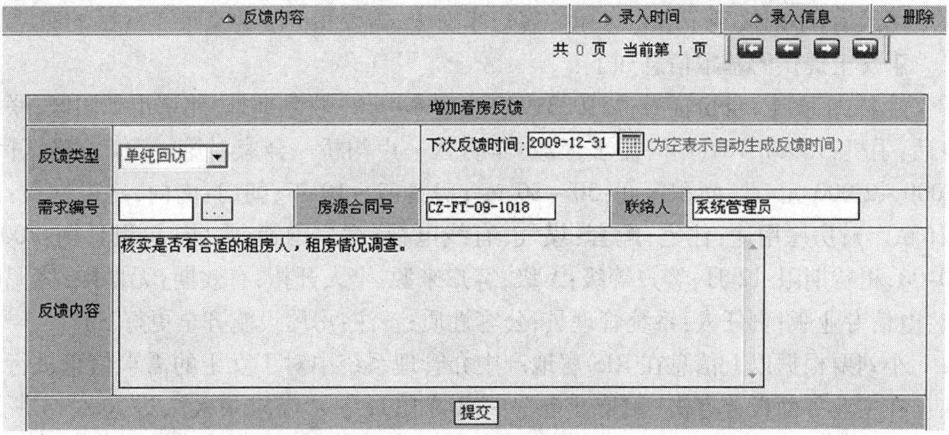

图 8.10 反馈信息界面

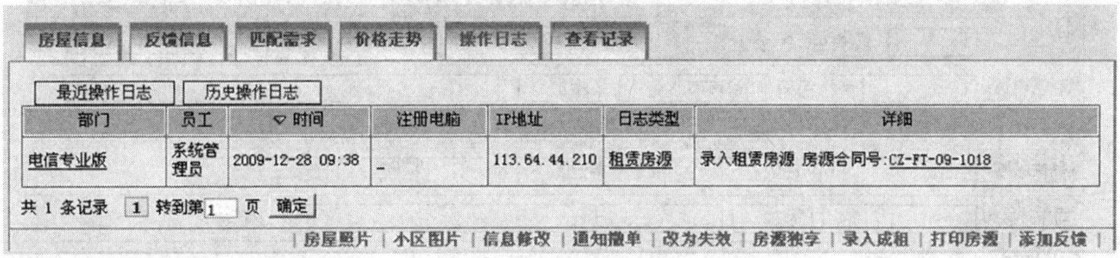

图 8.11 操作日志界面

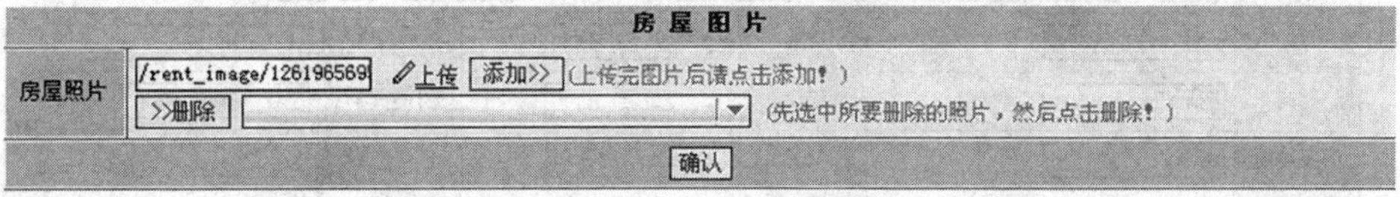

图 8.12 房屋图片界面

这样,房屋图片就存在系统中了,把鼠标放在房屋照片位置,可以查看图片,如图8.13 所示。

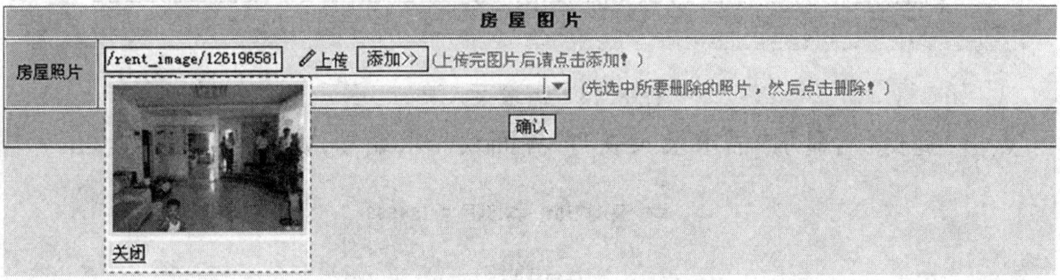

图 8.13 图片查看界面

如果要删除照片,先选中要删除的图片,然后点击"删除"即可。点击"确认",系统会提示"房源照片修改成功!"同样,可以通过"小区图片"按钮添加小区图片。

点击图 8.11 所示界面下方的"信息修改",即可对已经输入的房源信息进行修改。修改后,点击屏幕下方的"提交",即完成信息修改工作。

第二步:录入客户需求信息。

几天后,小刘接到了求租房屋的客户丁女士,需要租一套北京市丰台区的房屋。

丁女士提供的基本信息如下:

姓名:丁女士;身份证号:42100319800908××××;联系地址:北京市朝阳区;联系电话:手机:139876787××;需求区域:丰台区—卢沟桥—金家村第一区;价格区间:1 000～2 000 元/月;面积区间:50～80 m²;房龄:5～10 年;朝向:南向;房屋性质:产权(私产);房屋用途:住宅;配套:煤气、有线电视;客户国籍:大陆;起租日期:2009-10-08;租赁期限:12 月;客户等级:A 级;客户来源:个人开拓;有效期:无期限;客源归属:电信专业版;责任人:系统管理员;公客性质;备注:房屋设施齐全更好。

小刘要根据以上信息在 RIS 房地产中介管理系统中对丁女士的需求信息进行录入。在主业务面板上点击"租赁业务"→"需求管理"→"需求录入",进入 8.14 所示界面。

图 8.14　需求录入界面

点击"提交"后显示"需求录入成功"界面及需求编号,如图 8.15 所示。

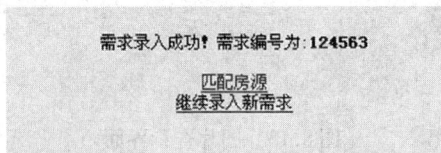

图 8.15　需求录入成功界面

业务操作二　寻找合适房源

业务描述

假如你是置业顾问小刘，请你利用 RIS 房地产中介管理软件，为邓先生寻找合适的租客。

业务知识

系统登录后进入邓先生的"房屋信息"界面，如图 8.9 所示。

点击"匹配需求"按钮，即会显示与之相匹配的租客信息，如图 8.16 所示。

房屋信息	反馈信息	匹配需求	价格走势	操作日志	查看记录

编号	姓名	需求区域	需求面积	需求价格	下次沟通日期	录入日期	资源所属	操作	详细
124563	丁女士	金家村第一区	50-80	1000-2000	2010-01-04	2009-12-28	电信专业版-系统管理员	详改撤配弹	回

共 1 条记录　1 转到第 1 页 确定

房屋照片 ┃ 小区图片 ┃ 信息修改 ┃ 通知撤单 ┃ 改为失效 ┃ 房源独享 ┃ 录入成租 ┃ 打印房源 ┃ 添加反馈

图 8.16　匹配需求界面

鼠标放在右侧的"详"按钮上，即会显示详细的房源信息，点击右侧的"弹"按钮，系统会另外打开一个活动窗口，并弹出详细的租赁需求信息界面，如图 8.17 所示。

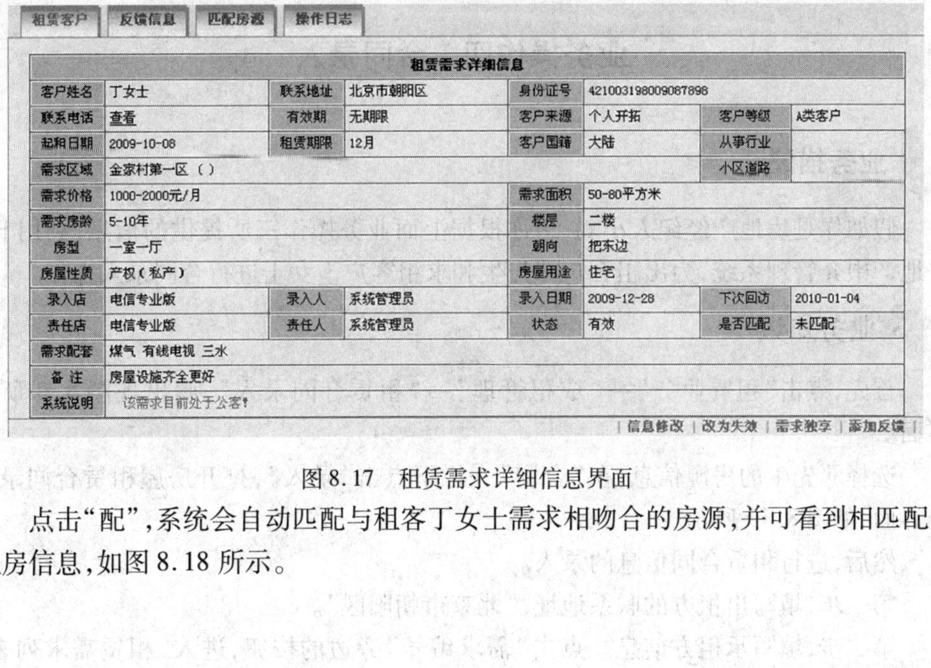

租赁客户	反馈信息	匹配房源	操作日志

租赁需求详细信息

客户姓名	丁女士	联系地址	北京市朝阳区	身份证号	421003198009087898		
联系电话	查看	有效期	无期限	客户来源	个人开拓	客户等级	A类客户
起租日期	2009-10-08	租赁期限	12月	客户国籍	大陆	从事行业	
需求区域	金家村第一区（ ）					小区道路	
需求价格	1000-2000元/月			需求面积	50-80平方米		
需求房龄	5-10年			楼层	二楼		
房型	一室一厅			朝向	把末边		
房屋性质	产权（私产）			房屋用途	住宅		
录入店	电信专业版	录入人	系统管理员	录入日期	2009-12-28	下次回访	2010-01-04
责任店	电信专业版	责任人	系统管理员	状态	有效	是否匹配	未匹配
需求配套	煤气 有线电视 三水						
备注	房屋设施齐全更好						
系统说明	该需求目前处于公客！						

信息修改 ┃ 改为失效 ┃ 需求独享 ┃ 添加反馈

图 8.17　租赁需求详细信息界面

点击"配"，系统会自动匹配与租客丁女士需求相吻合的房源，并可看到相匹配的租房信息，如图 8.18 所示。

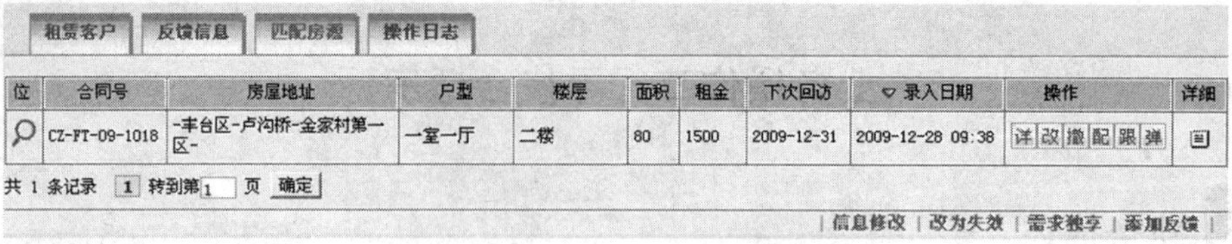

图 8.18　匹配房源界面

业务操作三　成交操作

业务描述

假如你是置业顾问小刘,请你根据上面业务操作一、二提供的信息,利用 RIS 房地产中介管理系统,为出租客户邓先生和求租客户丁女士进行业务成交操作。

业务知识

首先,系统登录后进入邓先生的"房屋信息"界面,如图 8.9 所示。

然后,点击"匹配需求",找到丁女士的需求信息,如图 8.16 所示。

点击图 8.16 所示界面下方的"录入成租",即录入邓先生和丁女士的租房成交,系统会自动进入成交合同录入页面。此时,便可进行合同录入的业务操作。

业务操作四　合同录入

业务描述

假如你是房地产经纪人小刘,请你根据上面业务操作三所提供的信息,利用 RIS 房地产中介管理系统,为出租客户邓先生和求租客户丁女士进行合同录入操作。

业务知识

首先,点击"租赁业务"→"成租管理"→"租赁合同录入",则出现图 8.8 所示界面。

选择邓先生的房源信息,在"合同"一栏下点击"录入",打开房屋租赁合同录入的界面,如图 8.19 所示。

然后,进行租赁合同信息的录入。

第一步,填写出租方的联系地址,"北京市朝阳区"。

第二步,填写承租方信息。点击"需求编号"旁边的按钮,进入"租赁需求列表"界面,如图 8.20 所示。

点击丁女士信息前的编号"124563",系统自动返回到"房屋租赁合同录入"的界

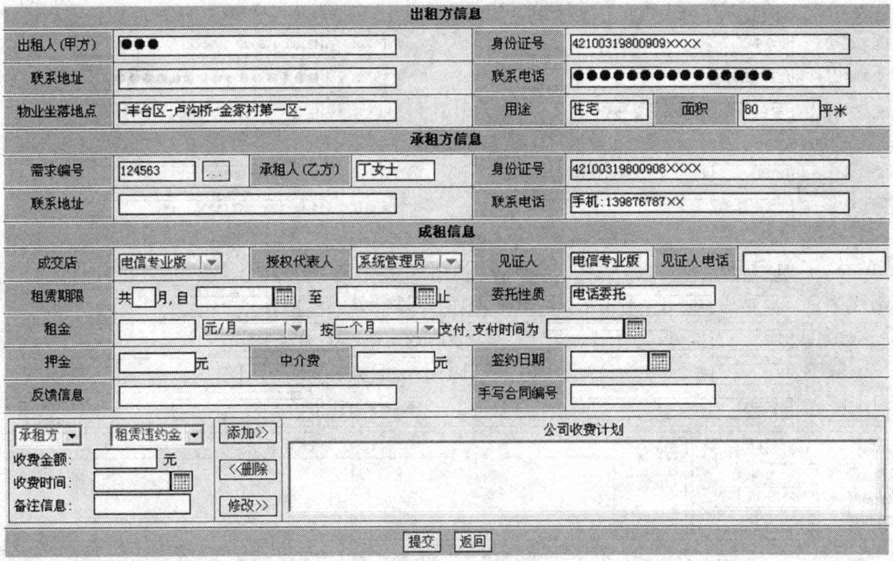

图 8.19　房屋租赁合同录入界面

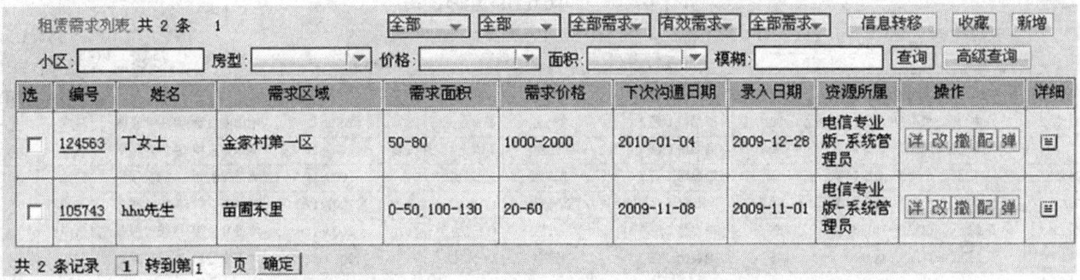

选	编号	姓名	需求区域	需求面积	需求价格	下次沟通日期	录入日期	资源所属	操作	详细
	124563	丁女士	金家村第一区	50-80	1000-2000	2010-01-04	2009-12-28	电信专业版-系统管理员	详 改 撤 配 弹	
	105743	hhu先生	苗圃东里	0-50,100-130	20-60	2009-11-08	2009-11-01	电信专业版-系统管理员	详 改 撤 配 弹	

图 8.20　租赁需求列表界面

面,即图 8.19 所示界面。然后,填写丁女士的联系地址,“北京市海淀区”。

第三步,填写成租信息。

成租基本信息如下:

成交店:电信专业版;授权代表人:系统管理员;见证人:系统管理员;见证人电话:135678756 ××;租赁期限:共 12 个月,自 2009-11-01 至 2010-11-01;委托性质:电话委托;租金:1 500 元/月,按 1 个月支付,支付时间为 2009-11-30;押金:1 500 元;中介费 500 元;签约时间:2009-10-15;反馈信息:签约成功;合同编号:1231。

具体填写情况如图 8.21 所示。

点击“提交”后系统会跳出“房屋租赁合同输入成功! 合同号:CZ71282”的界面。这时,“房源管理”和“需求管理”中就不再出现邓先生和丁女士的信息。

最后,进入“租赁业务”→“成租管理”的界面,从“成租房源列表”中可看到刚才的成租合同,编号为:CZ71282,如图 8.22 所示。

点击“详细”,则进入成租合同界面,如图 8.23 所示,这时可以对成租合同的相关信息进行修改或删除。

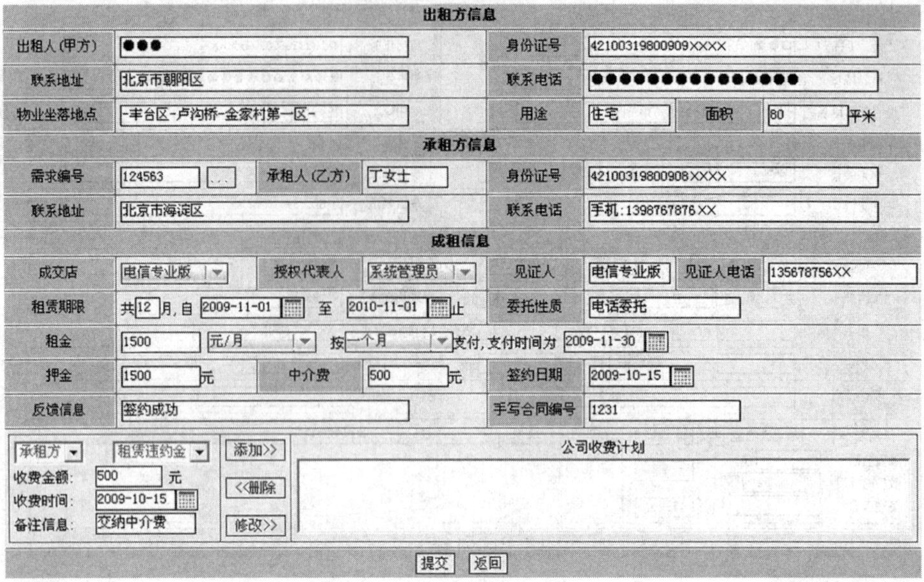

出租方信息			
出租人(甲方)	●●●	身份证号	42100319800909XXXX
联系地址	北京市朝阳区	联系电话	●●●●●●●●●●●●●●●
物业坐落地点	-丰台区-卢沟桥-金家村第一区-	用途	住宅　面积　80 平米

承租方信息			
需求编号	124563 ... 承租人(乙方) 丁女士	身份证号	42100319800908XXXX
联系地址	北京市海淀区	联系电话	手机:1398767876XX

成租信息			
成交店	电信专业版 ▼　授权代表人 系统管理员 ▼	见证人	电信专业版　见证人电话 135678756XX
租赁期限	共12 月,自 2009-11-01 至 2010-11-01 止	委托性质	电话委托
租金	1500 元/月 ▼ 按 一个月 ▼ 支付,支付时间为 2009-11-30		
押金	1500 元　中介费 500 元	签约日期	2009-10-15
反馈信息	签约成功	手写合同编号	1231

承租方 ▼　租赁违约金 ▼ 添加>>
收费金额: 500 元 <<删除 公司收费计划
收费时间: 2009-10-15
备注信息: 交纳中介费 修改>>

提交　返回

图 8.21　成租信息界面

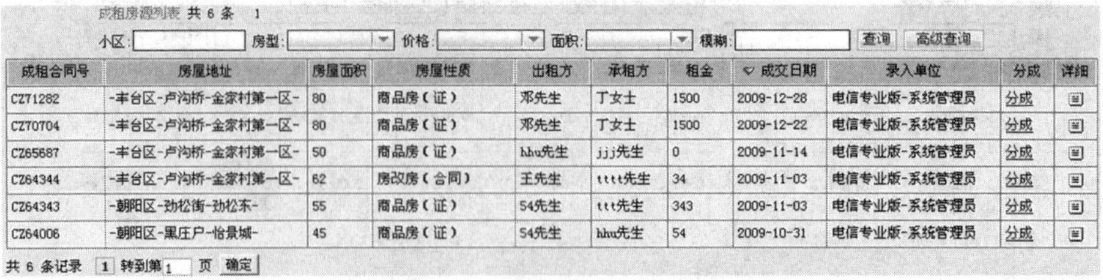

成租房源列表 共 6 条　1

小区 [　] 房型 [▼] 价格 [▼] 面积 [▼] 楼期 [　] 查询　高级查询

成租合同号	房屋地址	房屋面积	房屋性质	出租方	承租方	租金	成交日期	录入单位	分成	详细
CZ71282	-丰台区-卢沟桥-金家村第一区-	80	商品房(证)	邓先生	丁女士	1500	2009-12-28	电信专业版-系统管理员	分成	▣
CZ70704	-丰台区-卢沟桥-金家村第一区-	80	商品房(证)	邓先生	丁女士	1500	2009-12-22	电信专业版-系统管理员	分成	▣
CZ65687	-丰台区-卢沟桥-金家村第一区-	50	商品房(证)	hhu先生	jjj先生	0	2009-11-14	电信专业版-系统管理员	分成	▣
CZ64344	-丰台区-卢沟桥-金家村第一区-	62	房改房(合同)	王先生	tttt先生	34	2009-11-03	电信专业版-系统管理员	分成	▣
CZ64343	-朝阳区-劲松街-劲松东-	55	商品房(证)	54先生	ttt先生	343	2009-11-03	电信专业版-系统管理员	分成	▣
CZ64006	-朝阳区-黑庄户-怡景城-	45	商品房(证)	54先生	hhu先生	54	2009-10-31	电信专业版-系统管理员	分成	▣

共 6 条记录 1 转到第 1 页 确定

图 8.22　成租房源列表界面

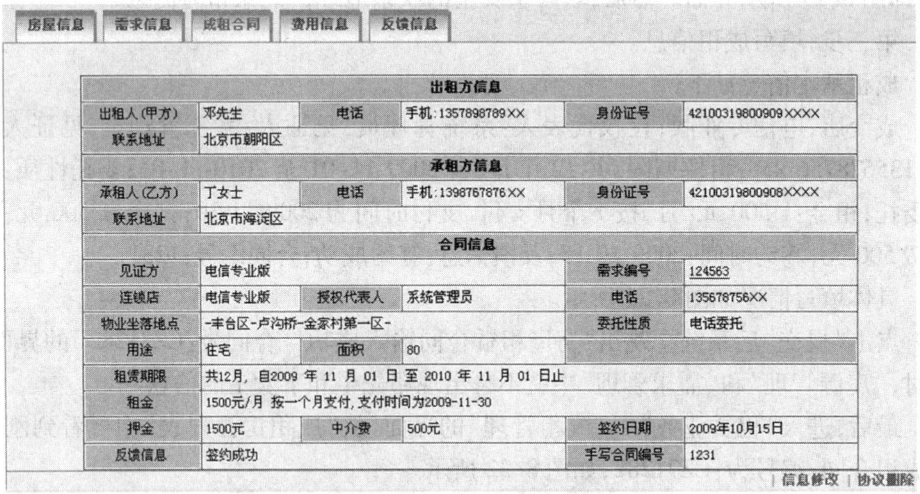

房屋信息　需求信息　成租合同　费用信息　反馈信息

出租方信息			
出租人(甲方)	邓先生　电话	手机:1357898789XX	身份证号 42100319800909XXXX
联系地址	北京市朝阳区		

承租方信息			
承租人(乙方)	丁女士　电话	手机:1398767876XX	身份证号 42100319800908XXXX
联系地址	北京市海淀区		

合同信息			
见证方	电信专业版	需求编号	124563
连锁店	电信专业版　授权代表人 系统管理员	电话	135678756XX
物业坐落地点	-丰台区-卢沟桥-金家村第一区-	委托性质	电话委托
用途	住宅　面积　80		
租赁期限	共12月,自2009 年 11 月 01 日至 2010 年 11 月 01 日止		
租金	1500元/月 按一个月支付,支付时间为2009-11-30		
押金	1500元　中介费　500元	签约日期	2009年10月15日
反馈信息	签约成功	手写合同编号	1231

信息修改 | 协议删除

图 8.23　成租合同界面

技能训练

RIS 房地产中介管理系统的应用训练。

［训练内容］

（1）录入房源信息。

假如你是房地产经纪人小刘，接到出售二手房的客户西女士，她需要出售一套北京市海淀区的房屋，房源的基本信息如下：

所在区域：海淀区—清华园街—东楼小区；小区/道路：东楼小区；门牌号：089；房型：一室（中独）；朝向：南向；结构：框架；楼层：三楼；几层到顶：7；房龄：10～15 年；建筑年代：1995 年；房屋性质：商品房（证）；房屋用途：住宅；装修情况：简装；建筑面积：60 m²；楼型：多层；一梯几户：2；出证日期：2009-01-15；属于私盘；房主：西女士；身份证号：42100319789898 ××××；联系方式：手机：135676767 ××；各部分面积：居：20 m²；房型图上传；房源分类：成熟社区、名校周边；推荐理由：社区治安环境好，紧靠知名大学；房源备注：笋盘快抢；标题：机不可失。

请根据以上信息在 RIS 房地产中介管理系统中进行房源信息录入。

（2）录入客源信息。

假如你是房地产经纪人小刘，接到求购二手房的客户东先生，需要购买一套北京市海淀区的二手房，东先生提供的基本信息如下：

姓名：东先生；身份证号：4210031980070 ××××；联系地址：北京市海淀区；联系电话：手机：135454545 ××；需求区域：海淀区—清华园街—东楼小区；价格区间：60～90 万元；面积区间：50～80 m²；房龄：10～15 年；小区道路：交通方便；朝向：南向；房屋性质：产权（私产）；房屋用途：住宅；客户等级：A 类客户；客户来源：个人开拓；有效期：无限期；客源归属：责任店：电信专业版；责任人：系统管理员；公客；备注：急需买房。

请根据以上信息在 RIS 房地产中介管理系统中进行客源信息录入。

（3）对上述房源、客源信息进行匹配、成交、合同录入等操作。

［训练目的］

（1）让学生了解并熟悉 RIS 房地产中介管理系统，掌握客户信息录入、房源匹配、成交操作，以及合同信息录入的方法。

（2）锻炼学生的计算机操作能力。

（3）掌握 RIS 房地产中介系统的各个模块的功能及使用方法。

参考文献

[1] 刘薇,李成刚.房地产经纪[M].北京:化学工业出版社,2005.

[2] 殷世波.房地产经纪[M].北京:科学出版社,2008.

[3] 常淑娟.二手房买卖指导[M].北京:机械工业出版社,2006.

[4] 周林仿,刘志东.房地产经纪[M].重庆:重庆大学出版社,2009.

[5] 中国房地产估价师与房地产经纪人学会.房地产经纪概论[M].北京:中国建筑工业出版社,2008.

[6] 周柳.房地产经纪[M].北京:中国建筑工业出版社,2007.

[7] 岳昉.中国房地产中介组织运营与管理模式研究[D].上海:华东师范大学,2005.

[8] 魏玉兰.房地产经纪人培训教程[M].北京:京华出版社,2008.

[9] 熊帅梁.房地产经纪实务[M].大连:东北财经大学出版社,2009.